当代中国马克思主义政治经济学丛书

总主编：逢锦聚

U0505496

中国农村土地产权制度改革的理论与实践研究

刘　灿／等著

中国财经出版传媒集团

经济科学出版社

Economic Science Press

图书在版编目（CIP）数据

中国农村土地产权制度改革的理论与实践研究/刘灿等著．
—北京：经济科学出版社，2020.9
（当代中国马克思主义政治经济学丛书）
ISBN 978 - 7 - 5218 - 1702 - 7

Ⅰ.①中⋯　Ⅱ.①刘⋯　Ⅲ.①农村 - 土地产权 - 产权制度
改革 - 研究 - 中国　Ⅳ.①F321.1

中国版本图书馆 CIP 数据核字（2020）第 126196 号

责任编辑：刘战兵
责任校对：齐　杰
责任印制：李　鹏　范　艳

中国农村土地产权制度改革的理论与实践研究
刘　灿　等著
经济科学出版社出版、发行　新华书店经销
社址：北京市海淀区阜成路甲 28 号　邮编：100142
总编部电话：010 - 88191217　发行部电话：010 - 88191522
网址：www. esp. com. cn
电子邮箱：esp@ esp. com. cn
天猫网店：经济科学出版社旗舰店
网址：http：//jjkxcbs. tmall. com
北京密兴印刷有限公司印装
710 × 1000　16 开　15 印张　270000 字
2021 年 1 月第 1 版　2021 年 1 月第 1 次印刷
ISBN 978 - 7 - 5218 - 1702 - 7　定价：60. 00 元
（图书出现印装问题，本社负责调换。电话：010 - 88191510）
（版权所有　侵权必究　打击盗版　举报热线：010 - 88191661
QQ：2242791300　营销中心电话：010 - 88191537
电子邮箱：dbts@ esp. com. cn）

中国特色社会主义经济建设协同创新中心重大项目
"中国经济学理论体系和话语体系建设"
课题总负责人：逢锦聚

子项目"中国农村土地产权制度改革的理论与实践研究"

西南财经大学全国中国特色社会主义政治经济学研究中心

西南财经大学马克思主义经济学研究院

课题负责人：刘　灿

课题组成员：李　萍　程民选　盖凯程
　　　　　　韩文龙　唐清利　李　标

总　序

习近平在 2016 年 5 月 17 日召开的哲学社会科学工作座谈会上强调：我国哲学社会科学的一项重要任务就是继续推进马克思主义中国化、时代化、大众化，继续发展 21 世纪马克思主义、当代中国马克思主义。①他在庆祝中国共产党成立 95 周年大会上的讲话中又提出："我们要以更加宽阔的眼界审视马克思主义在当代发展的现实基础和实践需要，坚持问题导向，坚持以我们正在做的事情为中心，聆听时代声音，更加深入地推动马克思主义同当代中国发展的具体实际相结合，不断开辟 21 世纪马克思主义发展新境界，让当代中国马克思主义放射出更加灿烂的真理光芒。"②

发展 21 世纪马克思主义，开辟 21 世纪马克思主义新境界，是哲学社会科学的重要任务。政治经济学是马克思主义的重要组成部分，应该为发展 21 世纪马克思主义，开辟 21 世纪马克思主义新境界做出新贡献。基于这样的认识，在中国特色社会主义经济建设协同创新中心和教育部人文社会科学重点研究基地南开大学政治经济学研究中心的支持下，自 2014 年开始我组织国内一些学者开展中国特色社会主义政治经济学研究、当代中国马克思主义政治经济学研究、开辟 21 世纪马克思主义政治经济学新境界研究，形成一批成果。本丛书将在"当代中国马克思主义政治经济学"旗帜下，陆续出版这些成果。

逄锦聚

2017 年 7 月 1 日

---

① 习近平：《在哲学社会科学工作座谈会上的讲话》，载于《人民日报》2016 年 5 月 19 日。
② 习近平：《在庆祝中国共产党成立 95 周年大会上的讲话》，载于《人民日报》2016 年 7 月 2 日。

目　录

导　　论

第一节　研究背景和问题的提出

一、研究背景

中国农村土地产权制度是在农村土地集体所有制基础上产生的，它体现了实行家庭联产承包责任制以来农村土地制度改革的成果。

以集体所有制为基础的家庭承包经营制度是我国的农村土地产权制度的基本模式。这种产权制度安排保留了土地所有权属于集体（即村集体经济组织）所有，集体依法组织土地发包和对土地进行再调整，特定范围内的农民在保证国家和集体利益的前提下通过承包合同等形式按人口比例平均分配土地以获取承包地，国家对土地承包经营权进行严格的规定和控制。

从 20 世纪 80 年代中期开始，随着农村经济改革的深化、农业产业结构的调整和规模经营以及剩余劳动力向非农产业的转移，家庭联产承包责任制的缺陷开始显现出来。例如，由于农户对土地承包经营权缺乏长期稳定的预期和产权激励问题使得农民对土地的长期投资不足；分散经营和对使用权的限制无法在更大范围实现土地资源的流转和合理配置。从 20 世纪 80 年代中期到 2000 年前后，家庭联产承包责任制的产权解释在国家法律层面上有过几次重要的调整，政策调整的重心主要放在解决土地承包经营权的长期性和流转上。1988 年 4 月，第七届全国人大常委会对 1982 年的《宪法》修正案规定："任何组织或者个人不得侵占、买卖或者以其他形式非法转让土地。土地的使用权可以依照法律的规定转让。"

这是在法律上首次确认土地使用权可以转让。1993 年 11 月，中共中央、国务院发出《关于当前农业和农村经济发展的若干政策措施》，决定在原有的耕地承包期到期以后，再延长 30 年不变；提倡在承包期内"增人不增地，减人不减地"。2002 年国家颁布了《中华人民共和国农村土地承包法》，该法规定"农村土地承包后，土地的所有权性质不变，承包地不得买卖"。"通过家庭承包取得的土地承包经营权可以依法采取转包、出租、互换、转让或者其他方式流转。"该法还规定，土地承包经营权流转"不得改变土地所有权的性质和土地的农业用途"。《土地承包法》明确规定了农村土地承包采取农村集体经济组织内部的家庭承包方式，国家依法保护农村土地承包关系的长期稳定，标志着从法律上明确了未来一段时期内农村土地产权政策的基本走向。随后，国家颁布实施了一系列相关法律法规。2007 年颁布实施的《中华人民共和国物权法》第一次在财产权制度上确认了农村土地集体所有权基础上产生的土地承包经营权、建设用地使用权和宅基地使用权是同样受法律保护的物权。

农村土地产权制度改革是我国改革开放的起点，且仍然是当前全面深化改革的一个重点。在我国全面进入工业化中期阶段以后，农村社会经济快速发展，工业化、信息化、城镇化和农业现代化快速推进，现行农村土地产权制度在诸多方面表现出不适应性，使其面临着极大的挑战。一是土地所有权和使用权的并置、分置，需要进一步完善土地产权权能结构，在落实所有权、稳定承包权的同时进一步放活经营权；二是坚持统分结合的农村基本经济制度需要进一步发挥集体经济组织"统"的职能，以此构建农业社会化服务体系；三是发展适度规模经营和解决"谁来种地"问题，需要经营权向专业大户、专业合作社等新型经营主体集中；四是新型工业化、城镇化需要发挥市场功能配置资源的作用，促进土地等生产要素的流动；五是构建新型城乡关系，城乡要素平等交换，需要农民拥有能进行市场选择的产权基础；六是缩小城乡差距需要赋予农民更多的财产权利，增加财产性收入；七是建设乡村民主需要在"政经分开"、公共管理事务与产权管理的职能分设的基础上探索乡村基层治理的新机制。

在新的历史时期，全面深化经济体制改革和激发各类经济主体发展新活力是新一轮农村改革的主题。党的十八大提出："坚持和完善农村基本经营制度，依法维护农民土地承包经营权、宅基地使用权、集体收益分配权，壮大集体经济实力，发展农民专业合作和股份合作，培育新型经营主体，发展多种形式规模经营，构建集约化、专业化、组织化、社会化相结合的新型农业经营体系。"党的十八届三中全会通过的《中共中央关于全面深化改革若干重大问题的决定》明确提出：要赋予农民更多财产权利，要赋予农民对集体资产股份占有、收益、有偿退出及抵押、担保、继承权；保障农户宅基地用益物权，改革完善农村宅基地制度，稳妥推进农民住房财产权抵押、担保、转让，探索农民增加财产性收入的渠道；建立农村产权流转交易市场，推动农村产权流转交易公开、公正、规范运行。

党的十九大提出中国特色社会主义进入了新时代，这是我国发展新的历史方位。十九大报告在实施乡村振兴战略中提出：要巩固和完善农村基本经营制度，深化农村土地制度改革，完善承包地"三权分置"制度。保持土地承包关系稳定并长久不变，第二轮土地承包到期后再延长 30 年。深化农村集体产权制度改革，保障农民财产权益，壮大集体经济。这为新时代我国农村土地制度改革指出了基本方向。

2015 年 1 月，中共中央办公厅和国务院办公厅联合印发了《关于农村土地征收、集体经营性建设用地入市、宅基地制度改革试点工作的意见》。这标志着我国农村土地制度改革进入了试点阶段。这次改革被称为"三块地的改革"，它涉及以下几个方面：一是在农村土地征收改革方面，要探索缩小土地征收范围；规范制定征收目录，健全矛盾纠纷调处机制，全面公开土地征收信息；完善对被征地农民合理、规范、多元保障机制等。二是在农村集体经营性建设用地入市改革方面，要探索完善用地产权制度，赋予农村集体经营性建设用地出让、租赁、入股权能；明确农村集体经营性建设用地入市范围和途径；建立健全市场交易规则和服务监管制度等。三是在农村宅基地制度改革方面，要完善宅基地权益保障和取得方式，探索农民住房保障在不同区域户有所居的多种实现形式；对超标准占用宅基地和一户多宅等情况，探索实行有偿使用；进城落户农民在本集体经济组织内部自愿有偿退出或转让宅基地等。中央在全国安排了 33 个县作为三项改革的试点地区，累计出台约 500 项具体制度措施。集体经营性建设用地入市地块共计 278 宗，总价款约 50 亿元。3 个原征地制度改革试点地区按新办法实施征地的共 59 宗、3.85 万亩。15 个宅基地制度改革试点地区退出宅基地 7 万余户，面积约 3.2 万亩。从统筹推进三项试点与其他改革看，目前，33 个试点县已全部纳入新型城镇化综合试点，14 个纳入农村改革试验区，15 个宅基地制度改革试点全部列入农民住房财产权抵押贷款试点，还有不少试点地区纳入了农村集体产权制度改革试点，几类试点共同推进、相互配合，取得了很好的改革联动效应。

2015 年 11 月，中共中央办公厅、国务院办公厅印发了《深化农村改革综合性实施方案》。该方案强调，以土地集体所有为基础的农村集体所有制，是社会主义公有制的重要形式，是实现农民共同富裕的制度保障。深化农村土地制度改革，要坚守"土地公有性质不改变、耕地红线不突破、农民利益不受损"三条底线，防止犯颠覆性错误。深化农村土地制度改革的基本方向是：落实集体所有权，稳定农户承包权，放活土地经营权。落实集体所有权，就是落实"农民集体所有的不动产和动产，属于本集体成员集体所有"的法律规定，明确界定农民的集体成员权，明晰集体土地产权归属，实现集体产权主体清晰；稳定农户承包权，就是要依法公正地将集体土地的承包经营权落实到本集体组织的每个农户；放活土地经营权，就是允许承包农户将土地经营权依法自愿配置给有经营意愿和经营能力的主体，发展多种形式的适度规模经营。

二、问题的提出

党的十九大报告明确提出，巩固和完善农村基本经营制度，深化农村土地制度改革，完善承包地"三权分置"制度。正是这一个"巩固"和两个"完善"，定调了未来农村土地产权制度改革的基本方向。换句话说，这既为深化农村土地产权制度改革理性把握其难点、设计并选择多条可行性创新路径指明了基本路向，又为农业农村各方稳定利益预期、高效持续发展提供了制度保障。基于新一轮农村土地产权制度改革的背景及试点经验，本书认为，在新时代乡村振兴战略下深化土地产权制度改革的基本方向和路径已十分清晰，但在实践中仍需要解决一系列难题。例如：（1）农村集体土地"三权分置"改革还面临着土地经营权性质界定存疑，农村集体土地产权不清，权利不明，农地法律供给不足，农民权益难以保障等困境。（2）农村集体产权制度改革要因地制宜，不可"一刀切"，特别是要防止"指标化"。我国农村区域性特征明显，不同地区的土地资源、集体资产状况、集体成员构成和改革发展阶段差距大，改革如何分类指导，有序推进，寻找适合本地的改革模式是一个难点问题。对于广大农区，特别是中西部地区，改革重点应是"确权赋能"；而在经济发达地区，特别是集体经营性资产数量庞大的地方，改革重点应是通过股份量化，推进集体经营性资产股份合作制改革，赋予集体经济组织市场主体地位；同时，承包地少的地方可以按"确股确权不确地"的方式确权。（3）如何赋予农民更多财产权利？扩大农民对集体资产股份、承包地、宅基地、住房等的处置权，流转交易的对象范围势必要突破原来的集体经济组织边界，需要解决承包权的退出和继承问题；在推进农民住房财产权抵押、担保、转让的情况下，势必导致宅基地使用权流向外部人员，这个问题应该如何对待。（4）赋予农民对集体资产股份有偿退出、抵押、担保、继承权，使外部人员持有集体资产股份的概率大大提高；同时，由于土地承包关系长久不

变和"生不增、死不减"，以及一些地方在股份合作制改革中实行股权固化和
"进不增、出不减"，新增成员不再自动拥有对集体资产的各项权能。这些改革会
使集体成员权的内涵发生深刻变化，这要求我们从历史上讲清楚农村集体所有制
的来龙去脉、实践发展的主要线索，从理论上说透彻农村集体所有制的基本特征
和存在逻辑。（5）如何看待农民的农地承包权与经营权之间的关系以及经营权的
流转？经营权流转和经营权的集中对未来农业经营模式基本走向和发展道路会产
生什么样的影响？不少学者认为中国不可能仅有一种农业经营模式，在未来相当
长的时期内，中国的农业经营主体的构成是传统农业经营主体（大量小规模兼业
农户、传统小农户）与新兴农业经营主体（专业大户、家庭农场、农民合作社
及农业企业）并存。对这些问题需要有正确的认识和把握。（6）宅基地"三
权分置"中所有权、资格权和使用权的权利主体和范围如何确定？宅基地"三
权分置"中不同权利的边界、内容和权利之间的相互关系是什么？进一步做实
各类权利主体、保障三类权利实现的机制是什么？在实践中已经出现了浙江义
乌模式、北京大兴区模式和海南文昌模式，但还需要进一步总结经验，进行理
论探索。

本书立足于新时代乡村振兴战略下农村经济改革和农村土地产权制度创新的
重大理论与实践问题，以我国近年来改革试点地区土地确权颁证、"三权分置"
改革、集体产权制度改革、发展农村集体经济等改革经验为典型案例，研究推进
新一轮改革的指导思想和路径选择。

但是，需要指出的是，现阶段的农村土地产权制度改革是在坚持农村基本土
地制度和基本经营制度基础上的微调，并不能完全像20世纪80年代初期农村土
地产权制度改革带来的整体性制度变革，以及给农民带来整体福利的改善或提
高。客观地讲，现行的农村土地制度改革举措并没有惠及绝大多数的农民群体，
从相关数据来看，农用地流转比重仅占1/3左右，集体经营性建设用地入市的试
点也仅限于一小部分城市周边的农村地区，宅基地或者农房出租等改革的推进也
只是少数情况，只有少数农村地区能够完成这一交易。因此，关于农村产权制度
改革，不能只考虑能够直接从改革中获益的农民群体，还要考虑如何维护好一般
普通农户的根本利益。对于维护一般农户的根本利益应做到以下几点：一是需要
坚持农村基本土地制度和基本经营制度，将小农户与现代农业发展有机结合起
来，发展和保护好小农的经济利益。二是需要坚持农地承包经营权长久不变，稳
定农民和其他经营主体从事农业的预期。三是要发展新型农村集体经济，合理分
配农村集体经济收益以及土地增值收益等，保障农民土地财产权的实现。

第二节 研究目标和意义

一、研究目标

当前，中国农村土地产权制度正经历着新的变革。这是深化农村土地产权改革，解决好农业、农村和农民问题的必然选择。改革的方向、目的和机制是怎样的，改革试验的绩效是怎样的？本书坚持问题导向，对农村土地产权制度改革的实践经验进行系统的理论概括，再将理论应用于实践，以寻求进一步深化改革的指导思想和工作路径。改革试点地区是此次新一轮农地产权改革实践的"先行者"，尤其是成都市、重庆市作为全国为数不多的统筹城乡发展的改革试验区，在试验区内推进农村土地产权制度改革应具有可示范性和推广意义，其实践经验值得认真研究和总结。

目前在全国推进的农村土地产权制度改革涉及土地的确权颁证，农村土地的流转和建设用地的入市交易，农村集体资产的处置、保值和增值，农村新型经营组织的发展和新型经营主体的培育，以及农民财产权的法律保护以及财产利益实现等方面的改革。本书就是从这几个方面来研究农地产权改革中取得的经验和存在的问题等。总的来说，本书的研究目标主要包括以下几个：

（1）研究农村土地产权制度改革的理论基础和理论逻辑。本书把马克思的所有制和财产权理论作为理论基础，系统梳理了马克思关于土地所有制和财产权关系的论述，研究了马克思主义经典作家在土地集体所有制、合作社理论方面的思想，以及合作经济的思想来源。

（2）研究农地产权由"两权分离"向"三权分置"过程中，农村土地所有权的硬化和承包经营权物权化的经验和启示。农地的所有权和承包经营权分化为所有权、承包权和经营权，农民集体拥有土地的所有权，拥有集体成员资格的农民可以获得承包权，获得承包权的农民可以自己经营土地，也可以转租给其他人，其他人获得经营权。农地产权改革试点过程中，农民集体获得了所有权证，农民获得了承包权证，承租经营土地的人可以获得经营权。这个改革过程被称为"确实权"和"颁铁证"。如此，农民集体的所有权得到了硬化，农民的土地经营权可以转租，可以获得租金收入。但是，这个改革过程中，是不是"确权"和"颁证"后农民集体的所有权和农民的土地经营权、承租者的经营权就可以得到保护，他们的权能性收益就可以得到实现，则需要通过具体的调研才能发现其中的问题，总结其中的经验。

（3）分析农村土地流转的特征、风险和模式。农地实现了"两权分离"向"三权分置"转变后，农地的流转得到了产权上的支持。不过，在现实中，农地流转的原因、特征和风险需要具体考量。在改革试点地区的农地流转改革中，出现了不同的流转模式，这些模式的优点和缺点是值得借鉴和思考的。农地流转模式是多样化的，从多样性中找到共性和差异性，可以为改革的进一步推进和农地流转政策的制定提供可借鉴的经验和理论支持。

（4）探析农村集体经营性建设用地的流转和入市模式，以及土地增值收益的分配问题。随着工业化和城市化的发展，农村集体建设用地的价值越来越大。农村集体经营性建设用地的外部流转已经是现实中急需解决的问题。农村集体经营性建设用地采用怎么的方式向外流转，直接入市还是继续通过征地等方式来进行？改革试点地区的农村集体经营性建设用地流转开创了不同的模式，这些模式的特征、风险和收益分配的解决方式是值得研究的。另外，农地，尤其是农村集体经营性建设用地的向外流转会带来大量的土地增值收益，土地增值收益分配是流转过程中的核心问题。探索不同的增值收益分配模式，汲取其中的经验和教训，对于保证土地增值收益分配的公平性、合理性和可持续性是必要的。

（5）探索和总结新型农村集体经济组织和农业经营组织发展模式和经验。新一轮的农村土地产权改革不仅对农地产权进行了改革，而且对农村集体资产的产权进行了改革。对集体资产进行量化和股份化是改革试点地区如成都市农地产权改革中的一大特色。建立产权明晰、流转顺畅、经营有方和保证有力的新型农村集体经济组织是发展和壮大农村集体经济最有效的途径。家庭农场、种粮大户、专业合作社和农业企业都是新型农业经营组织发展的不同模式。这些模式有不同的存在背景、不同的运作方式、不同的组织结构和不同的绩效。研究农村集体经济组织和新型农业经营组织的多样性、总结不同模式的适用性和优缺点是本书的主要目的之一。

二、研究意义

农村土地产权改革是影响农村稳定和发展的关键性制度变迁。新中国成立后，历次农村经济制度的变迁几乎都是从农地产权制度变革开始的。农地产权制度密切联系着国家、农民集体和农民个体的利益，农地产权关系变革的实质是在调整这三者的利益关系。适度的农地产权制度变革可以激发农民参与农业生产的积极性，增加农民的收入，保障农民集体的整体利益，保障全国的粮食供给安全。"冒进的"和"不切实际的"农地产权变革可能会侵犯农民的利益，影响农业生产，造成粮食安全问题。另外，农地产权制度的变革，还会影响农村的稳定和发展。一般来讲，农民的"地权"稳定了，农民才可以安居乐业，社会才能繁荣稳定。

当前，农村的发展面临着"人朝哪儿去""钱从哪里来""地往哪儿流""粮在哪儿种"等问题。随着城市化和工业化的推进，农民市民化的过程也在加速，越来越多的农村居民在城市务工就业，其收入对工业和服务业的依赖度加大，而对农业的依赖性减弱了。很多地方，农村的青壮年劳动力逐渐流入了城里，仅仅剩下老人、妇女等从事农业生产。未来中国的地由谁来种？这是一个迫切需要解决的问题。对于继续留在农村从事农业生产的农民来说，要增加其收入，除了通过非农收入途径外，还应该允许其通过土地财产权来增加财产性收入。这就需要通过一系列的产权改革赋予农民完整的土地财产权，并设置相关的制度和机制来保障其实施。随着从事农业的比较收益降低，越来越多的农村人口放弃从事农业生产，有些地方甚至出现了土地撂荒现象。同时，一些农村的种地能手及一些城市的工商业和农业企业又希望能够集中土地来经营。要将闲散的土地集中起来，就需要建立以产权改革为基础的农地流转机制。种粮的比较收益低，这使得越来越多的农户不再从事传统的粮食种植业，而是转向了经济作物的种植，有些甚至直接撂荒了土地。长此以往，这必然会威胁到国家的粮食安全。要解决这一问题，仍然需要改革农地产权制度，逐步形成土地的规模经营，提高粮食种植的补贴。

作为农地改革的先行者，改革试点地区在农地的"确权颁证"、"还权赋能"、农地的流转和规模经营、农村集体建设用地的流转和入市、农村集体经济组织和新型农业经营组织的创新和发展、以农地产权改革为核心的乡村治理体系构建等方面进行了很多的创新性实践。总结这些实践经验，并将其上升为理论，不仅对于丰富和完善我国农地产权理论具有理论价值，而且对于指导全国范围内的农地产权改革具有重要的实践价值。

第三节　理论基础

一、马克思关于所有制和所有权的研究

所有制反映了社会生产过程中人们在占有物质生产资料方面的相互关系，是

马克思政治经济学中的一个重要研究范畴。马克思在《政治经济学批判（1857－1858年手稿）》中，第一次相对系统地论述了所有制一般的概念。马克思说："财产最初无非意味着这样一种关系：人把他的生产的自然条件看作是属于他的、看作是自己的、看作是与他自身的存在一起产生的前提。"① "……我们把这种财产归结为对生产条件的关系"。② 在马克思看来，所有制（即财产）最早是指劳动者作为生产的主体又作为占有的主体，与作为生产的客体又作为占有的客体的生产条件的一定关系。现实的生产总是在一定社会形式中的生产，占有总是借以一定的社会形式进行的，马克思在《资本论》中以资本主义所有制关系研究为核心建立了经济学的理论体系，尽管在《资本论》中没有专设章节论述所有制，但马克思的所有制思想却贯穿于一至三卷的各个章节之中，包含的内容也十分丰富。在《资本论》中，马克思基于生产力与生产关系的相互作用，揭示了人类社会的各种所有制历史演变的规律。马克思指出，所有制反映的是经济生活中现实的占有关系，并认为所有制的法律形式就是所有权，只有具有了法律上的所有权，事实上的占有才具有合法占有的性质。

马克思关于所有制和所有权的辩证关系思想早在1842年发表的《第六届莱茵省议会的辩论——关于林木盗窃法的辩论》一文中有所体现。马克思指出，普鲁士议会立法维护的是土地所有者的利益，剥夺和侵犯了穷人的权利与利益。他坦言："有一个地方已经把穷人的习惯权利变成了富人的独占权。你们看，这就充分证明公共财产是可以独占的，从这里自然就得出结论说，公共财产是应该被独占的。事物的本质要求独占，因为私有制的利益要求独占。"③ 次年，马克思撰写了《黑格尔法哲学批判》，在这部未完成的手稿中，马克思进一步讲到了私有制与财产私有权的关系，指出："私有财产的真正基础，即占有，是一个事实，是不可解释的事实，而不是权利。只是由于社会赋予实际占有以法律的规定，实际占有才具有合法占有的性质，才具有私有财产的性质。"④

马克思从生产力决定生产关系、经济基础决定上层建筑的角度，注重所有权背后的深层经济内容即所有制关系的研究。在马克思看来，所有制是所有权的经济本质，抓住了所有制就抓住了产权问题的根本和关键，理解了所有制，也就把握了所有权和财产权的基本方面。所有权以及财产权、产权、法权关系等都是建立在一定生产关系基础之上的上层建筑，其本身的产生、存在和发展都离不开相对应的生产力和生产关系状况。马克思明确提出："法的关系正像国家的形式一

---

① ② 《马克思恩格斯全集》第46卷（上），人民出版社1979年版，第491、492页。

③ 《马克思恩格斯全集》第1卷，人民出版社1956年版，第147页。

④ 《马克思恩格斯全集》第1卷，人民出版社1956年版，第382页。

样，既不能从它们本身来理解，也不能从所谓人类精神的一般发展来理解，相反，它们根源于物质的生活关系。"① 马克思把所有制关系看作所有权关系的物质基础，所有制关系决定了所有权的性质，所有权又以它的具体形式确认、规范、保护并进一步推动着与它相对应的所有制基础的发展。

与西方产权理论比较，马克思的所有权理论在方法论上具有三方面的特点：一是马克思运用抽象分析法，指出尽管财产所有权的具体形式具有多样性，但就人类社会某一特定发展阶段来讲，客观上存在着某种通行的、占居主导地位的财产所有权形式。二是马克思的所有权分析还运用从抽象到具体的方法，结合人类社会发展中不同阶段的条件和状况，分析了财产所有权的具体形式。三是马克思不仅从静态的、财产归属的意义上分析了具有最高的、排他性支配的财产所有权，还从动态的、所有权在经济现实中的利用和实现上讨论了所有权与占有权、使用权、支配权的统一和分离情况。

二、马克思关于土地所有权的理论

马克思曾在《资本论》《剩余价值理论》等多部经典著作中论述过土地所有权理论。马克思不仅论述了当全部土地产权权能集中在一起由一个产权主体行使时的完全的土地所有权，还探讨了经济意义上的土地所有权或事实上的土地所有权，即当除土地终极所有权以外的其他产权权能从土地产权内分离出来并集中在一起，由另一个产权主体行使。土地产权的分离和独立需要在经济上获得实现并形成新的经济关系。土地所有权与占有权、使用权、支配权的统一或分离，并不改变土地所有权的基本性质，但会影响土地所有权的实现方式和所得利益的分配。

马克思还从土地所有权与土地经营权的分离阐释了地租的产生。"不论地租有什么独特的形式，它的一切类型有一个共同点：地租的占有是土地所有权借以实现的经济形式，而地租又是以土地所有权，以某些个人对地球的部分的所有权为前提。"② 土地所有权的垄断是地租一般的表现，不同所有制条件下土地占有的特殊社会性是地租特殊的体现，资本主义地租就是农业资本家为获取土地的使用权而交给土地所有者的超过平均利润的那部分价值。因而，土地所有权与土地

---

① 《马克思恩格斯选集》第 2 卷，人民出版社 1995 年版，第 32 页。
② 《马克思恩格斯选集》第 2 卷，人民出版社 1995 年版，第 543 页。

经营权的分离构成了地租产生的前提，地租也成为土地所有权借以实现的经济形式。

马克思的土地所有权理论还体现在他对小农生产方式落后性的批判上，体现在对资本主义农业生产方式中存在的私有制与生产社会化矛盾的揭示上。马克思指出，小农生产方式的基础"小块土地所有制按其性质来说排斥社会劳动生产力的发展、劳动的社会形式、资本的社会积聚、大规模的畜牧和科学的累进的应用。高利贷和税收制度必然到处使这种所有制陷入贫困境地。资本在土地价格上的支出，势必夺去用于耕种的资本。生产资料无止境地分散，生产者本身无止境地互相分离。人力发生巨大的浪费。生产条件越来越恶化和生产资料越来越昂贵是小块土地所有制的必然规律"。① 小农生产方式的落后与保守将使其在与资本主义大农业的竞争中走向灭亡。但马克思同样揭示了资本主义土地私有制的固有矛盾，在 1872 年的《论土地国有化》一文中，马克思旗帜鲜明地反对土地私有，马克思认为劳动是创造价值的唯一源泉，土地并不能创造新的价值，土地私有者收取地租的行为是对土地使用者劳动价值的剥削，土地私有制将产生土地使用者的短期行为，不利于农业生产经营社会化。进而他提出剥夺私人的土地作为国家的财产，并"把地租用于国家支出"② 以及"土地只能是国家的财产"③ 的论断。马克思认为土地的国家所有同农业劳动者的联合没有区别，因为在共产主义社会中，国家存在的目的就是以社会的名义占有生产资料。

三、社会主义土地公有制理论与中国实践

在社会主义理论中，公有制的一种重要形式是"社会主义劳动群众集体所有制"，简称集体所有制。从苏联和中国的实践经验来看，集体所有制是社会主义社会中生产资料和劳动成果归一定范围内劳动群众集体共同占有的一种公有制实现形式。1953～1956 年，中国农村进行了"一化三改造"，通过互助组、初级合作社、高级合作社和人民公社等形式，逐渐将农民手中的土地和劳动工具等农业生产资料集中起来形成了农民集体所有制。农民集体所有制最初实行的是政社合一的体制，即人民公社不仅具有生产功能，还具有政治和管理功能。改革开放

---

① 马克思：《资本论》第 3 卷，人民出版社 2004 年版，第 912 页。

② 马克思、恩格斯：《共产党宣言》，引自《马克思恩格斯选集》第 1 卷，人民出版社 2012 年版，第 421 页。

③ 马克思：《论土地国有化》，引自《马克思恩格斯选集》第 3 卷，人民出版社 2012 年版，第 178 页。

后，农村实施家庭联产承包责任制改革，集体所有制的实现就体现为农村土地的所有权归全体成员共同共有，但具体的经营层面则由家庭分散经营。

农村集体所有制的过渡形式是合作经济。合作经济思想发源于西方空想社会主义理论，马克思、恩格斯对空想社会主义的合作经济思想进行了批判和改造，使其从空想变为科学。恩格斯在《法德农民问题》中谈到大规模经营后节省出来的劳动力时间如何安排时指出，"这同时会保证总的社会领导机构有必要的影响，以便逐渐把农民合作社转变为更高级的形式，使整个合作社及其社员个人的权利和义务跟整个社会其他部门的权利和义务处于平等的地位"①。恩格斯将合作社看作向共产主义过渡的一个中间环节，由于合作经济只改变了农民的劳动组织形式，并没有改变土地所有制的性质，所以合作社只是改造小农生产方式的过渡形式，而非根本措施。

列宁率先将马克思、恩格斯的合作经济思想变成苏联的社会主义实践。列宁在总结新经济政策的基础上提出"在生产资料公有制的条件下，在无产阶级对资产阶级取得了阶级胜利的条件下，文明的合作社工作者的制度就是社会主义的制度"②，"合作社的发展也就等于社会主义的发展"。③ 毛泽东吸收了马克思、恩格斯和列宁合作经济思想的内核，在吸取苏联农业合作经济的经验教训基础上，领导中国人民通过走合作经济的道路实现了社会主义改造，实现了社会主义农业集体经济的建设，进一步继承和发展了马克思主义合作经济理论。毛泽东广泛深入农村社会进行基础调查，做出合作社是农民提高劳动生产率、摆脱贫困的唯一途径这一判断。毛泽东曾言："这种分散的个体生产，就是封建统治的经济基础，而使农民自己陷于永远的穷苦。克服这种状况的唯一办法，就是逐渐地集体化；而达到集体化的唯一道路，依据列宁所说，就是经过合作社。"④ 毛泽东还提出了合作社要分互助组、初级社、高级社"三步走"以及"先合作化，后机械化"等具体可操作的阶段性理论。改革开放后，邓小平将农业发展和集体所有制思想融合在一起，注重合作社等经济组织在实现农业发展效率上的作用，使得农业合作思想与实现共同富裕的目标相统一。

---

① 《马克思恩格斯选集》第 4 卷，人民出版社 1995 年版，第 499 页。
② 《列宁全集》第 43 卷，人民出版社 1987 年版，第 365 页。
③ 《列宁全集》第 43 卷，人民出版社 1987 年版，前言第 XIII 页。
④ 《毛主席论农业和农民问题》，浙江人民出版社 1961 年版，第 58 页。

四、现代用益物权与中国农村土地制度

用益物权在法学上是指"所有人对他人之物品所享有的占有、使用、收益的排他性权利"。[①] 用益物权以物的使用收益为内容，随着以物的利用为核心的物权观念的确立和发展，成为现代物权制度的重要内容。我国 2007 年颁布实施的《物权法》，明确规定了"本法所称物权，是指权利人依法对特定的物享有直接支配和排他的权利，包括所有权、用益物权和担保物权"；"所有权人有权在自己的不动产或者动产上设立用益物权和担保物权"；"用益物权人对他人所有的不动产或者动产，依法享有占有、使用和收益的权利"。[②]

我国《物权法》将农村土地集体所有制基础上产生的土地承包经营权和宅基地使用权确定为一种用益物权，规定了当事人可依法享有占有、使用和收益的权利。农村土地使用权用益物权法律性质的确定，使农村土地产权由"弱化""残缺"的使用权逐步走向物权意义上的财产权，这对我国农村土地产权制度有着重要的意义。进入新发展阶段，农村土地产权制度面临许多新的挑战。全面实施乡村振兴战略、深化农村土地制度改革来赋予农村居民土地财产权和维护农民土地财产权益，就需要从法律上完善所有权和使用权制度，让现代用益物权更好应用于中国农村土地制度。

第四节　研究方向和核心观点

一、研究方向

本书以马克思的所有制、财产权理论为基础，以历史唯物主义的制度分析为基本方法，立足于中国特色社会主义政治经济学基本理论和我国改革实践中农村土地制度理论创新的积极成果，研究我国农村土地制度的形成、发展及历史变迁，总结我国新一轮农村土地产权制度改革的经验，分析进入中国特色社会主义新时代乡村振兴战略下深化农村土地制度改革面临的问题及挑战，提出一个与社

[①] 王利民：《物权法论》，中国政法大学出版社，2003 年版。
[②] 《中华人民共和国物权法》，第 2 条、第 40 条、第 11 条。

会主义市场经济相适应的农村土地产权制度创新的理论框架。

二、核心观点

1. 农村土地制度历来是中国农村变革的关键，其根本在于产权制度改革，其实质是农民的权利及其利益的承认、赋予、保障和实现问题。回望农村土地产权制度的每一步改革及其深化过程，体现出的正是不断扩展农民土地权利和土地权能的改革逻辑，实质是承认、赋予、维护和发展农民土地权利及其利益实现机制重构的过程，说到底，最根本的就是在不断深化农村土地产权制度改革进程中确保农民的经济利益诉求和政治民主权利诉求。

2. 进入 21 世纪，农村土地产权制度面临许多新挑战，制度设计的不充分与农业生产现实的冲突倒逼农村土地产权制度进一步改革。此次改革主要以"还权赋能"为基本纲领，以土地使用权物权化为方向（三权分置：坚持农村土地集体所有权、稳定承包权、放活经营权），以"确实权、颁铁证"为起点，以"土地流转"为抓手，以"新型农业经营主体"为支撑，以确保农民土地承包经营权及其土地经营权流转的处置权和相应的财产性收入为归旨，促进农业发展适度规模经营，农民分享土地增值收益。

3. 从效率的角度分析，新一轮农村宅基地产权制度改革是为了破解宅基地财产功能与社会保障功能冲突带来的"偏重公平与轻视效率"的矛盾，力争在新一轮的改革过程中兼顾公平的同时释放要素效率，实现二者的相融。当前，新一轮的宅基地产权制度改革更多的是在稳定宅基地社会保障功能的基础上，通过构建完备的宅基地及附着物产权权能，提高土地要素的效率。效率的提升主要表现为财产功能的发挥和产业效益的释放两个方面。宅基地及地上附着物财产功能的发挥是通过赋予宅基地使用权这一用益物权更加完备的产权权能（即处分权和收益权），使用益物权人能够合法、合规、合理地实现宅基地及附着物财产的经济价值。宅基地产权制度改革的效率释放的另一源泉是在全面确权颁证的基础上，盘活农村土地存量，发展现代农业，推进农业与非农产业融合发展带来的产业发展效益。

4. 我们需要探索多种形式发展集体经济，突破对农村集体经济的认识局限，打破按地域建立集体经济组织的传统模式，形成按业域关系、超越村级范围创建各种集体经济形式的新模式，采取资源整合、与外部资产和劳动等进行规模联合和深度融合的方式，丰富农村集体经济的内涵，促使农村集体经济由封闭走向开放，从而有可能克服规模小、技术低等普遍性问题，使农村集体经济展现发展活力。

5. 农村基本经营制度的巩固和完善、承包地"三权分置"制度的完善的关键在于农村土地产权制度改革的深化，以实现"资源变资产、资金变股金、农民变股东"。新时代发展背景下，农村土地产权制度改革深化聚焦的具体方向是"构建以用益物权为内涵属性的农村土地使用权制度"。沿着这个具体方向，应在五个方面加大力度，即"稳步推进农村土地的'确权颁证'、搭建统一的市场化要素流动平台、着力促进新型农业经营主体发展、加强培育现代的新型职业农民以及加快完善法律制度及政策的建设"。

6. 推进新型农业经营主体构建必须坚持两大原则。第一，坚持在家庭承包基础上鼓励经营主体的多样性发展，家庭经营主体不能丢。第二，坚持"统分结合"双层经营体制，探索如何有效发挥"统"的功能。大力发展农村集体经济和合作经济，通过合作经营、集体经营、产业联合等方式，实现不同程度、多重意义上的"统"，以提高农业生产的组织化程度。

7. 推进"统分结合"的农村经营体制的建设是生产力和生产关系共同的要求，只有基于生产力和生产关系的双重视角，才能对"统分结合"的"统"形成正确认知，并用以检验现实农村中各种"统"的形式和做法。历史的经验教训告诉我们，通过合作化方式把分散的农户组织起来进行农业生产经营，是解决农户各自分散经营存在的问题、提高农业生产组织化程度和实现规模效益的必由之路。但一定要从实际出发探索农业合作化的方式和途径，使之因地制宜，真正得到广大农民群众的拥护，自愿参与，真心支持，全力投入。这是农业合作化能否真正成功的关键所在。

8. 要使农村居民拥有真正的土地财产权利。改革的取向是集体所有制框架内真正解决农民的土地财产权利问题，这需要一个能确认和保护农民土地财产权利的基础性的制度结构。现实中农民的土地权利问题，从法律角度讲就是要确权，建立权利主体完善的所有权和使用权（或用益物权）制度；从经济学角度讲，就是要逐步实现农民的土地权利收益（包括生产性收益、级差地租和土地增值收益）。要从根本上解决农民的土地财产权的保护问题，实现农民主体地位的真正实化，必须还权于民，通过市场交易手段来保障农民的主体地位。具体的途径如下：首先，需要做好土地、房屋等确权工作；其次，农民进行市场交易时政府不得强行干预，充分尊重农民的意愿；最后，必须限定某些地域不能开发，并且保证政府不强制征收土地。这样，就能让农民真正进入市场，自由进行交易，名副其实地享受宪法法律赋予其的财产权利，实现其主体地位的实化。

第五节　主要内容

本书分为五个部分：

导论部分概括了本书的背景、问题和研究目标及意义，概述了本书的理论基础和相关文献，提出了研究的方向、核心观点，概括了其余四个部分的主要内容。

第一章为农村土地产权制度改革的理论基础和理论逻辑。这一部分系统梳理了马克思的土地所有制与财产以及土地所有权与地租理论，对社会主义土地公有制思想以及在中国的实践探索进行了理论回顾，并根据实践中土地集体所有制的缺陷和改革探索探讨了现代物权理论和土地用益物权理论，在此基础上对近年来学界关于农村土地产权制度改革的讨论进行了简要综述，借以提出深化农村土地产权制度改革的理论逻辑。

第二章为新一轮农村土地产权制度改革实践与经验研究。这一部分回顾了1949～2008年我国农村土地产权制度的演变与发展历程，整理分析了新一轮农村土地产权制度改革启动至今的农村承包地产权制度、农村宅基地产权制度以及农村集体经营性建设用地产权制度改革的实践经验；基于党的十九大报告提出的"巩固和完善农村基本经营制度，深化农村土地制度改革，完善承包地'三权'分置制度"基本导向，探讨了新一轮农村土地产权制度改革深化的具体方向和改革措施。

第三章为我国农村基本经营制度研究。这一部分依据党的十八大报告明确提出的要坚持和完善农村基本经营制度的一系列措施，研究了农村土地产权制度改革与坚持和完善农村基本经营制度的理论与实践问题，提出：要把握好土地集体所有制和家庭承包经营的关系，落实集体所有权，稳定农户承包权，放活土地经营权，实行"三权分置"；坚持家庭经营在农业中的基础性地位，创新农业经营组织方式，推进家庭经营、集体经营、合作经营、企业经营等共同发展的基本思路，并以改革试点地区的经验、案例对多种形式发展集体经济、实现统分结合的路径进行了分析。

第四章为农村居民土地财产权利及其实现机制研究。这一部分研究了农村居民土地财产权利的内涵及法律属性，并对涉及农村居民最重要的财产权利的宅基地制度产权关系和物权化改革方向进行了探讨，在此基础上研究了农村居民土地财产权利的实现机制，对有效保护农民财产权利和财产收益的法律保护制度的构建提出了相应的政策建议。

第一章

农村土地产权制度改革的
理论基础和理论逻辑

作为理论基础，本章将系统梳理马克思的土地所有制与财产权以及土地所有权与地租理论，对社会主义土地公有制思想以及在中国的实践探索进行了理论回顾，并根据实践中土地集体所有制的缺陷和改革经历探讨了现代物权理论和土地用益物权理论，在此基础上对近年来学界关于农村土地产权制度改革问题的讨论进行了简要综述，借以提出深化农村土地产权制度改革的理论逻辑。

第一节　土地所有制与财产权理论

一、财产与财产权

1. 物与财产。财产是经济学的一个重要范畴。什么是财产？最直接的定义就是：它是一种使用价值，即它的客体是物。

"财产"一词在不同的历史阶段具有不同的法律内涵和形式：在古罗马社会，财产主要表现为物质实体形态的有形物，物依自然属性的不同分为动产和不动产。① 与此同时，罗马法也提出了"有体物"和"无体物"的划分。有体物是以实体存在，并且可以凭人们感官看到的物，如动产和不动产；无体物则仅指没有

---

① 罗马法中，对物的理解是广义的。物是指除去自由人以外存在于自然界的一切东西。罗马法有时也称物为 Bona，意指那些对人们有用而能满足人们需要的东西，包括用金钱价值来衡量的。而《德国民法典》是从狭义上理解物的，规定"法律上所称物，仅指有体物而言"。

实体存在，为人们拟制的物，如债权、用益权、地役权等权利。

在当时的社会条件下，财产绝大多数都表现为有体物，无体物只是财产的特殊形式，因此罗马法在定义所有权概念时，所使用的"物"的概念就是指"有体物"。到了西欧封建社会，对物和财产的概念仍然沿袭罗马法，财产主要表现为不动产以及于土地上设立的各种权利，财产范围并未扩大。

随着资本主义商品经济的发展，人们的生产交易活动增加，形式多样化，西方各国社会经济生活中财产的范围迅速扩大，股票、债券等有价证券大量出现，成为新的财产形式，知识产品也成为民事权利的保护对象。这时财产客体的无体物受到大陆法系各国有关财产的立法的保护。由于法律传统的差异，英美法系普遍采用"财产"的概念，而较少使用"物"的概念。在英美法系的财产法中，也有具体物和抽象物的划分，如地产权、债权、股份、信托基金以及权利证书均被视为抽象物。[①]

2. 财产与占有。就财产物而言，它首先是使用价值。马克思说："不论财富的社会形式如何，使用价值总是构成财富的物质内容。"[②] 物要成为财产，关键在于占有，即在于人和物之间客观存在的一种占有关系或占有权利。严格地讲，一个人占有某物，在法律上的完整表述应该是：一个人对某物享有占有的权利即拥有所有权。如果没有在该物上设定所有权或者说法律没有确认这种占有权利，就谈不上物成为财产的问题。因此从这个意义上说，使用价值本身或物本身并不是财产，自然状态下的财产是不存在的，财产自产生时便表现为法律所保护的各项权利利益。

财产与财产权也是有区别的。财产属于权利客体范畴，财产权属于权利本体范畴。因此可以说，财产是内容，财产权是法律形式。

3. 财产权制度。《中国大百科全书》1988 年版"法学卷"中对"财产权"的释义是："人身权的对称，即民事权利主体所享有的具有经济利益的权利。它具有物质财富的内容，一般可以货币进行计算。财产权包括以所有权为主的物权、准物权、债权、继承权以及知识产权等。"财产权概念的核心内涵是所有权，即主体对于客体的最高支配权。我国《民法通则》对所有权概念的表述是："财产所有权是指所有人依法对自己的财产享有占有、使用、收益和处分的权利。"不论从历史的角度还是从现实的角度考察，财产权制度构建的核心问题就是财产所有权的确立和保护，即明晰所有权主体，实行终极的、排他的、最高的或不可

---

① 马俊驹、梅夏英：《财产权制度的历史评析和现实思考》，载于《中国社会科学》1999 年第 1 期，第 90 ~ 105 页。

② 马克思：《资本论》第 1 卷，人民出版社 2018 年版，第 48 页。

再追溯的主体定位，使特定的主体拥有对客体加以支配、使用和处置的权能，由此在社会经济生活中建立起一种"财产秩序"。

财产权制度是财产权关系的制度化，是规范和协调主体在财产占有行为方面的规则、准则。财产权制度调节的对象是财产利益关系，它通常表现为法律制度，是法律对产权的确认和保障。财产权制度具有多层次性，这是由社会经济关系或生产关系的多层次性决定的。这种多层次性的财产权制度，可以归结为对财产的基本制度的法律规定、对经济组织及运行过程中财产权行使的法律规定这两个层次。就人类社会某一特定发展阶段来说，客观上存在着某种占主导地位的财产所有权形式，它决定与制约着其他非主导的财产权形式和派生的财产形式，是社会一定发展阶段的经济、政治和意识形态、上层建筑的基础。这种占主导地位的财产所有权形式，就是财产权的基本制度，马克思把它称为一种"普照之光"。从一个社会的生产关系体系来看，它就是被称为生产关系的基础或基础性生产关系的所有制。

在一个社会确立的基本财产制度框架内，财产权制度作为规范和协调主体在财产占有行为及利益关系方面的规则、准则，是形成人们经济行为合理性和经济生活有序化的重要的法权基础。可以说，这一层次的财产权制度是市场经济得以顺利运行的润滑剂。具体讲，它有以下几个功能：

一是经济激励功能。激励功能是以"经济人"追求自身利益最大化的行为假设为前提的。产权制度的激励功能就是指通过法律确认和保护的财产占有主体，可以使用产权来谋取自身的利益，并且使这种利益不断地内在化。

二是资源配置功能。当资源不存在稀缺性因而人们在占有使用资源上并不存在利益矛盾时，财产权的界定并不重要。而当稀缺性出现时，争夺生产资源的冲突迫使各主体之间都要寻求一种社会稳定秩序以确认资源的归属，从而保护人们对资源的稳定利用。因此，通过法律而确认保护的财产权制度，一开始就是为了资源配置的需要。

三是行为约束功能。产权的约束功能有两层意思：其一是由产权的排他性而产生的对非产权主体的约束，即排除他人的侵占、盗窃等行为，保障排他性产权关系的建立。其二是对产权主体行为的约束，即通过主体权利和责任的界定，使外在的责任内在化。

四是经济预期功能。一个社会所建立的对财产所有权充分保护的法律制度，会有力地鼓励人们增加财富，有效地利用资源，从而促进社会经济的发展。在存在外部环境的不确定性和风险的情况下，只有当社会持续而稳定地保护产权，人们才会普遍地从事财富的积累，谋划长期的经济活动。

二、马克思对财产关系的研究：所有制范畴

1. 马克思的所有制思想。所有制是马克思政治经济学中一个极为重要的范畴，这一范畴反映出社会生产中人们在占有物质生产资料方面方式的相互关系，即社会生产关系。在马克思的经济学中，物质生产过程中所发生的财产占有关系，历来是其研究的核心，而马克思在研究这种财产关系时经常所使用的范畴是所有制。

马克思并没有一本专门论述所有制的著作，但从马克思的全部著作来看，所有制问题始终是马克思瞩目的焦点。马克思的所有制思想和科学的所有制范畴的产生，有一个与他从唯心主义向唯物主义、由革命民主主义向共产主义者转变相一致的发展过程。马克思在 1848 年开始探讨资本主义经济制度和研究经济学问题，在此之前，马克思对所有制关系的认识受黑格尔法哲学影响很大。在发表于1842 年的《关于林木盗窃法的辩论》一文中，马克思为德国农民的物质利益辩护，并对地主和普鲁士国家的法律进行了抨击。当时构成马克思辩论依据的主要是传统的财产权，即认为占有是人作用于自然对象的行为，而财产的本质就是通过占有行为建立人与物之间的人为的联系。马克思认为，所有权就是排斥其他任何人来占有自己的私有财产，所有权由法律规定，而法律应该符合自然法。在这里，马克思主要是在自然法的视野里来分析所有制关系，是在法权形式上讨论财产的归属。古代自然法私有财产理论以罗马法的形成为标志。罗马法明确规定：所有权是在法律许可的范围内，对于物的占有、使用、收益和处分的权利，所有权有三个特征，即绝对性、排他性和永久性。

1843 年夏天至 1844 年，马克思开始与黑格尔唯心主义的法哲学决裂，并开始进行政治经济学研究，在这一段时间里，写下了《克罗茨纳赫笔记》和《黑格尔法哲学批判》。黑格尔从抽象的所有者和抽象的所有权出发，认为一切社会成员都具有占有财产的自然权利，从而把私有制不合理性和现实性归结为抽象的法的观念。马克思认为，所有制的不合理性和现实性应该由一定社会建立之上的物质生活关系的总和即经济基础来说明。他指出："法的关系正象国家的形式一样，既不能从它们本身来理解，也不能从所谓人类精神的一般发展来理解，相反，它们根源于物质的生活关系，这种物质的生活关系的总和，黑格尔按照十八世纪的英国人和法国人的先例，称之为市民社会，而对市民社会的解剖应该到政治经济学中去寻找。"① 在《黑格尔法哲学批判》中，马克思对所有制关系的新

① 《马克思恩格斯全集》第 13 卷，人民出版社 1979 年版，第 8 页。

的认识是：（1）私有财产是一个普遍范畴，是一个普遍的国家联系；（2）市民社会是国家的基础，私有财产是市民社会的基础，因而私有财产是国家和法的基础；（3）占有是私有财产的真正基础，并且是一个不可解释的事实，而不是权利。在这里，马克思把私有财产看作在社会生活中起决定作用的经济关系。

《1844年经济学哲学手稿》是马克思研究政治经济学的最初成果，在这一手稿中，马克思力图从劳动的异化来阐明私有制的产生，把私有财产归结为资本和劳动的关系。1846年，马克思和恩格斯合写了《德意志意识形态》，在这部著作中，马克思用历史唯物主义的观点第一次说明经济范畴的客观性和历史性。马克思研究了社会分工和生产力的历史发展以及与此相联系的各种不同形式的所有制的发展，在马克思看来，分工一方面是生产力发展的表现和结果，受生产力发展的制约；另一方面，它又是形成和制约所有制关系及各种社会关系的现实基础。马克思认为私有制是分工的结果，因为分工才出现不平等的分配，出现对他人劳动力的支配，正是在这个意义上，马克思指出：“分工和私有制是两个同义语，讲的是同一件事情，一个是就活动而言，另一个是就活动的产品而言。”① 马克思第一次从经济关系上，把私有制的起源与人类历史上分工的发生和发展联系起来考察，这表明马克思的历史唯物主义的所有制思想确立。

马克思的《政治经济学批判（1857～1858年手稿）》，即后来的《资本论》的最初手稿，在马克思主义的发展上占有特殊的地位。这部手稿中，马克思第一次比较系统地论述了他关于所有制一般的概念。马克思说：“财产最初无非意味着这样一种关系：人把他的生产的自然条件看作是属于他的，看作是自己的，看作是与他自身的存在一起产生的前提。”② “……我们把这种财产归结为对生产条件的关系。”③ 马克思认为，所有制（即财产）最初无非就是指人们在社会生产关系中对自然的一定关系，也就是劳动者作为生产的主体又作为占有的主体，与作为生产的客体又作为占有的客体的自然生产条件的一定关系。但是，现实的生产总是在一定社会形式中的生产，占有总是借以一定的社会形式进行的，政治经济学所要研究的所有制正是这种占有的一定形式。

在《资本论》中，马克思以资本主义所有制关系（具体就是资本关系）的研究为核心建立了他的经济学的理论体系。在《资本论》中虽然没有专门的章节论述所有制，但马克思的所有制思想却是十分丰富的，贯穿于1~3卷的各章之中，包含的内容可以概括为：（1）所有制反映的是经济生活中现实的占有关系。

---

① 《马克思恩格斯全集》第13卷，人民出版社1979年版，第37页。
②③ 《马克思恩格斯全集》第46卷（上），人民出版社1979年版，第491~492页。

（2）作为经济关系的所有制，其法律形式就是所有权，即对某物的最高的、排他的任意支配权；同时，只有具有了法律上的所有权，事实上的占有才具有合法占有的性质。（3）现实的经济占有关系和法律上的所有权是有区别的。现实的经济占有关系是一种物质利益关系，它体现于所有者享有的经济利益上，作为法律上的财产所有者，他对某物拥有所有权，但也有可能并未享有现实的经济利益，即所有权不能在经济上实现。① 就人类社会某一特定发展阶段来说，客观上存在着某种占主导地位的财产所有权形式，它决定与制约着其他非主导的财产形式，是社会一定发展阶段的经济、政治和意识形态上层建筑的基础。这种占主导形式的财产形式就是社会的基本财产制度即所有制。（4）所有制作为一种基本的生产关系，它决定于生产力的性质与状况，马克思基于生产力与生产关系的相互作用，揭示了人类社会的各种所有制历史演变的规律。

马克思的所有制思想在他的全部经济理论中占有极其重要的核心地位，其内容是十分丰富的。就马克思的经济学文献来看，涉及所有制的相关概念，如财产（property）、占有（possession）、所有权（ownership），在许多场合，马克思对上述概念的使用与现代西方产权理论文献中使用这些词时的含义基本是相同的。但是，马克思的所有制概念及其研究方法与西方产权理论却不是等同的。

首先，马克思运用抽象分析法，对财产关系的基本制度进行了分析。马克思揭示出，尽管财产所有权的具体形式具有多样性，但就人类社会某一特定发展阶段来说，客观上存在着某种通行的、占主导地位的财产所有权形式，它决定与制约着其他非主导的财产形式和派生的财产形式，是社会一定发展阶段的经济、政治和意识形态上层建筑的基础。这种占主导地位的财产所有权形式，就是社会的基本财产制度。确立财产所有权的基本制度的概念，这在马克思的所有制理论中具有重大意义，马克思正是基于这一理论分析方法，从人类社会某一时期现实的十分丰富多样的财产关系和所有权形式出发，找出了这一社会形态的起主导作用的基本财产形式即主导的所有制，以此作为区分社会的标志，阐述了人类社会的发展要经历五种社会形态，即原始共同体所有制、奴隶制、封建制、资本主义占有制、社会主义和共产主义公有制。马克思不仅分析阐述了上述五种所有制的基本特征，还基于生产关系与生产力相互作用的规律，阐明了人类社会形态由低级

---

① 马克思在《资本论》第 3 卷的地租篇中讲道："地租的占有是土地所有权借以实现的经济形式"，"土地所有权的前提是，一些人垄断一定量的土地，把它作为排斥其他一切人的、只服从自己个人意志的领域。在这个前提下，问题就在于说明这种垄断在资本主义生产基础上的经济价值，即这种垄断在资本主义生产基础上的实现。用这些人利用或滥用一定量土地的法律权力来说明，是什么问题也解决不了的。"（《资本论》第 3 卷，第 695 页）

形式向高级形式演进的客观规律。马克思创造了一种财产关系的制度分析理论，这是马克思政治经济学的重大贡献与主要特点。

其次，马克思的所有权分析并不是仅仅停留在基本制度层次上。财产所有权的基本制度是抽象层次的范畴，它所揭示的是社会某一发展阶段占主导地位的财产关系的基本性质和本质特征。为了认识某一社会现实经济运行中丰富多样的具体的财产关系，马克思还运用从抽象上升到具体的方法，结合人类社会发展中不同阶段的条件和状况，分析了财产所有权的具体形式。财产所有权的具体形式包含三个要素：一是财产主体的性质；二是财产客体的性质；三是这一财产的排他占有关系的性质。按照这三个要素的结合方式，马克思揭示出在某一社会形态占主导地位的基本财产制度下面都有着可以加以区分的、具体多样的财产所有权形式。例如，在原始公有制解体时期农村公社的土地公有制关系下，就有公社财产、村社财产、个人财产不同的形式，而就农村公社所有制来看，还可以分为亚细亚所有制、古代共同体所有制和日耳曼所有制三种不同类型。马克思揭示了亚细亚的所有制形式，在公社内，公社是所有者，个人只是占有者。"财产只是作为公共的土地财产而存在。"这是一种情况。另一种情况是，大共同体是所有者，而大共同体所属的小共同体则是占有者。"在大多亚细亚的基本形式中，凌驾于所有这一切小的共同休之上的总合和统一体表现为更高的所有者或唯一的所有者，实际的公社却只不过表现为世袭的占有者。"① 又如，奴隶制财产可区分为以占有国有奴隶为特征的东方奴隶制财产，和以大规模占有生产性奴隶为特征的西欧的发达的奴隶制财产；封建的财产可区分为领主制财产和地主制财产；等等。

最后，马克思不仅从静态的、财产归属的意义上分析了具有最高的、排他性支配的财产所有权，还从动态的、所有权在经济上的利用和实现意义上论述了所有与占有、使用、支配权的统一和分离。马克思认为，所有权是全部财产关系的核心和基础，主要决定其他派生财产权利的性质和状况。但是，马克思并没有把所有权等同于全部财产权利，除了所有权，马克思还研究了占有权、使用权、支配权等一系列权利，从而构成了他对所有制结构的动态分析。马克思注意到，财产的各种权利在某些情况下是统一的，小生产者就提供了所有权和占有、使用权相统一的典型例证。独立的农民和小手工业者，既拥有自己的生产资料，又直接用自己的生产资料进行劳动，生产产品。马克思说："在我们所考察的场合，生产者——劳动者——是自己的生产资料的占有者、所有者。"② 马克思还考察了

---

① 《马克思恩格斯全集》，第46卷（上），人民出版社1979年版，第481页。

② 《马克思恩格斯全集》第26卷，人民出版社1979年版，第440页。

所有者和占有者不是同一主体，所有权与占有、使用权（经营权）相分离的几种情况。例如，在亚细亚的所有制形式中，所有者和占有者不是同一主体，在公社内，公社是唯一的所有者，个人只是占有者；在资本主义农业生产方式中，土地所有权与经营权是分离的；在存在借贷资本的场合，资本的所有权与资本使用权是分离的。资本所有权和使用权的分离形成不同的产权主体：一是借贷资本家；二是职能资本家。"同一资本这里有双重规定：在贷出者手中，它是作为借贷资本；在执行职能的资本家手中，它是作为产业或商业资本。"① 前者是单纯所有权的资本，后者是执行职能的资本。资本所有权和使用权的分离，导致企业利润的分离，一部分是利息，另一部分是企业主收入。资本所有权和使用权的分离在股份公司中得到了进一步的发展。所有权与占有、使用、支配权的统一或分离，并不改变所有权的基本性质，但它要影响所有权的实现方式和所得利益的分配。可见，马克思早在现代产权理论之前就建立了一种对财产权具体结构进行分析的方法。

2. 马克思对私有财产关系的研究。对资本主义财产权的分析是马克思政治经济学理论体系的核心，虽然马克思的并没有一部专门论述所有制和财产权的著作。马克思《资本论》分析的资本主义生产关系，其基础即是资本主义的私人所有制，也就是我们这里分析的私人财产权。

马克思关于资本主义财产权问题的研究在他研究政治经济学之前就开始了。马克思在 1842 年写了一篇《关于林木盗窃法的辩论》，谈到了财产权问题，即贫民是否具有在贵族和地主占有的森林中拾拣枯枝的权利，以及其根据是什么。马克思指出，贫民到土地所有者的森林中拾拣枯枝和采摘野果是中世纪以来就形成的一项习惯权利，而富人不应该享有这种自然权利，"正如富人不应该要求大街上的施舍物一样，他们也不应该要求自然界的这种施舍物"。② 马克思指出，普鲁士议会立法维护的是土地所有者的利益，是对穷人权利的剥夺和利益的侵犯。他说："有一个地方已经把穷人的习惯权利变成了富人的独占权。你们看，这就充分证明公共财产是可以独占的，从这里自然就得出结论说，公共财产是应该被独占的。事物的本质要求独占，因为私有制的利益要求独占。"③ 1843 年，马克思写了《黑格尔法哲学批判》，在这部未完成的手稿中，马克思讲到了财产关系决定法权关系，而不是法权关系决定财产关系，并深刻地指出："私有财产的真正基础，即占有，是一个事实，是不可解释的事实，而不是权利。只是由于社会

---

① 马克思：《资本论》第 3 卷，人民出版社 1975 年版，第 408 页。
②③ 《马克思恩格斯全集》第 1 卷，人民出版社 1956 年版，第 147 页。

赋予实际占有以法律的规定，实际占有才具有合法占有的性质，才具有私有财产的性质。"① 和财产权早期思想代表者洛克、休谟、斯密一样，马克思在研究财产权时认识到了财产制度与国家和法的关系，但马克思所关注的是财产制度背后所代表和反映的阶级利益，因此，马克思是把财产关系作为社会生产关系来研究的。1844 年，马克思写了《1844 年经济学哲学手稿》，在这部手稿中，马克思通过异化劳动理论揭示了私有财产的起源和本质。马克思指出："我们从国民经济学得到作为私有财产运动之结果的外化劳动（外化生命）这一概念。"② "对这一概念的分析表明，与其说私有财产表现为外化劳动的根据和原因，还不如说它是外化劳动的结果，正像神原先不是人类理性迷误的原因，而是人类理性迷误的结果一样。"③ 马克思进一步认为："私有财产一方面是外化劳动的产物，另一方面又是劳动借以外化的手段，是这一外化的实现。"④

3. 马克思论财产所有权的本质。马克思财产权思想遵循唯物史观透过现象看本质的方法，从生产力决定生产关系、经济基础决定上层建筑的角度，注重财产权体系中深层经济内容即所有制关系的研究。因为马克思认为所有制是所有权的经济本质，所有权只不过是所有制的法律表现和实现形式，所以，抓住了所有制就抓住了产权问题的根本和关键。在所有制对所有权、对产权的决定关系中，理解了所有制，也就把握了所有权和财产权的基本方面。

马克思关于财产权本质的思想至少应该包括三方面内容：

首先，法权关系根源于人们的物质生活关系。从历史唯物主义的观点来看，生产力决定生产关系，经济基础决定上层建筑。财产权、所有权、产权、法权关系都是一种建立在一定生产关系基础之上的上层建筑，它本身的产生、存在和形式演进，都取决于生产力和生产关系的状况，而且，它们的法律条文所规定的客观内容也是社会经济关系所要求的。马克思明确指出："法的关系正像国家的形式一样，既不能从它们本身来理解，也不能从所谓人类精神的一般发展来理解，相反，它们根源于物质的生活关系。"⑤ "每种生产形式都产生出它所特有的法的关系、统治形式等等。"⑥ 在原始社会，由于生产力水平十分低下，没有剩余产品从而也没有私有制和由此而产生的国家和法律，那时也"只是占有，而没有所

---

① 《马克思恩格斯全集》第 1 卷，人民出版社 1956 年版，第 382 页。

②③ 《马克思恩格斯全集》第 42 卷，人民出版社 1979 年版，第 100 页。

④ 《马克思恩格斯全集》第 42 卷，人民出版社 1979 年版，第 123 页。

⑤ 《马克思恩格斯选集》第 2 卷，人民出版社 1995 年版，第 32 页。

⑥ 《马克思恩格斯全集》第 46 卷（上），人民出版社 1979 年版，第 5~6 页。转引自刘元春：《交易费用分析框架的政治经济学批判》，经济科学出版社 2001 年版，第 213 页注释。

有权"①。"私有财产的真正基础，即占有，是一个事实，一个不可解释的事实，而不是权利。只是由于社会赋予实际占有以法律的规定，实际占有才具有合法的性质，才具有私有财产的性质。"② 这里可以清楚地看出，马克思把经济关系看作产权关系的物质基础，经济关系在先，法权关系在后，法权只不过是阶级和国家产生以后对已经存在的经济上的实际占有关系的一种法律确认。

其次，法权关系是生产关系的实现形式。"民法不过是所有制发展的一定阶段，即生产发展的一定阶段的表现。"③ 生产力、生产关系（经济基础）、上层建筑，构成人类任何社会所共有的三层结构，缺一不可。生产力和生产关系是统一的生产方式中的两个不同方面，一个是生产中人与物的关系，一个是生产中人与人的关系。人与物的关系只能存在于人与人的社会关系中；同样，经济基础和上层建筑也是统一的社会形态中的两个方面，一个是作为社会经济基础的生产关系，一个是立于其上、由其决定并为之服务的社会政治法律等意识形态。生产关系是生产力的一定存在方式，作为上层建筑一部分（意识形态）的法权关系也是生产关系在法律上的实现形式。换句话说，一定生产力水平上产生出一定的生产关系或经济制度，但这个经济关系不能"赤裸裸"地存在，而必须借助于一定的国家和法律等形式而存在，即所有制或生产关系要通过相应的法律规定形式和社会认可方式来实现。经济关系决定了法权性质，法权又以它的具体形式确认、规范、保护并进一步推动着它的所有制基础的发展。"一定的社会生产关系赋予产权所包含的各种权能以特定的经济内容，也就意味着生产关系为这些权能规定了特殊的经济界限，而产权的各种权能的实施则成为一定生产关系的实现形式。"④ 林岗、张宇关于生产关系实现形式的这一观点是独到而深刻的，与其他论述不同，这一观点不仅坚持作为实现形式的法权关系是由经济关系所决定，而且强调了作为法权关系经济内容的生产关系必须借助于法权这一形式来实现。

最后，法权关系不能脱离经济关系而独立存在。马克思在《哥达纲领批判》中强调，"权利决不能超出社会的经济结构"⑤。但是，由于"一切共同规章都是以国家为中介的，都带有政治形式。由此便产生了一种错觉，好像法律是以意志

---

① 《马克思恩格斯全集》第 12 卷，人民出版社 1962 年版，第 752 页，转引自张宇等主编：《高级政治经济学——马克思主义经济学的最新发展》，经济科学出版社 2002 年版，第 136 页。

② 《马克思恩格斯全集》第 1 卷，人民出版社 1972 年版，第 382 页。

③ 《马克思恩格斯全集》第 4 卷，人民出版社 1958 年版，第 87 页，转引自张宇等主编：《高级政治经济学——马克思主义经济学的最新发展》第 136 页。

④ 林岗、张宇：《历史唯物主义与马克思主义经济学的分析范式》，引自张宇、柳欣主编：《论马克思主义经济学的分析范式》，经济科学出版社 2005 年版，第 92 页。

⑤ 《马克思恩格斯选集》第 3 卷，人民出版社 1995 年版，第 305 页。

为基础的，而且，是以脱离现实基础的自由意志为基础的"。其实，"私法和私有制是从自然形成的共同体形式的解体过程中同时发展起来的……当工业和商业进一步发展了私有制（起初在意大利随后在其他国家）的时候，详细拟定的罗马私法便立即得到恢复并重新取得威信"。这种法律之所以能够实际生效的原因就是因为工商业进一步发展了作为这种法律得以存在的经济基础的私有制关系。相反，在实际上并不存在对某物的客观占有关系时，法律上所做的相应规定，不过是一纸空文。"把权利归结为纯粹意志的法律幻想，在所有制关系进一步发展的情况下，必然会造成这样的现象：某人在法律上可以享有对某物的占有权，但实际上并没有占有某物……但是这种权利对他毫无用处。"① 特别是，即使存在某种客观的经济关系，法律也不能任意规定相应权限，这种权限规定必须与相应的经济关系相符合。对此，马克思和恩格斯在《德意志意识形态》中就有过明确说法：构成私法中所有权规定核心内容的"使用和滥用"的权利，"表明了一个幻想，仿佛私有制本身仅仅是以个人意志，即以对物的任意支配为基础的。实际上滥用这个概念对于所有者具有极为明确的经济界限"②，因为他的法律权利范围大小的界限是由构成这个法律体系的基础的所有制关系所客观地决定了的。

可见，在马克思看来，财产权关系绝不是由法律所能任意规定的权利关系，这种关系必须能够反映那种对物的占有关系所形成的人与人之间的物质利益关系或经济关系。现实的所有制关系是先于所有权而存在的本源和经济基础，产权本质上是一种由所有制关系决定的法权关系，是生产关系的法律表现，也是生产关系在法律上借以实现的具体形式。在《哲学的贫困》一书中，马克思总结道："在每个历史时代中所有权以各种不同的方式、在完全不同的社会关系下面发展着。因此，给资产阶级的所有权下定义不外是把资产阶级生产的全部社会关系描述一番。"并说："要想把所有权作为一种独立的关系、一种特殊的范畴、一种抽象的和永恒的观念来下定义，这只能是形而上学或法学的幻想。"③

4. 财产权与所有制的关系。所有权（这里指广义所有权既产权）与所有制是两个有密切联系的不同范畴：所有制是经济范畴，所有权是法律范畴。所有制在马克思的经济理论中不仅是整个社会制度赖以存在的经济基础，更是对整个社会生产关系的概括。④ 所有制是生产资料归谁所有的经济制度，所有权是财产归谁所有的法律制度。所有制体现人们在生产资料方面形成的经济关系。所有权是

① 《马克思恩格斯选集》第1卷，人民出版社1972年版，第69~71页。
② 《马克思恩格斯选集》第1卷，人民出版社1972年版，第70页。
③ 《马克思恩格斯选集》第1卷，人民出版社1972年版，第144页。
④ 刘伟、李风圣：《产权通论》，北京出版社1998年版，第4页。

所有制的法律形态，对所有制来说，有决定意义的是实际占有。马克思认为："只是由于社会赋予实际占有以法律的规定，实际占有才具有合法占有的性质，才具有私有财产的性质。"①

从人类的基本历史进程来看，由原始社会逐步过渡到社会主义社会的历程中包括两种基本的所有制类型：私有制和公有制。而就财产权的类型来说有两种基本的分类：私有财产权和公有财产权。两相对照，人们就自然地通过先验的方式以财产权作为逻辑的起点去寻找所有制这个逻辑终点。因此，认为私有财产权就是私有制而公有制就应该实行公有财产制。这一逻辑造成私有制社会极力实行私有化并努力限制公有财产，社会主义社会实行高度的公有化而视私有财产为洪水猛兽。② 这样财产权和所有制之间形成了惊人的黏合。

财产权与所有制之间的黏合有深刻的原因。对此，我们需要对财产权及所有制的本原性问题进行思考。首先就财产权而言，其本原是人类自身为了增进福利并有效地确保既得福利，同时我们必须注意的是，财产权是由国家通过法律创设的。③ 国家权力的产生是市民社会与政治国家、私权与公权、私益与公益分离的契机和标志。④ 这大概也构成了私有财产权与公有财产权分离的基础之一。或者，我们可以推论出两种财产权的出现是人对私权最大化的追求以及适当让渡私权的结果。其次就所有制而言，按照马克思的观点，是指生产资料归谁所有及如何分配的问题，其实质是表明人们在社会生活中所处的地位。从二者的本原看，它们都与财富的归属有关，因此找到了黏合的基础。并且，现实生活中的人也很难在考虑一个物品的归属时，既要去思考其财产权问题又要去探究其所有制问题，而是更多地关注自己如何才能获得想要获取的该物有法律保障的相应的权利。这进一步省略了人们对财产权与所有制进行独立观察的"空间"，因此人们的定势思维会无意识地促成这种黏合。或许，上述因素构成了财产权与所有制黏合的主要渊源。随着人类社会生产生活实践的丰富与发展，我们发现财产权和所有制是可以相互分离和独立的。在马克思关于财产权和所有制的思想中清晰地表达了这二者之间的关系。

第一，从本质上讲，所有制属于经济基础的范畴，它决定着生产资料归谁所

① 《马克思恩格斯全集》第 1 卷，人民出版社 1960 年版，第 382 页。

② 资本主义社会与社会主义社会的发展史即可证明这个论断。从制度史看，资本主义社会几乎都进行过"私有化"运动，私有财产在社会财富分配中占据了主要地位，而社会主义几乎所有国家都进行过"公有化"运动，公有财产在社会财富分配中占主要地位。

③ 在实证法学的理论中都持这一观点，前面已对此做出了解释，故不再赘述。

④ 何真：《宪法的市民性》，载于《四川师范大学学报（社会科学版）》2002 年第 5 期。

有及人们在生产中所处地位。财产权则是由法律创设的允许主体自由控制一定范围内财富的权限和利益。它仅仅说明"只要人们在一定情况下主张自己有权控制某种过程、人或物，而这种权利主张又能获得某种制度性支持，这时便有了财产权"。①

从奴隶社会开始，人类先后经历了封建社会的地主所有制、资本主义社会的私有制。总体而言，两种社会形态的经济基础都是私有制。但是由于各个时期和各个具体国家不同，其商品经济成分的多少和国家职能的大小及由此决定的经济体制存在差异，私有财产权与公有财产权的比重也相应地有所不同，但从未出现过哪一方被完全消灭的现象。即使实行公有制的社会主义也是如此。对此，有人做出过有益的评价："封建国家的土地所有权的背后是私有制，当今一些西方国家中占投资总额近 1/3 资产的国家所有权，背后依然是私有制。"② 即使到了国家消亡的共产主义社会，法律所设的财产权会随之消亡，但与生产力相伴生的共产主义所有制却仍然永存。③ 虽然由经济基础所决定的法所创设的所有权与所有制的关系非常密切，但所有权一旦产生出来就成为经济活动的规则，而很难再现所有制的性质。财产权与所有制不能等同，私有财产权也不能必然归结为私有制。这种情况就如同母亲生的孩子一定不同于母亲本人一样。财产权应当与所有制分离。

第二，就本体论而言，所有制标志着一种客观存在，并贯穿人类始终。所有制属于社会存在范畴，且不以人的意志为转移，并以其自身特有的规律演进。财产权是法律对财富控制行为正当与否做出的价值判断，并与商品经济相伴始终。④ 财产权明显属于社会意识的范畴，并依人的意志而变化。其变化的规律性不明显并因与具体经济体制关系密切而带有明显的工具性。对于这个观点，我们可以从财产权与所有制的变动状态来说明。总的来看，在国家性质未改变、历史传统未改变的国家，其所有制也不会改变，封建社会和资本主义社会所确立的私有制从未变过就说明了这一点；至于财产权会随着社会环境、政治需要、经济状况等因素的变化而变化，但国家的性质、历史传统不一定会变，正如即使在当代的资本

---

① ［美］阿兰·S. 罗森鲍姆：《宪政的哲学之维》，郑戈、刘茂林译，生活·读书·新知三联书店2001年版，第225页。

② 有林：《论生产资料的社会主义公有制》，中华工商联合出版社1996年版，第38页。

③ 这完全符合历史唯物主义的基本观点，即人类社会的基本矛盾是生产力与生产关系的矛盾和经济基础与上层建筑的矛盾。其中生产力是社会发展的最终决定力量，所有制则是经济基础的核心组成部分。而这两对矛盾的运动构成了社会发展的基本规律。

④ 马克思把所有制作为社会形态划分的主要依据，而把私有财产权作为商品经济存在的两个基本要素之一。

主义社会也存在大量的公有财产。

第三，在社会功能上，所有制决定经济基础的性质及演变，并由经济基础支配着上层建筑和社会的基本性质及社会形态更迭规律。① 因而，在国家产生后所有制构成了政治国家的制度基础，并以此划定政治国家行为选择的自由界限。财产权则在实现不同目的的过程中成为对有限财富定分止争或有效利用的手段。同时由于其追求目的的差异而分裂为以政治国家为目的的公有财产和以私益为目的的私有财产。

第四，从人类发展史来看，所有制贯穿于人类整个历史，而财产权则有其历史阶段性。也就是说，"所有制存在于人类一切社会，只是形式、性质和内容不同而已，所有权则是一定社会发展到一定阶段的产物，是一种历史现象"。②

在原始社会，生产力水平极为低下。在与自然的斗争中，单靠个人力量不能求得生存，于是所有有血缘关系的个人联合成氏族共同体。为使氏族成员能生存下去，氏族公社必须实行共同劳动、共享所得的原始共产主义所有制。但氏族公社没有产品剩余、没有产品交换也就没有商品经济，更重要的是没有国家，所以就没有法律创设财产权。随着生产力的发展和剩余产品的出现，原始社会末期经历了三次社会大分工并有了最初的商品经济。因此，原始社会开始解体并逐渐分化为奴隶和奴隶主两个主要的阶级，这致使原始共产主义所有制开始向奴隶主阶级所有制过渡。

随着奴隶主阶级的日益壮大和社会矛盾的尖锐，奴隶制国家逐步形成。为调和社会矛盾和保障奴隶主阶级的整体利益，奴隶制国家便通过颁布法律的方式设定了财产权。而由于奴隶制国家中央集权程度的不同，在财产权的设定上分化出了两种在一定程度上相互对立的财产权：一种是希腊城邦国家式的以奴隶主私人利益为直接目的的私有财产权；另一种是以奴隶制国家为直接目的的公有财产权。

前者具有古典民主制的色彩，其典型代表是雅典。众所周知，雅典是个地域狭小的多山靠海的国家，因此发展农业极为困难，却为商业的发展提供了有利条件。商业发展则必须有明确的私有财产主体和社会分工。随着工商业奴隶主的壮大，公元前594年梭伦改革把全体公民按财产多寡分为四等并赋予相应的政治地位。这一举措的直接后果是有产者掌权并进一步鼓励私人追求财富。这又最终导致两个巨变：其一，奴隶主所有制得以迅速而完全地取代原始共产主义所有制；其二，私人占有财富的正当性得到法律认可从而私有财产权得以产生。对

---

① 这符合马克思主义的基本理论。
② 江平：《民法学》，中国政法大学出版社2000年版，第349页。

此恩格斯曾认为："梭伦揭开了一系列所谓的政治革命，而且是以侵犯所有制来揭开的。……这样，在制度中便加入了一个全新的因素——私有财产。"①

后者具有王权专制色彩，其典型代表是中国。由于中国地域广阔、河川众多，所以适合农耕经济发展。因而，在很早的原始社会时期就有了黄河文明、长江文明等农业发达的象征。农业越发达就越能自给自足，商业就越不受重视。自夏以来确立了王权专制的政治体制和礼法合一的法律体系，并实行"以农为本"等政策。这种政治结构带有先天的封闭性和极大的权威性。这样一来，一方面能够使原始共产主义所有制加速转化为奴隶主所有制，另一方面由于商品经济不能发展，土地便成为最重要的财富。为保障王权专制的强大有力和实现整个奴隶主阶级的利益，建立在奴隶主所有制基础上的奴隶制国家就采用了土地公有的方式以确保土地的静态安全。有学者认为："这些土地归于国家所有的民法内容又直接影响了商、周两代，成为我国奴隶制时代通行的土地所有权的原则。"② 这是由农业自然经济性质所决定的。

总之，可以看出两种类型的奴隶制国家的所有制本质是相同的，但由于二者的经济体制和国家结构不同、二者的价值取向和直接目的不同，又分别采用了不同的所有权形式。

三、私人财产权利体系与资本主义市场经济的发展

1. 现代西方社会与私人财产权利。近代社会发展过程中，随着摆脱政治、社会因素纯粹经济性财产的出现，以自下而上的方式反对封建特权，建构自由、平等、所有权、契约的市场经济，促进了政治社会的转型和现代西方社会的出现，现代西方社会是各个成员作为独立的单个人的联合，因而也就是在形式普遍性中的联合，这种联合是通过成员的需要，通过保障人身和财产的法律制度，以及通过维护他们特殊利益和公共利益的外部秩序而建立起来的。权力是对财产进行保护的产物，受保护之后的财产构成了对专横权力的制约，财产是政治社会的真正基础，是公民订约的真正保障，为个人创造了一个不受国家控制的领域，它对政府的意志加以限制，成为所有不受国家和强权控制的生活基础，成为自由、个人自治赖以植根和获取养料的土壤，承认私有财产或个别所有权是防止强制的必要条件。现代西方社会是从个人利益出发，以经济生活为中心形成的人际交往

---

① 《马克思恩格斯选集》第4卷，人民出版社1972年版，第110～112页。
② 曾宪义：《中国法制史》，北京大学出版社、高等教育出版社2000年版，第28页。

领域，它随着现代市场经济的起源而出现，是在破除君权神授观念之际，建构世俗国家理性的尝试，"市民社会"的实质是指与"政治社会"相对立的"财产关系"，而"财产关系"只是"生产关系的法律用语"。

私人财产权利的确立是近现代西方社会形成的基础条件，资本主义所有制是社会的经济基础。马克思讲到了财产关系决定法权关系，而不是法权关系决定财产关系，并深刻地指出："私有财产的真正基础，即占有，是一个事实，是不可解释的事实，而不是权利。只是由于社会赋予实际占有以法律的规定，实际占有才具有合法占有的性质，才具有私有财产的性质。""私有财产的关系潜在地包含着作为劳动的私有财产的关系和作为资本的私有财产的关系，以及这两种表现的相互关系。"① 因此财产有两种，个人必需之财产与投入经济运行从而用以增值的财产，马克思主张废除的是"借助自己的财产以攫取他人劳动成果的权利"②的资本财产，未来社会要"重新建立个人财产"。财产具有重要的历史作用。一方面，"以私有财产为中介，人的激情的本体论本质才在其总体上、在其人性中存在"，③ 作为个体生命，从其本身需要出发的全部感觉充分发展，不留缝隙地占有世界和拥有自身；另一方面，以动产形式出现的私有财产，"动产已经使人民获得了政治的自由，解脱了市民社会的桎梏，把世界连成一体，创造了博爱的商业、纯粹的道德、温文尔雅的教养；它给人民以文明的需要代替粗陋的需要，并提供了满足需要的手段"。④

在古典市民社会（古希腊和古罗马）并没有一个真正独立存在的市民阶层，市民不能充分行使政治权利，也没有确立近代意义的"私法自治"。当国家和个人在观念上相互独立，个人的权利越来越受到尊重，商人阶级开始出现，私人财产权利作为社会文明的标志，也作为近现代西方社会的标志而确立起来。从地中海欧洲的发展历史来看，财产权的分化是自由、尊重他人等道德观念建立的基础。黑格尔认为近现代西方社会是由私人生活领域和其外部保障构成的整体，是独立个体的联合。通过这种联合，市民可以保护自己的利益和权利。近代西方社会与新兴市民阶层的兴起有关，也与城市工商业活动及工商业主、自由民的大量出现有关，这就需要保护他们的财产，即保护市场交易的条件。梅夏英（1999）认为，近代西方社会在王权的保护下获得了工商业活动的自由，从而产生了关于财产、契约和私人权利的一系列新型观念。现代西方社会则是以社会和政治的彻底分离为标志，理性主义、个人主义和自由主义成为其主义理念。在现代西方社

---

① 《马克思恩格斯全集》第 3 卷，人民出版社 1979 年版。
② 《马克思恩格斯全集》第 2 卷，人民出版社 1979 年版。
③④ 《马克思恩格斯全集》第 42 卷，人民出版社 1979 年版。

会，私法和公法有了划分，私法独立成为一个空前发达的法律部门。近代私法首先承认所有的人具有完全平等的法律地位，对个人自由和财产的保护成为法律的首要目标，所有权神圣成为私法的基本原则。

西方社会的兴起，其实是人们的权利意识和公民意识觉醒的结果。权利意识，主要表现为在政治、经济生活过程中对人自身和财产的保护意识提高。洛克（John Locke）在关于财产权的论述中提到了自然权利（包括生命、自由和财产的权利），并认为财产权是最基本的自然权利，也是生命和自由等权利的基础①。所以捍卫生命、自由等权利，首先是要捍卫财产权利。这是近代西方社会构建公民权利保障体系的一个基本逻辑。近代社会，保护公民的权利不仅体现在"代议制"政府的出现，即从体制上限制"公权力"对私权利的侵犯，而且表现在建立了现代意义上的法律来规制政府与私人、私人与团体、私人与私人之间的关系。在众多的保护私权的法律制度中，财产权法律制度无疑是具有基础性作用的法律制度。

财产权的实现与西方社会的形成和发展有着密切的关系。第一，财产权的实现，尤其是财产权法律制度的建立为近代社会的形成和发展奠定了制度基础。财产是公民实现生命和自由等权利的经济基础。如果说现代国家是一种契约的话，其实质是具有财产的公民在自由、平等的地位上形成的社会契约。没有财产的人，往往被排除在政治活动以外，这种排除既是由于经济上不能独立和自足而无法参与政治活动的自选择结果，也是其在社会上没能取得合适的社会地位而被社会机器排斥的结果。财产权法律制度的建立为有财产者的财产安全提供了保护，也为其独立地参与政治、经济领域的活动提供了制度基础。第二，西方社会的形成和发展对公民的财产权保护具有强化作用。西方社会是从政治国家和经济领域中分离出来的独立的第三种领域。如果一个社会的私人领域、团体领域等具有相对的独立性，社会运动可以在合法的程序下被政府允许，社会沟通网络是畅通的，那么这个社会的公权力将会受到一定程度的限制，政府行为会处于有效的监督中，私权利则会较少受到公权力的侵害。当然，对于公民来说，最容易被侵害的权利就是自由权和财产权。西方社会的发展，则会增加保护私权利的工具，如媒体、社团等。

2. 私人财产权利是资本主义制度的基础。中世纪欧洲是重团体或集体行为而压抑个人精神的社会，封臣封土制度、公地制度、行会制度、宗教制度都体现出这一特征。而这种压抑个人主义的社会特征在财产权制度上的体现，就是不承认私人所有权，侵犯私人财产，限制行使私人财产权利的自由。在中世纪封建制

---

① ［英］约翰·洛克：《政府论两篇》，赵伯英译，陕西人民出版社2004年版，第4~5页。

度下，封臣封土制度将对土地的终极所有权归于王位或王权、贵族和其他自由人的土地所有权。农奴制度不承认农奴对自身劳动力和土地的所有权，对农奴的动产所有权也是部分承认。封建王权以未经同意就向臣民征税和巧取豪夺等非法手段肆意侵犯私人财产权。以神学观念为主的意识形态，鄙视私有财产，主张财产的私有公享，贬低商业的地位。城市行会制度也制约了工商业活动者行使私人财产权利的自由，阻碍了资本和劳动的自由流动。

从封建社会发展出来的资本主义社会，一开始就建立了确认和保护私人财产的所有权制度。从经济史的角度，许多学者都认为西方市场经济及资本主义的起源和发展与资本主义私人财产权利体系的确立有密切的关系。厉以宁教授在他的《资本主义的起源》一书中这样认为："由于西欧封建社会中的私人产权是不明确的，所以在西欧封建社会中城市经济兴起并且经济有了一定程度的发展之后，明确私人产权便成为急需解决的一个问题。罗马法的复兴在这里起了不可忽视的作用。西欧的城市从罗马法中得到了启示，把明确私人产权作为进一步发展经济的重要措施。可以说，罗马法复兴以及罗马法的意义被人们逐渐认识，对于西欧资本主义的产生和发展具有不可忽视的意义。"[1] 学者赵文洪在他的著作《私人财产权利体系的发展》中认为，近代西方确立了一个以私人财产权利为核心的观念和制度，即私人财产权利体系，它是绝对私人所有权、私人财产神圣不可侵犯原则和行使私人财产权利的自由或经济自由的三位一体。这一体系的发展，是西方市场经济和资本主义起源这一历史事件的重要组成部分和重要原因。资本主义所要求的财产自由是它的个人主义的哲学观和经济伦理观的集中体现，其基本含义是，私人财产权利是建立在人的自然权利基础上的。大自然赋予每一个人自然的、不可剥夺的权利。财产所有权是一种社会契约，得到法律的认可和国家的保护。任何人不得侵犯其他个人的私人财产，政府在以税收或其他方式征用私人的财产时，必须依法进行并要给予公平的补偿。这种适应市场经济和资本主义发展需要的财产主张是对中世纪专制政权压抑个人精神的解放，当私人权利得到保障、个人积极性得到调动时，必将激励人们去从事生产性活动，创造财富，促进社会经济的发展，这正是资本主义发展的动力所在。斯密所提倡的市场经济的自由主义法则，也是在这种承认充分保护私人财产权利的基础上实现。[2]

马克思在《资本论》中深刻地论述过，劳动力成为商品，形成资本与劳动交换关系，它是资本主义生产方式的基础。而劳动者把劳动力看成是自己的财产，

---

① 厉以宁：《资本主义的起源：比较经济史研究》，商务印书馆 2003 年版。
② 赵文洪：《私人财产权利体系的发展——西方市场经济和资本主义的起源问题研究》，中国社会科学出版社 1998 年版。

能够自由地行使其财产权利，是劳动力成为商品的重要条件。亚当·斯密也高度重视劳动所有权。在西方经济学说中，许多学者都把财产权与人身自由、经济自由联系在一起。布坎南在《财产与自由》一书中论证了"财产所有权是自由的保证"这一重要命题，他说："私人财产通过提供一种可行的从潜在的剥削性经济关系中退出或者避免进入的权利，保证了个人的自由。"[①] "个人自由与私人财产之间错综复杂的关系，从分析的、经验的、历史的以及法律的角度上讲，都确实值得给予极大的关注。"[②] 在资本主义市场经济发展的过程中，各国都通过宪法对财产权进行绝对保护。例如，英国 1215 年《自由大宪章》与 1295 年《无承诺不课税法》规定，禁止政府未经权利人同意课税及征用或摊派其他物资。1689年《权利法案》进一步明确："凡未经国会准许，借国王特权，为国王而征收，或供国王使用而征收金钱，超出国会准许之时限或方式者，皆为非法。"1789 年法国《人权宣言》将财产权的地位提升到制高点。其中第 2 条规定："任何政治结合的目的在于保护人的自然的和不可动摇的权利。这些权利就是自由、财产、安全和反抗压迫的权利。"第 17 条进一步明确："财产是神圣不可侵犯的权利。除非当合法认定的公共需要所必须时，且在公平而预先赔偿的条件下，任何人的财产不得受到剥夺。"1791 年《美国宪法》第 5 修正案规定："任何人……不经正当法定程序，不得被剥夺生命、自由或财产，不给公平赔偿，私有财产不得充作公用。"[③]

3. 私人财产权利体系在西欧社会的确立。财产权是现代社会中存在的基本权利，它既是每一个社会生存及自由选择的基础，也是资源配置的手段。从人类历史上财产权制度的演进来看，对个人或家庭拥有自己的并得到确认和保护的财产，从中世纪社会以来就是人们的一个理想追求，直到 15 ~ 16 世纪欧洲各国才普遍建立了以私人财产神圣不可侵犯为核心的私人财产权利体系，并在此基础上推进了市场经济制度的形成。

近代（1600 ~ 1900 年）西方确立了一个以私人财产权利为核心的观念和制度体系，即私人财产权利体系，它是绝对私人所有权、私人财产神圣不可侵犯原则和行使私人财产权利的自由和经济自由的三位一体（赵文洪，1998）。

在欧洲，私人财产权利的确立与近代资本主义的发展经历了一个漫长的过程，大致是 300 年时间（1600 ~ 1900 年），这一过程包括：

---

① ［美］詹姆斯·布坎南：《财产与自由》，韩旭译，中国社会科学出版社 2002 年版，第 34 页。
② ［美］詹姆斯·布坎南：《财产与自由》，韩旭译，中国社会科学出版社 2002 年版，第 62 页。
③ 刘灿：《社会主义市场经济与财产权制度的构建》，载于《福建论坛（人文社会科学版）》2004 年第 11 期，第 4 ~ 9 页。

（1）封土制的衰落和封建领主权利的发展。封土世袭继承权和自由转让权的获得，原土地财产权利的政治军事职能衰落，私人财富的积累使得财产逐渐成为权利的基础。到16世纪时，大小封建领主对土地的权利已接近或成为事实上的所有权。

（2）罗马法的复兴。罗马法的复兴在11～12世纪。罗马法分为公法和私法，公法保护整个国家和社会的利益，私法保护私人利益。私法保护的核心是财产权，罗马法承认占有是一种权利，强调用益权的独立性质。

（3）农奴制的废除。农奴制的废除包括以下内容：农奴许多奴役性义务的废除，劳役地租向实物地租和货币地租的转化，以及农奴自身劳动力所有权的获得和对动产、不动产的财产权利的发展。法国领主制到15世纪末即为地主制所代替；15世纪中叶，英国普通法就开始保护公地持有者的土地。总的说来，到15世纪，农奴制在西欧已基本消失。

（4）土地权利进入市场。土地权利能进入市场进行自由交易，是土地财产权利发展程度的一个关键性标志。随后，土地市场开始发育；领主、自由农和不自由农的土地权利都进入了市场；土地转让始于小块土地的短期转租（农奴把小块土地出租收取货币地租）；租期逐渐延长，到16世纪，一些教会地产三代（99年）的租期已十分盛行。

（5）公地制度的解体。西欧社会公地制度下有两类土地：条田和未开发地。未开发地包括天然牧场地、沼泽地、荒地、林地等。条田的私人使用权，基本上以集体的方式实施，形成"私权公享"；沼泽地上未设任何私人权利，属"所有权虚置或缺位"，使用权由领主、自由农和不自由农共同拥有。公地制度在17世纪衰落，主要经历了两个过程：一是长期以来一直存在的对公地的侵蚀，包括使用者小规模圈地，形成事实上的私人占有。二是14世纪开始的英国大规模圈地。圈地的原因是公地制度与私人财产权利的矛盾（生产力发展与生产关系的矛盾）；圈地结果是私人获得土地财产权利。圈地产生了一系列影响：公共权利与集体决策的废除，使私人拥有了土地经营的积极性；农业可以规模化生产，适应了市场的需要；破除了份地使用权不能转移的限制，使土地资源得到优化配置。

在中世纪的庄园里领主在保有自营地的同时，把一部分土地作为份地分给依附于自己的农民耕种，而农民只是拥有这些份地的占有和使用权，他们不可以随意交换和买卖这些份地，只有领主才拥有这种权利。农民在宣誓归附后开始耕种自己的份地，并向领主承担相应的义务。一旦农民耕种了领主的土地，领主是不能随意收回的。农民的这种对土地的合法占有权是在法律上得到保护的，而从法律上对土地合法占有权的保护是继承了日耳曼习惯法和古罗马法的相关规定。

在 11 世纪中叶到 14 世纪初期这段时间，法国的人口从大约 700 万骤增至 2000 万，在同期，英格兰的人口从大约 200 万增至约 350 万，人口的增长使土地需求增加，导致土地租金的上升。这些因素都使领主更加迫切地希望出租土地，而不是回收已租的土地。就意大利来说，许多意大利农民持有土地，在一份定期契约的约束下，必须向领主支付钱财和提供劳役，这份契约给了他们土地使用权，时间限定在一代人或几代人之内；或者更为普遍的是允许使用 29 年，以避免因其使用时间过长而获得土地的所有权。

在中世纪的西欧，土地由佃农家庭长期保有，这是附有特殊条件的保有地产，虽然它通常也因为社区组织的集体法规定而被利用，但是农民有效地持有绝大部分的土地，只要履行对领主的义务，就可以世代享有土地的使用权。所有权与使用权的混淆，致使在如何分配佃农生产的劳动资料问题上，领主和农民始终存在着冲突。

西欧中世纪生产者个人财产和财富的有效积累，不仅源于劳动生产率的提高，还因其劳动成果受到一定程度的保护，从而减少或避免了来自封建主和封建政府的任意侵夺。西欧历史的研究成果告诉我们，在整个中世纪的大部分时间里，这种对任意侵夺的抵制基本是成功的。《泰晤士世界历史地图集》的编者在概述 1500 年以后一个时期的西欧农民的一般情况时提到：绝大多数农民每年除养活自己一家、家畜和留作来年种子之外，大约还能多出 20% 的产品。毋庸置疑，当时绝大多数农民都能拿出相当比例的剩余产品来改善自己的生活质量并投入再生产中，农民个体财产普遍呈现出稳定、持续的正向积累，从而使农业成为资本主义生长的温床。

伯尔曼指出：西欧中世纪的庄园法，对农奴的奴役是由法律加以限定的，这意味着农奴制变成了一种属于权利和义务的问题，而不仅仅属于习惯、意志和讨价还价的权利问题。一方面，领主对先前曾有异议的许多事务享有了权利；另一方面，法律上根据具体的劳务、实物地租和约定俗成的捐税而划分的农奴的义务变得固定化，领主不能非法地增加或改变。就是说农奴的产权状况也得到一定程度的习惯法保护。[①] 西欧中世纪庄园法庭实际上具有两重性：既有保证封建主实行超经济强制的一面，也有对封建主政治和经济特权进行限制的一面。在庄园管理中表现出的除法庭以外不受任何干涉的司法独立性传统，使西欧农民即使在农奴制最严酷的时期也能够或多或少地保持一些个人权利，这或许是农奴拥有一定的财产财富独立发展的最隐蔽的秘密之一。由此，农奴具有了赎买奴役的可能性。他

---

① 徐浩：《英国农村封建生产关系向资本主义的转变》，载于《历史研究》1991 年第 5 期。

能够通过合法的解放奴役的程序变成一个自由人。这并不是说，农奴并不贫穷和不受压迫，而仅仅是说，他已经根据一种法律体系取得了权利。由此他变成了人。

到了 1300 年，欧洲的旧庄园制度已变为有名无实，新的经济和社会力量已磨灭了它的实体，使旧时庄园成为空壳。因此，庄园经济的活动主体农奴的身份也发生了质的变化。正如汤普逊所说，农奴，其中至少有几百万人，已上升到自由人的地位；如果他们还被称为农奴，那是一个法律的虚构。就西欧大部分地区而言，原来意义上的农奴身份最迟到 14 世纪末期已经不存在。普通的农民群体通常被称为公簿持有农，他们持有庄园法庭档案的副本，依据这个文本，可以世代享有他们占有的土地，甚至买卖土地。他们是事实上的自耕农阶级。西欧中世纪由于上述法律传统的作用，而使农民经历了较为普遍与充分的发展，其中一部分人（自耕农）积累起可观的动产与不动产。在城市工商业、市场经济的推动下，一部分人成为有一定经济实力的农场经营者，最终使农业资本主义生产方式得以出现。可以说，在西欧农村走向资本主义的道路上，产权法律传统致使富裕农民阶层的出现及其经济实力的积累是最为关键的因素。然而中国古代的自耕农缺少产权私有的法律传统与法治环境，而基本被束缚为国家佃农性质。封建等级土地所有制意味着同一块土地的所有权为许多人分享，同一块土地通过反复封授，往往形成一田多主。封建等级链条中的每一个人（如国王、公爵、伯爵、子爵、男爵等）都要求土地所有权的一份。在此基础上，就产生了所有权分为陪臣的从属所有权（使用权或低级所有权）和他的领主的最高所有权（土地支配权）的划分。这种土地所有权的缺陷是，"领主的土地所有权因陪臣的自由支配封土的要求而受到限制，而陪臣的权力又因他的主人的最高所有权受到限制"。① 在这种情况下，一方面，封君由于要得到封臣的封建义务（如出席宗主法庭、提供军役，以及缴纳襄助金、继承金或遗产税等），故其土地所有权的经济职能大部分丧失。另一方面，由于封建法律对封臣处置土地予以种种限制，故他们的土地也不能自由流动，优化组合，因而降低了土地的经济价值。因此，除国王在名义上是全国土地的最高所有者外，英国中世纪不存在近代意义上的土地私有权。因此，土地产权的变革就成为农村封建生产关系变革的基础。乡绅要求把他们的土地所有权从"封建招牌"后面解放出来，他们要求对地产的现代所有权（他们对地产只有封建权利），换言之，他们要求得到对土地的纯粹的资本主义所有权！圈地运动就是在这一背景下开始的。以圈地运动为代表的农村土地制度的变革，"为的是把土地变成纯粹的商品，扩大农业大规模生产的范围"，从而为农村种植

---

① 波梁斯：《外国经济史》，三联书店 1958 年版，第 230 页。

和畜牧业的企业化、专业化和商业化生产创造必要条件。[①]

4. 私人财产权利提供了资本主义市场经济成长的条件。私人财产权是资本主义雇佣劳动关系的基础。资本主义市场经济的微观基础是建立在私有制基础上的资本主义企业制度，它的生产关系核心是资本与雇佣劳动的关系，而劳动力成为商品是建立这一劳资关系的条件。马克思对资本主义生产关系的分析揭示出，只有劳动力所有者对其自身劳动力拥有私人所有权，他才能把自己的劳动力当作商品出卖，劳动力成为商品是一个历史过程，是中世纪农奴制和劳动者没有人身自由这一基本制度关系解体的过程，是财产关系破除人身依附关系而取得纯粹经济关系的过程。劳动力私人所有或者说私人财产权利保护的劳动力私人所有制，在其之上的雇佣关系的特点是形式上的自由契约和等价交换。"一个价值额最初转化为资本是完全按照交换规律进行的。契约的一方出卖自己的劳动力，他方购买劳动力。""货币最初转化为资本，是完完全全符合商品生产的经济规律以及由此产生的所有权的。"[②]

财产权是资本主义经济自由的基础和条件。资本主义市场经济崇尚经济自由。"各个人都不断地努力为他自己所能支配的资本找到最有利的用途，固然他所考虑的不是社会的利益，而是他自身的利益，但他对自身利益的研究自然会或者毋宁说必然会引导他选定最有利于社会的用途。"[③] "看不见的手"[④] 一直被解释为市场力量，其核心是自由价格的作用调节着受自我利益驱动的经济活动者在完全竞争的市场中的行为，最后能够或无意中促进整个社会的福利和经济增长。亚当·斯密"看不见的手"的背后是他的个人主义和自由主义的哲学观。斯密的自由主义哲学观认为，在社会的自然秩序中，个人具有"自然的自由"追逐他们的利益，这种"自然的自由"涉及的是个人的自由和经济的自由，是从事自己个人事务的自由，它处在市场经济的社会中，在受到司法限制的环境中起作用。这种限制不是对贸易、讨价还价、制造、工资的限制，而是在更基本层面上的限制，即受到公正的限制。[⑤] 以斯密为代表的英国古典政治经济学，用经济自由主义反对的是 18 世纪的重商主义，以及政府对市场经济活动的干预和政府管制。财产权是经济自由的基础和条件，即公民作为市场主体参与经济活动，与他人进

---

① 徐浩:《英国农村封建生产关系向资本主义的转变》，载于《历史研究》1991 年第 5 期。

② 马克思:《资本论》第 1 卷，人民出版社 1975 年版，第 641 页。

③ ［英］亚当·斯密:《国民财富的性质与原因的研究》，郭大力译，商务印书馆 1972 年版。

④ 在《道德情操论》中，斯密也说：市场作为"一只看不见的手引导他们对生活必需品作出几乎同土地在平均分配给全体居民的情况下所能作出的一样的分配，从而不知不觉地增进了社会利益，并为不断增多的人口提供生活资料"。

⑤ ［美］帕特里夏·沃哈恩:《亚当·斯密及其留给现代资本主义的遗产》，夏镇平译，上海译文出版社 2006 年版，第 53、54 页。

行经济交换是自由的保证。财产权作为经济自由的保证具有两方面的作用：一方面，它使人（经济人）能够自主、理性地参与经济活动，在这方面，个人的财产可向社会提供关于他的能力的信息，包括他承担责任的能力的信息，在这种情况下，财产具有"抵押"的作用；另一方面，财产又使人能够在某种社会组织方式、关系所可能具有的强权威胁、风险和不确定性面前，自主、安全地选择退出，如从被操纵的市场交易条件下退出，从受强制的雇佣劳动关系中退出，等等。在这种情况下，财产起着一种"保险"的作用。在这两种意义上，财产权都是一种自由选择权。

私人财产权利体系促进城市经济的发展。欧洲前资本主义社会的城市，多数是当时社会的政治、军事和文化、宗教中心，是商业和手工业的集中之地，城市经济在很大程度上带有消费性经济的特色。随着封建社会向资本主义的转变，城市经济加速发展，机器大工业的出现使工业日益集中，城市规模不断扩大，加强了城市与外界的经济联系，促成了国内市场和世界市场的形成，引起了城市性质、结构和功能的变化，城市成为工业生产、商业、金融、交通的中心。西欧社会从封建社会向资本主义社会发展的过程中，城市的发展极大地推动了商品经济、市场经济的发展，这是因为城市集聚了市场经济发展的基本要素，包括人口的积聚、开放的劳动力市场和资本市场，城乡关系的改变和市场的统一，独立工商业组织的兴起等。城市能够发挥积聚市场经济要素的作用，与私人财产权利的确立是分不开的。如果没有公民对自身劳动力的所有权，没有公民财产在包括国王在内的各级封建领主面前的不可侵犯，没有封建行会对私人财产权利行使自由的限制，没有私人土地财产权利确立和自由买卖，市场经济要素也不可能在城市集聚。西欧近代经济史表明，资本主义发展早期通过市场集中起来的商业资本，相当大的一部分来自城市呢绒商人，这些商业资本后来一部分流入农村土地市场，促进了土地经营的规模化和资本主义农业的产生，另一部分在城市发展起了工场手工业，如佛罗伦萨、弗兰德尔和英国的手工工场，它们成为资本主义大工厂的先驱。而这一切都与私人财产权利的发展有着历史关系。

私人财产权利的确立为资本主义的长期发展提供了动力和制度环境。建立财产所有权的重要性在于它提供了财产的安全，从而使得财富的激励与财富的积累得以实现，而这正是资本主义发展的动力。资本主义制度确立后，财产立法允许个人合法地追求财富，并对他们取得的财富提供法律保护。保护财产权，实际上给财产所有者提供了一个理性预期，使他们有信心为财产增值而投入生产性劳动，对积累财富有安全感。追求财富的行为即是个人生存与发展的必要条件，也是一个国家、社会生存与发展的必要条件。法律保护私人财产权利实际上是引导把每个人追求财富、爱惜财富、保护财富的自觉性变为促进经济社会发展的持续动力。英国的资本主义发展史也表明，英国"光荣革命"后形成了有利于资本主义生长的制度框架，即建立了一个稳定的君主立宪制度，在这种制度下，有产者牢牢地掌握政权，财产被作为"自由"的基本条件；但同时国家又不受一个人的摆布，经济的成长不会因有可能威胁到国王的个人权力而受到压制，这形成了一个对资本主义生长极为有利的政治环境。

5. 资本主义私人财产权制度的进步意义与内在矛盾。近代社会，资本主义国家私人财产权利体系的建立具有重大进步意义：（1）它把财产关系由一种"人身契约"变成了"市场契约"。在封建社会，封建主和庄园主占有主要的生产资料，包括农民和农奴等都被他们控制和占有。而在资本主义社会中，这个人身性的依附关系被取消了，一种新型的市场契约关系取代了它。一般劳动者拥有了人身的自由，可以选择在劳动力市场上相对自由地出卖自身的劳动力。（2）财产权制度为保障人权、自由等提供了保证。只有保障了财产权，人们才能够努力劳动和积累财富。同时，以财产权为基础，西方国家建立了一系列保护公民权利的制度。（3）私人财产权成为现代社会的基础，它提供了个人参与市场活动、生产和积累财富的激励，推动了资本主义市场经济的发展。但是，资本主义市场经济财产权结构的最大问题是它带来的阶级分化和社会公平问题。

马克思认为私有财产不是永恒的理念，它只是社会发展到一定阶段的产物，是由一定社会经济条件所决定的一种法权。马克思关注的是财产制度背后所代表和反映的阶级利益，因此，马克思是把财产关系作为社会生产关系来研究的，在《资本论》中马克思对资本主义私有制的不合理性进行了深刻的批判（马克思，1867）。

在《资本论》中，马克思是以一个资本主义的批判者来分析资本与劳动之间的财产占有及利益关系的。《资本论》中包含着马克思丰富的财产权思想。从财产权与资本主义市场经济自由的视角，我们可以概括出以下结论：第一，马克思认为财产占有是一个事实，但资本主义的私人占有制是在强制剥夺劳动者即小生产者的历史过程中建立起来的，在这一历史过程中，小生产者失去了他们的财产权，也失去了他们的自由。第二，马克思揭示出资本主义财产权的核心是资本强权。"资本关系以劳动者和劳动实现条件的所有权之间的分离为前提。资本主义生产一旦站稳脚跟，它就不仅保持这种分离，而且以不断扩大的规模再生产这种分离。因此，创造资本关系的过程，只能是劳动者和他的劳动条件的所有权分离的过程。"① 第三，马克思指出，即使财产权最初以劳动为基础，在资本主义雇佣

---

① 马克思：《资本论》第 1 卷，人民出版社 1975 年版，第 783 页。

劳动制度条件下，商品所有权规律也会向资本主义占有规律转化。"我们的剧中人的面貌已经起了某些变化。原来的货币所有者变成了资本家，昂首前行；劳动力所有者成了他的工人，尾随于后。一个笑容满面，雄心勃勃；一个战战兢兢，畏缩不前，象在市场上出卖了自己的皮一样，只有一个前途——让人家来鞣。"① 资本主义财产权的分配使没有财产权（生产资料占有权）的成为社会特定阶级的成员，财产权的缺乏使他们无法参与社会生产成果的分配，更谈不上参与市场的选择权。马克思说，他们隶属于资本，成为资本的工具。第四，马克思、恩格斯认为，资本主义的分配不公平的根源是生产资料占有的不平等，资本主义的私产制度和雇佣劳动制决定了工人必然要遭受资本家的剥削，劳资之间永远不可能在公平的条件下缔结协定。正如马克思指的："在雇佣劳动制度的基础上要求平等的或仅仅是公平的报酬，就犹如在奴隶制的基础上要求自由一样。"② 第五，马克思揭示了资本主义经济危机的根源在于资本主义的基本矛盾，在于由资本主义生产关系决定的分配关系（分配结构），即按资本权力分配使没有资本权力的广大劳动者的收入和消费被限制在一个最低的水平上。第六，马克思认为一个利益关系失衡的财产权结构会构成严重的"社会安全问题"。马克思敏锐地观察到，在资本主义经济迅速发展、社会剧烈变动的时期，原有的社会秩序被打乱，原有的利益格局被打破，原有的观念和意识被改变，而其中的资产阶级和无产阶级、强势阶层和弱势阶层急剧分化，尤其是处于社会最底层的弱势群体即没有财产权的工人阶级的权益受到根本性的侵害，构成当时资本主义社会最严重的"社会安全问题"③。第七，马克思和恩格斯认为，财产权的自由并不只是拥有资本权利的那部分人的自由，它意味着每个社会成员拥有财产权利的平等、获得和使用财产的公平即劳动产品分配的公平以及人们能充分享受社会财富带来的幸福，实现人的全面自由发展。他们认为，只有到了共产主义社会，消灭了分工、私有制和异化劳动，人的全面发展才能真正实现。

第二节 马克思的土地所有权与地租理论

一、马克思论资本主义土地私有制和地租

马克思指出："不论地租有什么独特的形式，它的一切类型有一个共同点：

---

① 马克思：《资本论》第 1 卷，人民出版社 1975 年版，第 200 页。
② 马克思：《资本论》第 1 卷，人民出版社 1975 年版，第 582 页。
③ 马克思：《资本论》第 1 卷，人民出版社 1975 年版，第 466~468 页。

地租的占有是土地所有权借以实现的经济形式。不同性质的土地所有权，是不同土地所有制在法律上的表现。"① 不同社会的地租，总是与该社会的土地所有制相联系的。土地所有权及其在经济上的实现形式，属于社会生产关系一般。地租的特殊是由特殊生产关系所决定的，它是反映一定经济关系的历史范畴。地租一般反映一切社会生产方式所共有的一般范畴，土地所有权本身已经产生地租。地租一般表现为土地所有权的垄断；地租特殊表现为不同所有制条件下土地占有的特殊社会性质。资本主义地租就是农业资本家为获取土地的使用权而交给土地所有者的超过平均利润的那部分价值。也就是说，土地所有权与土地经营权的分离是地租产生的前提，地租是土地所有权借以实现的经济形式。

在资本主义地租关系下，作为生产要素的土地同它的所有者的分离成为吸收资本的前提条件。在谈到土地所有权以及土地所有权与土地经营权分离时，马克思："土地所有权的垄断是资本主义生产方式的历史前提，并且始终是它的基础。"② 并且资本主义生产方式"使作为劳动条件的土地同土地所有权与土地所有者完全分离，土地对土地所有者来说只代表一定的货币税，这是他凭他的垄断权，从产业资本家即租地农场主那里征收来的"。③ 这样，土地所有权的存在以及其与经营权的分离，便为产业资本等投资土地进而产生地租准备好了条件。马克思还认为，单纯法律上的土地所有权不会为土地所有者创造任何地租，必须要有一定的经济关系，只有在市场价格上涨、投资能够提供地租的情况下，土地所有者才会把土地租出去。如果只有单纯法律上的土地所有权而土地不出租，土地所有权就没有任何收益，在经济上就没有价值。

二、马克思论小农生产方式和土地所有制

马克思指出，小农生产方式是"以土地和其他生产资料的分散为前提的。它既排斥生产资料的积聚，也排斥协作，排斥同一生产过程内部的分工，排斥对自然的社会统治和社会调节，排斥社会生产力的自由发展。它只同生产和社会的狭隘的自然产生的界限相容"。小农生产方式产生的基础是小块土地所有制，马克思认为，"小块土地所有制按其性质来说排斥社会劳动生产力的发展、劳动的社会形式、资本的社会积聚、大规模的畜牧和科学的累进的应用。高利贷和税收制度必然到处使这种所有制陷入贫困境地。资本在土地价格上的支出，势必夺去用

---

① 《马克思恩格斯全集》第 25 卷，人民出版社 1974 年版，第 714 页。
②③ 马克思：《资本论》第 3 卷，人民出版社 1975 年版，第 696 页。

于耕种的资本。生产资料无止境地分散，生产者本身无止境地互相分离。人力发生巨大的浪费。生产条件越来越恶化和生产资料越来越昂贵是小块土地所有制的必然规律"。马克思认为小农生产方式是落后的、保守的，因而在与资本主义大农业的竞争中，小农必然灭亡。

马克思指出了小农生产方式的落后性，揭示了资本主义农业生产方式中存在的私有制与生产社会化的矛盾，认为资本主义农业生产方式必将被更高级的社会主义集体大农业所取代。社会主义农业生产方式的基础是生产资料公有制。19世纪70年代恩格斯在《反杜林论》中指出："在土地私有制本身所导致的较高的农业发展阶段上，私有制又反过来成为生产的桎梏……因此就必然地产生出把私有制同样地加以否定并把它重新变为公有制的要求。但是，这一要求并不是要恢复原始的公有制，而是要建立高级得多、发达得多的公共占有形式，它远不会成为生产的障碍，相反地将第一次使生产摆脱桎梏，并且将使现代化学上的发现和力学上的发明在生产中得到充分的利用。"①

马克思称小农生产方式是"生产者对劳动条件的所有权或占有权以及以此相适应的个体小生产"。"这种小生产者包括手工业者，但主要是农民，因为总的来说，在资本主义以前的社会中，只要这种状态允许独立的单个小生产者存在，农民阶级必然是这种小生产者的大多数。"小农生产方式的具体特征有三：第一，它是以个体家庭为单位进行生产和消费的。第二，与此相联系的是生产的孤立、分散和自给自足的性质。第三，它是以直接生产者的小私有制为基础的一种经济。随着资本的积累和社会分工的发展，"资本主义生产扬弃了商品生产的基础，扬弃了孤立的、独立的生产和商品所有者的交换或等价交换"，把它们融汇成一个社会的生产过程，因此，生产过程本身也从一系列个人行动变为社会行动。20世纪以来，农业生产的社会化进程，即农业由孤立的、自给自足的经济转变为分工细密、协作广泛的社会生产的趋势进一步加快，这一过程主要是通过农业专业化、商品化和社会化服务体系的发展完善来实现的。先进的农业机械化技术和完善的农业社会化服务体系为家庭农场的规模化经营提供了强有力的支撑。以美国为例，美国的农业社会化服务体系包括公共农业服务系统、合作社农业服务系统、私人农业服务系统。公共农业服务系统主要提供农业教育、农业科研和农业技术推广，合作社农业服务系统主要为农民提供农资供应、农产品销售等服务，私人农业服务系统则包括大大小小的企业，为农民提供广泛的从产前、产中到产后的服务。

---

① 《马克思恩格斯全集》第20卷，人民出版社1971年版，第673页。

三、马克思论土地国有化

马克思的土地所有权理论包含着他关于土地国有化的思想。马克思认为国有所有制的最初形式是部落所有制，这种部落所有制赋予个人的权利仅限于简单的占有，而占有的对象"仅仅涉及地产"，直到动产出现以后才有真正的私有制。后来，马克思在《政治经济学批判（1857～1858 年手稿）》中考察了资本主义社会生产方式之前各形态社会下的土地所有制形式，即亚细亚的所有制形式、古代的所有制形式和日耳曼的所有制形式，他认为这应该就是土地公有制的三种主要形式，这种原始土地公有制有着局限性，随着生产力的发展而导致作为这种公有产权制度存在基础的共同体解体，原始土地公有制度也随之解体，便产生了土地私有制。马克思认为资本主义土地私有产权制度最为典型。而土地私有制必然产生土地使用者的短期行为，同时也不利于农业生产经营社会化。马克思认为，社会运动终将做出决定，土地只能是国家的财产。到 1872 年写作《论土地国有化》一文时，马克思已经旗帜鲜明地反对土地私有，并指出了农民小块土地管理经营的弊端和局限以及土地规模化管理经营的优势和长处。①

马克思提出，劳动是创造价值的唯一源泉，即土地并不能创造新的价值，土地私有者收取地租的行为是对土地使用者劳动价值的剥削，因此只有剥夺私人的土地作为国家的财产，并"把地租用于国家支出"②。这样，马克思就指出了土地国有化的必然趋势，得出了"土地只能是国家的财产"③ 的论断。在马克思看来，土地的国家所有与农业劳动者的联合所有并无区别，因为在共产主义社会中，国家存在的目的即是以社会的名义占有生产资料。土地国有化将彻底改变劳动和资本的关系，并最终完全消灭工业和农业中的资本主义的生产。只有到那时，阶级差别和各种特权才会随着它们赖以存在的经济基础一同消失。④ 马克思

---

① 马克思的手稿《论土地国有化》是在 1872 年 3～4 月间写的，起因是由于国际曼彻斯特支部讨论了土地国有化的问题。杜邦在 3 月 3 日写了一封信给恩格斯，告诉他这个支部的成员在土地问题上有混乱的观点，并且讲述了自己未来的发言中的五个要点。他请马克思和恩格斯发表自己的意见，以便他能在支部会议召开之前考虑他们的意见。马克思广泛地论证了他对土地国有化问题的观点。1872 年 5 月 8 日，杜邦在支部会上宣读了一个报告（和保存下来的马克思的手稿完全相符）；这个报告以"土地国有化"。在国际工人协会曼彻斯特支部宣读的一个报告为题于 1872 年 6 月 15 日发表在《国际先驱报》上。

② 马克思、恩格斯：《共产党宣言》，引自《马克思恩格斯选集》第 1 卷，人民出版社 2012 年版，第 421 页。

③ 马克思：《论土地国有化》，引自《马克思恩格斯选集》第 3 卷，人民出版社 2012 年版，第 178 页。

④ 马克思：《论土地国有化》，引自《马克思恩格斯选集》第 3 卷，人民出版社 2012 年版，第 129 页。

认为，实行土地国有化后，"靠他人的劳动而生活将成为往事。与社会相对立的政府或国家将不复存在！农业、矿业、工业，总之，一切生产部门将用最合理的方式逐渐组织起来。生产资料的全国性的集中将成为由自由平等的生产者的各联合体所构成的社会的全国性的基础，这些生产者将按照共同的合理的计划进行社会劳动。这就是 19 世纪的伟大经济运动所追求的人道"。①

第三节　社会主义土地公有制的中国实践与理论探索

一、集体所有制理论

集体所有制是"社会主义劳动群众集体所有制"的简称，是社会主义社会中生产资料和劳动成果归一定范围内劳动群众集体共同占有的一种公有制形式。在传统社会主义理论中，集体所有制被当作公有制的一种形式。

现代产权理论中的公有制是指：在一个组织或合作关系中（公有制总是存在于组织或合作关系中），财产权利没有界定到任何个人，而归属于一定的共同体或财产所有者之间的合作组织，任何人都无权排斥其他人使用财产，大家都可以为使用这一财产而进行自由竞争；任何个人退出共同体或合作组织时，他原享有的财产权利同时消失。在公有制产权结构中，没有排他性的使用权，没有转让权。在限定的情况下，不可能从使用公共财产中获取净收入（张五常，1987）。

我国的人民公社实行了较为典型的土地公有即集体所有制制度，周其仁对这个制度的定义是："集体公有制既不是一种共有的、合作的私人产权，也不是一种纯粹的国家所有权，它是由国家控制但由集体来承受其控制结果的一种中国农村特有制度安排。"这种制度"同时损失了监管者和劳动者两个方面的积极性，其要害是国家行为造成的严重产权残缺"（周其仁，1994）。

二、合作经济、合作社理论

1. 马克思主义合作社理论。合作经济可以看作是马克思、恩格斯提出的农村集体所有制思想的初级形式或过渡环节。合作经济思想最早源于西方空想社会主义理论。马克思、恩格斯对空想社会主义的合作经济思想进行了批判的改造，

---

① 马克思：《论土地国有化》，引自《马克思恩格斯选集》第 3 卷，人民出版社 2012 年版，第 130 页。

使其从空想变成科学。

马克思、恩格斯提出合作经济思想，认为小农没落的原因从根本上讲正是他们的小块土地和土地的分割，为了使小农免受英国农业资本主义道路中土地被剥夺的折磨，马克思、恩格斯提出通过合作经济改造小农。恩格斯认为我们对于小农的任务，首先是把他们的私人生产和私人占有变为合作社的生产和占有。他强调，无产阶级夺取政权以后，主要是要使农民理解，要想挽救和保全他们的房产和田产，只有把它们变成合作社的占有和合作社的生产才能做到，这是农民利益唯一得救的途径。应使用非暴力方法引导农民走合作社道路。恩格斯指出，"当我们掌握了国家政权的时候，我们决不会考虑用暴力去剥夺小农（不论有无赔偿，都是一样）"，"因为小农是劳动者，是无产阶级的同盟者"。

合作社是集体经济的过渡形式。恩格斯在《法德农民问题》一文中谈到如何安排大规模经营后节省出来的劳动力时指出，"这同时会保证总的社会领导机构有必要的影响，以便逐渐把农民合作社转变为更高级的形式，使整个合作社及其社员个人的权利和义务跟整个社会其他部门的权利和义务处于平等的地位"①。在这里，他把合作社作为向共产主义过渡的一个中间环节。因为合作经济只是改变了农民的劳动组织形式，并没有改变土地所有制的性质，它是改造小农及其生产方式的过渡形式，而非根本措施。

恩格斯在 1885 年 11 月 17 日《致奥古斯特·倍倍尔》的信中，提出了农业工人合作社的概念，并在《法德农民问题》中将其称为农业合作社"更高级的形式"。恩格斯的农业工人合作社思想可概括如下：一是农业工人合作社是国有土地的经营管理组织。恩格斯曾设想在工人阶级取得政权之后，在国有土地上组建农业工人合作社，负责土地的经营和管理。"我们一旦掌握了政权，我们自己就一定要付诸实施：把大地产转交给（先是租给）国家领导下独立经营的合作社，这样，国家仍然是土地的所有者。"② 在这里，他设想的农业工人合作社是没有独立利益的、国有土地的经营组织。二是农业工人合作社是大规模经营的现代化农场。恩格斯认为，农业工人合作社是适合社会化大生产要求的、具有大规模经营优势的现代化大农场。早在《论住宅问题》中他就指出："现存的大土地所有制将给我们提供一个良好的基础来由组合工作者经营大规模的农业，只有在这种巨大规模下，才能应用现代辅助工具、机器等等，从而使小农明显地看到基

---

① 《马克思恩格斯选集》第 2 卷，人民出版社 1972 年版，第 451～452 页。
《马克思恩格斯全集》第 36 卷，人民出版社 1974 年版，第 416 页。
② 石霞：《论恩格斯、列宁晚年农业合作社思想及时代价值》，载于《政治经济学评论》2013 年第 3 期，第 92～104 页。

于组合原则的进行大规模经济的优越性。"①

列宁首先把马克思、恩格斯的合作经济思想变成社会主义实践。列宁总结了新经济政策，对无产阶级专政和生产资料公有条件下合作社的性质才有了新的认识。1923 年在《论合作社》中，列宁提出合作社是建成社会主义社会所必需的阶梯。他说："国家支配着一切大的生产资料，无产阶级掌握着国家政权，这种无产阶级和千百万小农及极小农结成了联盟，这种无产阶级对农民的领导得到了保证，如此等等——难道这不是我们所需要的一切，难道这不是我们通过合作社，而且仅仅通过合作社，通过曾被我们鄙视为做买卖的合作社的——现时在新经济政策下我们从某一方面也有理由加以鄙视的——那种合作社来建成完全的社会主义社会必需的一切吗？"

毛泽东吸收了马克思、恩格斯和列宁合作经济思想的内核，借鉴了苏联农业合作经济的经验教训，在领导中国人民通过走合作经济的道路实现社会主义改造以及实现社会主义农业集体经济的过程中，进一步继承和发展了马克思主义经典作家的合作经济理论。毛泽东认为合作社是农民提高劳动生产率、摆脱贫困的唯一办法。毛泽东在进行广泛深入的农村社会调查后，认为分散的个体生产，就是封建统治的经济基础，而使农民自己陷于永远的穷苦。克服这种状况的唯一办法，就是逐渐地集体化；而达到集体化的唯一道路，依据列宁所说，就是经过合作社，并提出合作社要分互助组、初级社、高级社"三步走""先合作化，后机械化"等重要思想。

邓小平也非常重视合作社发展。早在农业的改造过程中，出现了一些冒进问题，他指出："有人说，过去搞社会主义改造，速度太快了。我不能说一点道理也没有。比如农业合作化，一两年一个高潮，一种组织形式还没来得及巩固，很多又变了。从初级合作化到普遍办高级社就是如此。……实践证明，这样并不好。"② 改革开放初期，针对实行农村土地的家庭联产承包责任制出现阻碍，他又指出："生产关系究竟以什么形式为最好，恐怕要采取这样一种态度，就是哪种形式在哪个地方能够比较快地恢复和发展农业生产，就采取哪种形式；群众愿意采取哪种形式，就应该采取哪种形式，不合法的使它合法起来。"③ 为了实现农业现代化，邓小平提出了"两个飞跃"："第一个飞跃，是废除农业人民公社，实行家庭联产承包责任制，这是一个很大的前进，要长期坚持不变。第二个飞

---

① 石霞：《论恩格斯、列宁晚年农业合作社思想及时代价值》，载于《政治经济学评论》2013 年第 3 期，第 92～104 页。

② 《邓小平文选》第二卷，人民出版社 1994 年版，第 316 页。

③ 《邓小平文选》第一卷，人民出版社 1994 年版，第 323 页。

跃，是适应科学种田和生产社会化的需要，发展适度规模经营，发展集体经济。这是有一个很大的前进。"① 可以看出，邓小平的合作社思想是和农业发展和集体所有制思想融合在一起的，同时更加注重合作社等经济组织实现农业发展的效率，且有利于实现共同富裕的目标。

2. 西方经济学合作社理论。在农业中应用合作社的思想，最早是由夏皮罗（Sapiro）和诺斯（Nourse）两位美国学者提出的。后来该思想被应用到了农业产生的各个环节，形成了各式各样的供销合作社、生产合作社和综合性合作社等。在我国，20 世纪六七十年代实行的生产队模式其实质就是政经合一的合作社形式。在国内，郭红东、钱崔红（2005）综述了合作社理论②，而王军（2010）则综述了合作社治理问题③。赵鲲、门炜（2006）从组建主体、经营过程、决策权分配、用作目标、退出机制和财产组织形式六个方面比较了合作社与有限责任公司的不同点④。应瑞瑶（2006）以江苏省泰兴市七贤家禽产销合作社为例介绍了专业合作社成长的三个阶段：起步、规模性成长和纵向成长⑤。黄祖辉、扶玉枝、徐旭初（2011）用 Bootstrap – DEA 模型分析了浙江省农民专业合作社的效率问题，认为纯技术水平、合作社负责人的企业家才能和成员的人力资本水平等是影响合作社效率的关键因素⑥。一些学者还介绍了国外合作社的发展情况，如国鲁来（1995），刘文璞、杜吟棠、陈胜华（1997），苑鹏、潘劲（1998），张刚峰、于薇薇（2003），冯开文（2007）分别介绍了德国、瑞典、以色列、美国、意大利特伦蒂诺省、印度和中国台湾的合作社的发展经验⑦⑧⑨⑩⑪。

---

① 《邓小平文选》第三卷，人民出版社 1993 年版，第 355 页。

② 郭红东、钱崔红：《关于合作社理论的文献综述》，载于《中国农村观察》2005 年第 1 期，第 72 ~ 77 页。

③ 王军：《合作社治理：文献综述》，载于《中国农村观察》2010 年第 2 期，第 71 ~ 77 页。

④ 赵鲲、门炜：《关于合作社基本特征的分析和思考——从合作社与有限责任公司对比的角度》，载于《中国农村观察》2006 年第 3 期，第 23 ~ 31 页。

⑤ 应瑞瑶：《农民专业合作社的成长路径——以江苏省泰兴市七贤家禽产销合作社为例》，载于《中国农村经济》2006 年第 6 期，第 18 ~ 23 页。

⑥ 黄祖辉、扶玉枝、徐旭初：《农业专业合作社的效率及其影响因素分析》，载于《中国农村经济》2011 年第 7 期，第 4 ~ 13 页。

⑦ 国鲁来：《德国合作社制度的主要特点》，载于《中国农村经济》1995 年第 6 期，第 56 ~ 61 页。

⑧ 刘文璞、杜吟棠、陈胜华：《合作社：农民的公司——瑞典考察报告》，载于《中国农村经济》1997 年第 2 期，第 75 ~ 79 页。

⑨ 苑鹏、潘劲：《关于合作社基本概念、基本原则的再认识——以色列合作社运动的反思》，载于《中国农村观察》1998 年第 5 期，第 49 ~ 52 页。

⑩ 张刚峰、于薇薇：《意大利特伦蒂诺省的农村合作社》，载于《中国农村经济》2003 年第 2 期，第 67 ~ 74 页。

⑪ 冯开文：《印度农村合作社的发展》，载于《中国农村经济》2007 年第 4 期，第 133 ~ 138 页。

三、现代物权理论和土地用益物权

我国《物权法》采纳了用益物权的概念，把农村土地集体所有制基础上产生的土地承包经营权和宅基地使用权确定为一种用益物权，在权利内容上规定了可依法享有占有、使用和收益的权利。这些权利是私法意义上的物权，应当具有私法物权所应具有的法律属性和效力。农村土地使用权用益物权法律性质的确定，使农村土地产权由"弱化""残缺"的使用权逐步走向私法物权意义上的财产权，这一个重大的历史进步。进入 21 世纪，农村经济发展面临新的环境、新的形势和新的问题，农村土地产权制度面临许多新的挑战，新一轮的农村土地制度改革以赋予农村居民土地财产权和实现农民土地财产权益为核心，就是要从法律上建立所有权和使用权制度，让土地用益物权成为农民最重要的财产权利。

1. 物权和用益物权。用益物权的法学解释是"指所有人对他人之物品所享有的占有、使用、收益的排他性权利"。[①] 用益物权作为以物的使用收益为内容的物权，随着以物的利用为核心的物权观念的确立，已成为现代物权制度的核心。

在社会经济活动以及人们相互交往的关系中，财产的客体即财产物具有使用价值和交换价值的双重属性，用益物权和担保物权就是以这两种不同的价值而设立的权利。用益物权以物的使用和收益为目的，担保物权侧重于物的交换价值。从各国物权法的规定看，由于各国的国情不同，物权法规定的用益物权的种类也不相同。在罗马法中，用益物权包括地役权、永佃权、地上权，其中地上权分为地役权和人权，人权又包括用益权、使用权、居住权等。我国古代法中，用益物权包括地上权、地役权、地基权、永佃权、典权。北洋政府和国民党政府规定了地上权、地役权、永佃权和典权四种物权。新中国成立至 2007 年近 50 年里，我国立法中一直没有设立物权及用益物权体系。2007 年颁布实施的《物权法》，明确规定："本法所称物权，是指权利人依法对特定的物享有直接支配和排他的权利，包括所有权、用益物权和担保物权。""所有权人有权在自己的不动产或者动产上设立用益物权和担保物权。""用益物权人对他人所有的不动产或者动产，依法享有占有、使用和收益的权利。"[②] 至此，我国民法体系中物权和用益物权的概念得以确立。

物权法在财产权法律制度中具有基石地位。关于物权法的意义，法学界学者

---

① 王利民：《物权法论》，中国政法大学出版社 2003 年版。
② 《中华人民共和国物权法》第二条、第四十条、第十一条。

认为，按照大陆法系民法理论，规范财产关系的法律为财产法。财产法分为物权法和债权法两大部分，物权法是规范财产归属关系的法律，债权法是规范财产流转关系的法律。在我国现行民法立法体系中，已有民法通则、民事特别法、财产管理法等法律法规，但还没有形成一个完善的体系，主要是缺乏物权最基本的规则和基本制度。因此，物权法的制定具有重要意义（梁慧星，2000）。① 周林彬等（2011）认为，作为我国民事立法核心内容之一的物权立法，虽然因我国既存的公有制经济体制的障碍而导致物权立法成本较高，但是以私法为基本特征的物权法，因与市场主体较强的亲和力，使其实施成本低于一系列国有资产管理法规的实施成本；加之物权法采取人大立法的基本法形式，所以物权法稳定性强，能创造更大的效益。可见制定统一物权法是一种有效率的法律资源配置。他们认为，我国物权立法应当坚持以所有权为核心的大陆法系物权法为基本构架，以个人与社会相结合的所有权观念为核心，注重用益物权和担保物权的种类和内容，使归属与利用并重，从而适应现代物权法发展趋势。② 梁慧星（2006）认为，物权法中规定的所有权制度、用益物权制度和担保物权制度，是实行社会主义市场经济体制的基本制度。因此可以说，物权法的制定和实施，对于激发全社会的创造活力，全面建设小康社会，构建社会主义和谐社会，具有重大的现实意义和深远的历史意义。③

用益物权制度的设立对于我国农村土地产权制度改革的意义十分重大。在农村土地集体所有权与使用权分离情况下土地使用权的法律性质，在立法解释和实践中是一个一直没有澄清的问题，近年来，学界对于土地用益物权问题进行了诸多讨论。关于土地使用权是不是物权，陈甦（1996）认为，我国农村土地承包经营权是一种合同关系，具有债的性质，并主张在市场经济条件下应该将土地承包经营权变为物权性质的"土地使用权"。张少鹏（1998）从法学的视角认为土地使用权具有不动产物权的属性。目前，《物权法》已经明确界定了土地承包经营权的物权性质，不过《物权法》中的"土地使用权"主要是指城市的居民、法人和团体拥有的国有土地的使用权，而农村居民拥有的宅基地的使用权却没有赋予完整的物权权利内涵。王小映（2000）主张，在现有农村土地集体所有制的制度背景下，通过将土地承包经营权市场化、长期化、法定化和具有可继承性地

---

① 梁慧星：《制定中国物权法的若干问题》，载于《法学研究》2000 年第 4 期，第 3 ~ 18 页。

② 周林彬、刘俊臣：《我国物权法立法若干问题新探》，载于《四川大学学报（哲学社会科学版）》2001 年第 4 期，第 126 ~ 132 页。

③ 梁慧星：《梁慧星教授今日成都说物权》，2006 年 4 月 23 日，新华网，http://www.sc.xinhuanet.com/content/2006 - 04/23/content_6840831.htm。

实现土地承包经营权的物权化。黎元生（2007）认为在土地集体所有制的治理结构不完善和土地交易的市场化程度不高的现实约束下可以实现土地产权物权化，不过重点是实现土地承包经营权的物权化，让农村居民拥有更多的土地收益的自主决策权。夏锋（2014）认为，农民土地使用权是物权而不是债权，是农民最重要、最大的财产权；夏锋（2008）提出从一个渐进式改革的角度考虑，目前农村土地可以试点推行"国家终极所有，农民永久使用"的永佃产权制度，由"三级所有"的各级集体经济组织拥有土地所有权，农户拥有土地使用的永佃权。两者都属于物权性质。张艳等（2009）认为，土地承包经营权是一种用益物权，但这种权利和传统物权法中的用益物权是有区别的；从一定意义上说，承包土地的农民是在使用自己所有或者说是在使用自己与其他集体经济组织内的农民共同所有的土地，而不是一般意义上所称的使用他人之物。因此，土地承包经营权并不是一般意义上的用益物权，而是一种特殊的用益物权。

2. 用益物权的法律属性。用益物权作为他物权，具有以下法律特征：

第一，用益性是用益物权的基本属性。所谓用益性，即用益物权的设立以客体物的使用和收益为目的，它鼓励和保护权利人在不取得所有权的情况下对标的物的使用、收益，从而取得物的使用价值。

第二，用益物权具有独立性。用益物权一旦设立，用益物权人便独立地享有对标的物的使用和收益权，即这种权利是独立存在的，相对于其他物权（如所有权）不是从属的，也不像担保物权那样必须依附于债权。不以使用权人对所有人享有其他财产权利为其存在的前提。

第三，用益物权的内容不包括最终处置权。处置权是所有权最重要的权利，在不违反其他法律规定的情况下，所有权人可以任意将自己的财产转让、遗赠或消灭。用益物权设定后，物的所有权人并没有将处置权转移给用益物权人，用益物权人可以在权利设定范围内行使使用权、抵押权、典权，但不能对标的物本身进行最终处置。

第四，用益物权具有排他性和对抗性。用益物权虽然是在所有权权能分离的情况下设立的，但它与所有权一样具有排他性和对抗性，即有权对抗和排斥包括所有权人在内的任何人对其权利的干涉。"这就使得在非所有人对他人之物的利用方面，用益物权制度具有债权制度不可比拟的优越性。"[1]

我国用益物权体系的建立，反映了社会主义初级阶段基本经济制度和生产关系的要求，这是一个历史必然性。随着社会主义市场经济的发展，我国公民私人

---

[1] 王利民：《物权法论》，中国政法大学出版社 2003 年版，第 409～410 页。

财产数量不断增多,财产形式多样化,财产利益矛盾日益突出;农村居民对其财产权益的诉求也越来越迫切,既有的土地使用权制度难以解决土地资源稀缺情况下财产所有与充分利用的关系,农民拥有的土地承包经营权的法律属性需要新的解释。我国《物权法》采纳了用益物权的概念,把农村土地集体所有制基础上产生的土地承包经营权和宅基地使用权确定为一种用益物权,在权利内容上规定了可依法享有占有、使用和收益的权利。这些权利是私法意义上的物权,应当具有私法物权所应具有的法律属性和效力。

3. 使用权"物权化":农村土地产权制度演变的路径与方向。从新中国成立以来到推行家庭联产承包责任制长达 60 多年的历史中,我国农村土地产权制度经历了一个"土地私有(农民拥有土地所有权)—土地集体公有(所有权与使用权合一)—土地集体公有(所有权与使用权分离)"的过程,在这一过程中,农民拥有的土地使用权逐渐得到强化,但土地使用权作为财产权的含义并没有充分体现,其财产权权能也不完整。

新中国成立后,为了实现"耕者有其田、居者有其屋"的目标,国家将没收、征收来的土地,无偿地、平均地分配给无地少地的农民,通过正式的制度安排赋予其所有权,并允许土地所有者自由经营、出租、买卖土地。在当时的《宪法》《土地改革法》等正式制度中,土地所有权的部分私权性得到明确的体现。[1]土改后,以农民拥有土地所有权形成了以家庭为基本经济单位的分散的小农经济和农业生产。这一时期农村土地的私有化,是在国家为了兑现对参加革命的农民的政治承诺和亟待恢复农村生产力的背景下进行的,是靠国家力量推动的。由于这一时期农民的土地所有权不是通过市场交换取得,而是国家权力介入分配的结果,因而它并不具有私权财产的意义,并为后来国家权力重新介入土地财产的分配提供了潜在的可能。[2]

1956 年,全国农村掀起了合作化运动。到 1958 年,合作化从初级社进入到高级社阶段,农民私有的土地、耕畜、大型农具等主要生产资料以及土地上附属的私有塘、井等水利设施,被一起转为合作社集体所有;取消土地入股,实行按劳分配。至此,农村土地从个体农民所有转变为集体所有。从 1959 年开始,中

---

[1]　1947 年的《中国土地法大纲》第一条规定:"废除封建性及半封建性剥削的土地制度,实行耕者有其田的土地制度。"1950 年的《土地改革法》第十条规定:"所有没收和征收来的土地和其他生产资料,除本法规定收归国家所有者外,均由乡农民协会接受,统一地、公平合理地分配给无地少地及缺乏其他生产资料的贫困农民所有。"

[2]　周其仁:《中国农村改革:国家和所有权关系的变化——一个经济制度变迁史的回顾》,载于《管理世界》1995 年第 5 期。

国农村在人民公社制度下开始实行"三级所有，队为基础"的政策，确定了农村土地以生产队为基本所有单位的制度，并且恢复了社员的自留地制度。1963 年中央又规定社员宅基地都归生产队集体所有，一律不准出租和买卖，归各户长期使用；宅基地上的附着物永远归社员所有，但宅基地的所有权仍归生产队所有。至此，农村土地集体所有制的财产结构基本形成，即三类农地（农业用地、非农建设用地包括宅基地、自留地）、一个财产归属（集体所有制）、一个权利主体（集体组织享有对其财产的占有、使用、收益和处分的全部权利），农民在土地上没有任何属于私人的财产权利。

"三级所有""政社合一"是一个国家强制性的制度安排，它决定了拥有土地所有权的农村集体经济组织在本质上只能是国家意志的贯彻者和执行者，是国家控制农村经济以支持国家工业化战略的一种社会经济组织形式。"三级所有"的土地制度格局模糊了集体土地财产权的主体，便于国家实际上控制农村土地配置、农业生产和农业利润分配。农村土地的集体所有制虽然拥有名义上的土地所有权，但是在权利构成上缺乏完整意义上的使用权，并且缺乏土地收益权和处分权；在权利属性上，不具有排他性、可让渡性。因此，农村土地无论是所有权还是使用权都不具有真正的财产权意义。在这种集体所有制下，土地的控制权实际上掌握在国家手中，所有权内含的占有、使用、收益、处分等权能极大地受到国家意志的限制。所有权主体虚置（名义主体是三级所有的农村集体经济组织，实际主体是国家）和所有权权能的弱化是"政社合一"的人民公社集体所有制的实际状态，这种产权制度安排难以在农村生产力主体（即劳动者）中建立有效的激励机制，它也是我国农村经济绩效从 1959 年至 1978 年长时期低效徘徊的重要原因。

1978 年，由试点带动，全国开始推行家庭联产承包责任制。1982 年元月，中央以"一号文件"的形式第一次明确了"包产到户"的社会主义性质。此后，以集体所有制为基础的家庭承包经营制度成为我国农村土地产权制度的基本模式。这种产权制度安排保留了土地所有权属于集体（即村集体经济组织）所有，而土地使用权（承包经营权）由农民个体或家庭拥有，国家对土地承包经营权进行严格的规定和控制。1986 年制定的《民法通则》首次提出了农户的承包经营权的概念，并把承包经营权作为一种与财产所有权有关的财产权予以保护。1993 年宪法修正案将其中"农村人民公社、农业生产合作社"的条款改为"农村中的家庭联产承包为主的责任制"，正式以根本大法的形式确立了家庭联产承包责任制的法律地位。

从 20 世纪 80 年代中期开始，随着农村经济改革的深化、农业产业结构的调整和规模经营以及剩余劳动力向非农产业的转移，家庭联产承包责任制的缺陷开始显现出来。例如，由于农户对土地承包经营权缺乏长期稳定的预期和产权激励问题使得农民对土地的长期投资不足；分散经营和对使用权的限制无法在更大范围实现土地资源的流转和合理配置。从 20 世纪 80 年代中期到 2000 年前后，家庭联产承包责任制在国家法律层面上有过几次重要的调整，政策调整的重心主要放在解决土地承包经营权的长期性和流转上，对它的法律属性并没有明确的解释。直到 2007 年颁布实施的《中华人民共和国物权法》，才第一次在财产权制度上确认了农村土地集体所有权基础上产生的土地承包经营权、建设用地使用权和宅基地使用权是同样受法律保护的物权。

2007 年 3 月 16 日第十届全国人民代表大会第五次会议通过《中华人民共和国物权法》，规定了物权体系主要由所有权、土地承包经营权、建设用地使用权、宅基地使用权、地役权、抵押权、质权、留置权等基本物权组成，涉及农村集体土地方面的主要物权，包括农民集体土地所有权、土地承包经营权、农村集体建设用地使用权、宅基地使用权等四种基本物权，即"一权"（农民集体土地所有权）带"三权"（土地承包经营权、农村集体建设用地使用权、宅基地使用权），特别是《物权法》将土地承包经营权确定为用益物权，这对我国农村土地产权制度和农村经济社会的发展将产生深远影响。但是，2007 年颁布的《物权法》又规定土地所有权和耕地、宅基地、自留地、自留山等集体所有的土地使用权作为财产不得抵押，从而堵住了农户以耕地、宅基地、自留地、自留山等集体所有的土地使用权抵押而获得金融机构贷款的渠道和机会。这就是说，同样是财产，农户的土地使用权是不完整的。当然，《物权法》也没有把话说死，而是留了一个尾巴，规定"法律有规定的例外"，这就给新一轮"土改"各地试点土地使用权作为财产抵押贷款留下了空间。

物权性质的土地承包经营权是指土地承包经营权人为农业目的，直接支配承包的国家或者农民集体所有农村土地，并排除他人干涉的权利。该土地承包经营权为支配权，土地承包经营权人无须依赖他人之行为即可直接支配其物，并从中获得收益。所谓"直接支配"，一方面是指物权的权利人可以依据自己的意志直接依法占有、使用其物，或采用其他的支配方式，任何人非经权利人的同意，不得侵害或加以干涉；另一方面是物权的权利人对物可以以自己的意思独立进行支配，一般无须得到他人的同意。目前，土地承包经营权虽然为用益物权，是一项重要的财产权利，但土地承包经营权权能还不完整，支配权性质体现不充分，如集体承包地被征收（征收土地所有权的同时应征收物权性质土地承包经营权）后土地承包经营权人获得补偿困难，又如土地承包经营权中的流转权受到种种限制。

美国学者盖尔·约翰逊在研究中国农村经济改革时曾说："如果要充分发挥家庭联产承包责任制的所有潜力，那么必须保证土地使用权神圣不可侵犯，必须允许转让土地使用权并且确保这种权力不受地方政府官员干涉。"[①] 农村土地使用权用益物权法律性质的确定，使农村土地产权由"弱化""残缺"的使用权逐步走向私法物权意义上的财产权，这一个重大的历史进步。进入 21 世纪，农村经济发展面临新的环境、新的形势和新的问题，农村土地产权制度面临许多新的挑战：土地细碎化制约了农业的规模效益；土地产权界定不清影响了农地利用效率和农业长期发展；[②] 工业化、城镇化给"三农"带来新挑战，谁来种地问题突出；"长久不变"面临两难选择，农民进行土地流转的需求日益突出。在这一背景下，现行土地使用权制度的"用益物权"还显得名不符实，其主要问题如下：一是土地所有权主体虚位，土地所有权与使用权的权属边界模糊，造成土地用益物权人的权能受到限制；二是土地使用权缺乏稳定性，产权激励并提供长期预期的作用难以发挥；三是土地使用权缺乏可分解性和可交易性，难以发挥市场配置资源的作用；四是土地权利的资本属性受到限制，农民实现土地财产收益缺乏制度保障。

4. 农村土地用益物权体系的构建。

（1）农民土地财产权利体系与权利类型。财产权是社会公民的基本权利之一，是公民参与社会经济活动和社会公共事务的基础。农村居民拥有财产权是社会主义市场经济的基本要求。农民拥有的土地财产权是一组权利，其基础或者说起决定作用的基本生产关系是所有制，即农村土地的集体所有制。这一组财产权利，从产权类型看，包括集体土地（资产）所有权、土地承包经营权、宅基地使用权；从产权权能看，包括使用权、收益权、处分权（在物权范围内）、继承权（土地承包关系长久不变）。在现行制度下，农民土地财产权的各种权利形式之间存在着比较复杂的关系。首先，农民的土地财产权来源于他是集体经济组织的成员资格，即来源于法定的成员权，成员权使农民获得土地财产权的资格，但它本身并不是财产权，而是一种身份性权利。农民的宅基地使用权和承包经营权虽然

---

① ［美］D. 盖尔·约翰逊：《经济发展中的农业、农村和农民问题》，林毅夫、赵耀辉编译，商务印书馆 2005 年版，第 38 页。

② 关于谁是农村土地集体所有权的行使主体，目前有三种情况：村民小组（原生产队）、村委会（原大队）、乡镇（基层行政组织）。据农业部 20 世纪 80 年代调查，土地归村民小组的约占 1/3，归行政村的占 1/3。据国务院发展中心 2011 年调查，32.9% 的家庭没有土地承包经营权证，37% 的家庭没有与集体签过承包合同；认为土地归集体的农民占 40.6%，认为归国家的占 44.7，有 14.7% 的人说不清楚土地归谁所有。

是因特定身份而获取的，但一旦成为农民土地权利后就获取了独立的财产权形式，是农民依法拥有的民事上的土地用益物权。其次，农民对土地使用权的处分权来源于土地使用权（特别是承包经营权）中的流转权能，但与土地使用权具有重要区别。土地使用权的权利客体应当是农村土地本身，而"处分权"的权利客体恰恰是土地使用权本身，两者是不同层次的土地财产权形式。最后，农民在农村土地上的未来权益是当前权利的延伸，如土地征收中的受补偿权是对农民拥有的土地所有权和土地使用权的补偿，继承权则主要是土地使用和收益利益的承继。同时，未来权益同样需要获得独立的权利形式，并且未来权益与当前权益的权利范围是不同的，农民只是在特定的土地财产利益上拥有可预期的未来利益。

（2）让土地用益物权成为农民最重要的财产权利。如果说前一阶段农村土地产权制度改革的关注点是实现土地要素权利的市场配置功能，改变分散的小规模经营，提高土地规模经营效率，而下一阶段的改革方向应该是解决农民的土地财产权利问题，即从法律上确权、建立所有权和使用权（用益物权）制度，在经济上解决权利的收益问题。要使农村居民拥有真正的土地财产权利，改革的取向应该是在集体所有制框架内真正解决农民的土地财产权利问题，这需要一个基础性的制度结构，即构建以用益物权为内涵属性的农村土地使用权制度。这一制度的产权功能是：它将成为农民生存及长期发展的基础；它将发挥产权的激励功能，形成合理预期，有利于土地的长期投资和保护农民的土地收益；它将发挥市场配置土地资源的作用，推动土地适度规模经营和现代农业发展；它将让土地使用权人分享土地增值价值，获得财产性收入。让土地用益物权成为农民最重要的财产权利，不仅是确认农民的财产权利，更要赋予农民完整的具有作为市场经济主体的能力，要实现生产要素在城乡之间自由流动，在农村建立长久稳定的土地产权关系。

5. 土地使用权物权化与土地私有化。我国农村土地产权向农民私人回归，是在国家允许或政策引导下的一场以强制性为主的制度变革。但是，这种改革方向绝不等于私有化。因为，农村土地使用权的物权化，我们坚持的所有制基础是集体所有制。这里，有两个关键点：其一，中国农民的"土地私有情结"将在制度选择中起到重要作用；土地使用权的"硬化"将是对土地私有权的一种制度替代。其二，最有效率的农地使用制度的所有制基础是什么？事实证明，私有私营并不是最有效的一种方式。土地集体所有制实际上是一个中间性的制度安排，在所有权与使用权分离情况下可以寻找多种农地经营模式。盖尔·约翰逊说："私有化并不是经济转轨的灵丹妙药，它只是促进计划经济向市场经济转轨的一系列紧密关联的政策当中的一项。""只有在自由化被纳入整体政策框架之下，并且在市场经济有效运作所要求的法律制度业已建立的情况下，私有化才能够取得预期的积极效果。波兰农业在社会主义时期的经历提醒我们，土地私有化本身对资源的有效利用以及农业的繁荣并没有太大的帮助。"① （波兰当时大约有 3/4 的土地留在私人手中，1950～1990 年期间，农业增长幅度并不比其他中欧国家高。）

在实践中，土地使用权物权化必然涉及土地承包经营权的流转。土地承包经营权流转是否意味着土地私有化，已成为社会各界近期关注的焦点问题。本书已经说明，土地承包经营权流转中的土地承包经营权的法律性质是用益物权，而不是土地所有权；土地承包经营权流转或转移给他人的是物权性质的土地使用权而不是土地所有权。我国多年来土地承包经营权流转实践历程的内容演变趋势也表明，我们一直在坚持完善农村基本经营制度而不是向土地私有化方向走；完善土地承包经营权权能和允许多种形式土地承包经营权流转使土地承包经营权财产权性质得到彰显，使农民得到充分而有保证的土地财产权利，但不体现为土地私有化性质。

党的十七届三中全会通过的《中共中央关于推进农村改革发展若干重大问题的决定》指出，土地承包经营权流转，不得改变土地集体所有性质，不得改变土地用途，不得损害农民土地承包权益。这是土地承包经营权流转必须遵循的原则。农村集体土地产权制度改革并不改变土地集体所有的性质，关键是要正确认识土地承包经营权作为一种财产权利由农户拥有并能够进行流转与土地集体所有之间的关系。土地承包经营权作为一种财产权利在农户间流转，其实质内容是把土地承包经营权作为一种财产权利落实到农户手中并在市场上实现其交换价值，这并不改变土地集体所有的性质，土地承包经营权流转与土地集体所有不存在矛盾。土地的集体性质是由土地所有权的归属而非其他的财产权决定的。土地产权的流转实际上只涉及所有权以外的财产权利，主要是经营权流转。正是因为土地经营权是由土地所有权派生的低一个层次的财产权利，是可以与所有权相分离的一种权利，所以，土地经营权的流转不会改变所有权归属的性质。未来农地流转制度改革的方向应该是进一步深化改革，强化土地集体所有，厘清土地财产主体和财产关系，界定土地财产权利内容并赋予其完整的权能，完善土地承包经营权，更好地发挥产权制度对农村经济发展的推动作用。

---

① ［美］D. 盖尔·约翰逊：《经济发展中的农业、农村和农民问题》，林毅夫、赵耀辉编译，商务印书馆 2005 年版，第 329 页。

第四节　农村土地产权制度改革的理论逻辑

一、关于土地产权制度改革的讨论

1. 家庭联产承包责任制的缺陷。不少课题研究认为，家庭联产承包责任制是在保留集体所有制因素的条件下实现了农民对土地的直接经营权，但它是由国家控制而由集体来承受其控制结果的一种制度安排。因此，这种特有的农村土地产权制度带来了一系列的问题，如土地权属纠纷、征地补偿费用不标准、不合理分配、农民宅基地不合理占用、土地使用权尤其是非农集体土地使用权的流转问题及农民的权益问题等。主要矛盾体现在以下几个方面：第一，农村土地产权残缺，对农民的经营和投资激励不足；第二，农地分散经营，难以获得规模效益；第三，分散经营使农产品供给层次低，难以获得市场优势；第四，农村土地与城市土地权利不平等。

从 20 世纪 80 年代中期开始，家庭承包责任制的缺陷就开始显现出来。一是农户对固定承包的地块长期预期不足。二是无法在更大范围实现土地资源的流转和合理配置。整个 20 世纪 80 年代全国发生转包、转让土地的农户占农户总数不到 1%，流转耕地面积占全国耕地面积的比重只有 0.44%。三是外部因素对农民土地承包经营权的侵犯。乡镇政府和村干部对农民土地承包经营权的侵犯导致农民土地产权残缺，以及农地不能自由转让、不得继承等。

家庭承包责任制作为重大的制度创新，在运行过程中逐渐显露出的制度缺陷，其实可以更多地归结为外部制度环境变化对农地制度的影响，其中主要是人地关系矛盾的约束。我国农村人地关系矛盾在中部和西部经济发展落后地区的表现是大量农村剩余劳动力亟待转移，而在大中城市郊区和沿海发达地区则表现为耕地撂荒现象。现阶段中国农地制度的不同创新形式都在相当大程度上缓解了农业生产中紧张的人地关系矛盾，力图实现人地资源的有效配置。在农村没有解决温饱之前，农地社会保障功能很重要；在解决温饱之后，则农地生产要素功能就显得很突出。现在，随着城市化和非农产业的快速发展，农业结构调整和农业现代化步伐的加快，提高土地经营效率十分迫切。

农地产权残缺的根源在于农地集体所有制。集体所有制下的农地产权具有复杂的委托代理性质：作为集体成员的农户拥有土地的终极所有权，将管理权委托集体经济组织行使。然而，农村土地又由村民委员会发包，集体经济组织及其负责人由法律上的代理人演变成委托人，产生了所谓的"委托—代理悖论"。在现行的政治体制下，由于乡镇直接决定村干部的任免，农村集体经济组织实际上成了乡镇政权的派出机构，承担着贯彻上级政府意图的任务。信息不对称、农民和乡镇政府监督村干部行为面临的高昂成本等因素加剧了村干部的机会主义行为。农村集体经济组织靠重合行政边界和集体土地边界来直接控制农地。

2. 土地产权制度与经济绩效。关于农地制度与经济绩效的关系，姚洋（1998）认为，农地制度影响经济绩效的途径，包括地权稳定性效应、资源配置效应以及社会保障效应等。首先，不稳定的地权使农民对自己所使用的地块缺乏长期的预期。土地不定期调整的作用如同一种随机税，它会在不可预见的某一天将土地拿走，同时带走农民投入土地的中长期投资。对浙江和江西两省449个农户的研究表明，地权稳定性对农民的绿肥施用面积有显著的正面影响，但对产量的影响不显著。另一项研究同样表明稳定的地权对投资具有促进作用，但对产量的影响不明显。其次，一种富有弹性的农地制度应该能够容纳市场的运作，从而促进资源配置的效率。在这里，对土地自由流转的容忍度非常重要。土地的自由流转可能产生两种效应，即边际产出拉平效应和交易收益效应。最后，社会保障虽然具有维护公平的意义，但更重要而又恰恰经常被人们所忽视的，是它对效率的正面作用。社会保障的一个基本作用是使生产力不至于在突发破坏性事件（如疾病、失业等）发生时遭到摧毁性的打击。显然，对生产力的保护能提高经济效率。必须看到的是，土地的社会保障功能随土地在农民收入来源中的重要性下降或农民收入水平提高而减退。土地的失业保险功能是显而易见的。问题在于，土地的失业保险功能在多大程度上有赖于目前的低个人化农地制度？如果土地仅仅是一个蓄水池，而不能在结构上对失业保险有所支持，则土地的保险功能与目前的农地制度之间不存在必然的联系，因为，即使土地是私有的，其蓄水池的功能也不会丧失。目前的农地制度至少在一个方面对失业保险具有结构性的支持，这就是，与高个人化的农地制度相比，目前的农地制度有可能有利于劳动力的长期跨区流动。[1]

党国英（2005）从四个方面研究了土地制度的经济影响[2]。首先，土地制度是否影响农民收入。他认为土地制度固然对规模有影响，但规模（特别是在户均30亩土地以内）对亩产量没有重要影响，对农户的投入也没有重要影响。但是，

---

[1] 姚洋：《中国农地制度：一个分析框架》，载于《中国社会科学》2000年第2期，第54~65页。

[2] 党国英：《当前中国农村土地制度改革的现状与问题》，载于《华中师范大学学报（人文社会科学版）》2005年第4期，第8~18页。

承认这个事实，并不等于承认土地制度对农民收入没有影响。常常有学者把土地效益（单产）与劳动效益混为一谈，这是很令人遗憾的事情。土地制度必然对农业经营规模发生影响，而农业经营规模必定对劳动生产率发生影响，从而对农民收入水平发生影响。农地的产权强度越高，作为生产要素，它被合理配置的可能性越大。土地资源的合理配置包括农业生产的专业化分工的深化，也包括土地的边际报酬与土地的边际收益之间的均衡关系的存在。这两方面的效果都可以提高土地的利用效率，从而产生增加农民收入的效果。其次，土地规模经营潜力与农民收入增长之间的关联性估算。他估算全国至少有1亿农户有可能将他们的土地转租出去，或干脆放弃农业生产，成为非农产业领域的居民，估计全国粮食生产农户大约为1.6亿个（以2002年数据为基础），这些农户耕种着大约13亿亩粮田，其中，1亿农户是可能放弃粮食生产的。按照以上假设，如果土地制度改革适当，促进一部分愿意并且已经在大中城市和乡镇企业就业的农民放弃粮食生产，我国粮食种植业农户数量可能剩下6000万，户均土地面积达到21.6亩，平均收入将增长41%。再次，土地征用中发生的农民利益流失估算。推算出以下两项结果：第一，从1952年至2002年，农民向社会无偿贡献的土地收益为51535亿元。第二，以2002年无偿贡献的土地收益为7858亿元计算，相当于无偿放弃了价值26万亿元的土地财产权（按照目前的银行利率3%计算）。中国农民放弃的土地财产权的总价值要大于20万亿元人民币。最后，现行土地制度对国民经济宏观运行的影响。党国英认为，现行土地制度使农民在进入城市以后得不到放弃土地财产权的任何补偿，农民也不愿意放弃土地，使得农民不得不选择定居农村、做工于城市的生活。这个法律规定显然不利于农村剩余劳动力转移到城市，也不利于城乡经济的统筹协调发展。这个由政策导向所产生的结果，造成了深刻的国民经济的结构性缺陷，极大地约束了国家对经济总量平衡和结构协调的控制能力。[①]

3. 国家与土地产权的关系。周其仁（1995）的一项研究表明，20世纪80年代的中国农村改革，一方面是国家集中控制农村社会经济活动的弱化，另一方面是农村社区和农民私人所有权的成长和发展。经过10年分权化的渐进改革，国家与农村社会的关系已经发生了实质性的变化。他通过对农村改革经验的回顾，把国家行为引入农民所有制建立、执行和改变的说明，中心论点是，国家保护有效率的产权制度是长期经济增长的关键。但是，国家通常不会自动提供这种保

---

① 党国英：《当前中国农村土地制度改革的现状与问题》，载于《华中师范大学学报（人文社科版）》2005年第4期，第8~18页。

护，除非农户、各类新兴产权代理人以及农村社区精英广泛参与新产权制度的形成，并分步通过沟通和讨价还价与国家之间达成互利的交易。中国的经验表明，有效的私产权利可以在原公有制的体系中逐步生成。①

改革以来，中国农村的产权结构已经发生了根本性的变化。估算中国农村的总资产（95196.12 亿元，1992 年）中的 77.29% 为集体的地产（耕地和山地）和企业资产，22.71% 为农户私产；而全部集体资产的 95% 以上已长期承包给农户和个人经营，仍由集体经营的部分不足 4%。这个新形成的产权结构，包含着一些极为重要的特点。首先，由农户和个人长期承包经营的社区集体资产，占据全部农村资产的 70% 以上，构成目前中国农村生产活动最主要的制度形式。其次，承包经营的产权合约本身是变化的。再次，农户家庭及其自由联合的私产已占全部农村资产的 23%，农民私产的绝大部分为私人住宅（占全部私产的66.4%），可用于生产投资的资产规模尚很小。最后，中国农村新的产权形式，包括承包经济和农户私产，是随着其执行和保护系统的发展而同步成长起来的一种权利结构。

与西欧早期的路径不同，中国农村新产权的保护机制不是依托"个人—市民公共领域"制衡国家，而是依托"家庭—村庄社区—地方政府"的联盟与国家之间正式和大量非正式的交易，改变了国家与社会的关系，为保护和执行经过初级界定的产权合约提供了条件。在此基础上，更为复杂的产权合约形式正在大量生成。我们已经看到证据，中国农村不但完成了社区公产承包制和农户私产制的重建，而且股份企业制、合作股份制以及其他多种多样传统时代闻所未闻的产权合约蓬勃发展。②

4. 我国农村土地产权制度改革方向。

（1）农地国有化主张。中国农村的土地应像城市土地一样，实行国有化，与此同时，将土地的长期使用权赋予耕种土地的农民。农户在国家法律规定范围内，具有使用、经营等权利，即可以转让、租赁、抵押和继承，既不受村委会的非法干预，也不受县乡政府的非法干预。农民的土地使用权就可以得到有效保护，同时，农业用地尤其是基本农田才能够有效保护。当农民需要改变土地用途时，必须得到政府的许可，当农民进行土地转让而又不符合国家对农地转让的条件时，村委会和乡县政府就可以依法进行干预。无论是公共利益还是一般城市建设用地，都应按照土地使用权交易市场的价格标准对农民进行补偿，村委会或乡

---

①② 周其仁：《中国农村改革：国家和所有权关系的变化———一个经济制度变迁史的回顾》，载于《管理世界》1995 年第 4 期，第 147 ~ 155 页。

县政府无权对农民转让土地的资金进行分割，但对因转让土地而失去土地的农民应强制缴纳各种社会保障资金，将其纳入城市社会保障体系。

有人主张强化独立于土地所有权的土地使用权，使土地所有权纯粹形式化，并把这种形式化的所有权收归国有，建立土地国有制度（杨经伦，1992；林叶，1992）。这个主张虽然充分认识到了土地"集体产权"性质的弊端，但却忽视了土地国家所有制的其他后果。国家所有权需要在农村确定代理人，因土地用途不同，代理关系的交易成本也会很不相同；在耕地上可能发生很高的代理成本，从而造成效率损失。实行土地国有化以后，设想通过强化土地的使用权来使国家所有权"名义化"，借此创造产权效率，似乎很有道理，但是，集体产权也可以名义化，且制度操作成本可能更低，农民更容易接受。从历史上看，土地国有制度就是一种很不稳定的制度（赵冈、陈钟毅，1991）。

（2）"退出权"方案设计。林毅夫（1990）认为，农村集体经济效率损失的原因是农民退出集体经济的权利被剥夺，使得集体中可能存在的"重复博弈"变成了"一次性博弈"。于是，设计一个"退出权"便自然是改革集体经济的手段。但林毅夫不承认这种改革是涉及所有权的改革。事实上，一个组织是否存在"退出权"，是判定其所有权性质的基本标志。"退出权"设计方案实质上是一个所有权改革方案。

（3）建立混合所有制的主张。这个主张认为，可以把农民的宅基地和耕地归还农户所有，其余农业用地归集体所有。这种主张少有公开文献报道，但各种议论汗牛充栋。如果仅仅考虑新古典主义通常涉及的变量，那么，将耕地所有权完全划归农民无疑会大大提高农业生产效率，并大大促进中国农村进步。但是，在当前中国国情之下，如果推行这一制度，会加强改革反对者的符号资源优势（这是新古典主义经济学没有认真研究过的变量），可能阻碍中国改革。

（4）土地私有化主张。一些学者主张在农村土地产权私有化的制度基础上构建土地财产权制度。如陈志武（2011）认为通过土地的私有化可以提高土地资源的配置效率，同时可以保障农民的土地财产权收益[①]。蔡继明（2011）则主张在实现农村居民宅基地私有化等农地产权多元化的基础上实现农民土地的财产权利[②]。按照一些学者的逻辑，只有实现农地的私有化，才能明确界定产权，才能发挥产权的激励作用，降低土地要素市场流转和交易中的交易费用。但是，这种

[①]　陈志武：《土地集体所有制变相限制农民的自由》，凤凰网财经，2011 - 07 - 05，http：//finance. ifeng. com/news/caizhidao/4/。

[②]　蔡继明：《土地私有化有利于农民的利益，房屋应有永久产权》，凤凰网财经，2011 - 07 - 04，http：//finance. ifeng. com/news/20110704/4222185. shtml。

私有化的改革方向是否适合中国，这是值得商榷的。

二、赋予农民真正的土地财产权

现行农地制度的产权特征可以描述为一个两权分离的双层构架：土地的归属权（集体所有权）和土地的实际利用权（集体共用和农民个体私用）。从理论和实践两个层面都值得关注的是，在这种制度框架内作为生产力主体的农民能否获得真正的土地财产权利。

从所有权制度看，集体所有权是指劳动群众集体组织享有的对其财产的占有、使用、收益和处分的权利。许多学者都认为，集体所有权的权利是高度抽象的（王利明，2003），按现行法律解释：（1）集体所有权的行使主体是集体组织，但这个组织是不是法人组织或者是自然人的合伙组织并不清楚。而目前的状况是，村委会不是法人组织也不是合伙人组织，它行使集体所有权职能与它作为社区公共管理和基层政权组织的身份是结合在一起的。村委会是村民自治组织，作为土地所有者主体的法律地位并没有得到认可。（2）法律规定行使所有权的主体是集体组织，每个集体成员无论在法律上还是现实中都不可能是集体所有权的主体，如果没有市场契约型的委托—代理关系，单个成员不可能享有任何属于个人的土地财产权利。

从使用权制度看，土地承包经营权在经济学上被解释为使用权，在民法中是一种用益物权，但是在实践中，它的产权权能是受到限制的。现行的土地制度下，国家对农民拥有的承包经营权有种种限制，包括对土地使用权流转的限制和农村土地转为城市建设用地时国家在一级土地市场上的行政垄断。这些都造成农村土地产权的排他性弱化、产权主体的处置权缺失、农民的土地收益权无法得到保证。现行法律规定，土地农转非必须经过国家征用（变集体所有为国家所有），这样产权主体（农民或农民集体组织）就被排斥在交易之外，也不可能分享农地转用的级差地租。正是在这个意义上，新一轮的农村土地制度改革以赋予农村居民土地财产权和实现农民土地财产权益为核心。

三、从"两权分离"到"三权分离"

20世纪90年代以前，农户大部分没有非农就业，农地的承包者与经营者高度统一，承包权和经营权既没有区别的必要，也没有分离的价值，农村土地集体所有、家庭经营的"两权分离"制度安排能够容纳农业生产经营方式的需要。但在工业化、城镇化快速推进的背景下，承包权与经营权就有了分离的必要和可能。从必要性而言，与大量农民兼业经营相比，专业的农业经营有更高的农业生产效率。从可能性而言，近年来农民专业合作社、家庭农场和涉农企业加快发展，土地流转比例快速上升，承包权与经营权分离在实践中日益成为常态。[①]

将土地承包经营权分解为两个独立的权利：承包权与经营权，承包人享有承包权，规模经营主体享有经营权以及以经营权为客体的抵押权。土地承包权与经营权分离政策的意蕴是，在稳定土地承包经营权的前提下，使实际经营土地者可以获得一种具有物权效力和抵押功能的财产权。构建以集体所有、家庭承包、多元经营为特征，所有权、承包权、经营权"三权分离"的新型农地制度，是新时期我国农村土地产权制度改革的基本方向。

"三权分置"是当前我国农村土地产权改革的基本方向。有学者认为"三权分置"改革是较为精细的制度设计，有利于适应工业化和城市化过程中劳动力转出和现代农业规模经营的需要，在保障农民的承包权的同时，可以实现经营权的顺畅流转，有利于提高流转的效率。但是，也有学者认为农地经营权流转的方向值得注意。如果土地流转去了非农用途，或者是非粮用途等，也会带来新的问题。这就需要权衡"三权分置"时的制度设计，使得制度能够很好地保障承包人和流转人的权利，以及保障农地的基本用途不发生改变。

那么"三权分置"的理论基础是什么？学者们具有很大的争论，主要有三种观点：第一种观点认为，按照产权经济学的权利束观念，将农地"三权分置"的权利结构表述为"土地所有权＋土地承包权＋土地经营权"三种权利；第二种观点认为，"三权分置"应表述为"土地所有权＋土地承包经营权＋土地承包权"；第三种观点认为，"三权分置"应表述为"土地所有权＋土地承包经营权＋土地经营权"[②]。这三种观点哪种正确？这需要将实现与相关的法律相兼容，才能从学理上更好地解释两权分离到"三权分置"的问题。

四、农村集体资产的产权制度改革

中国农村集体所有的最重要资产是农村土地；全国农村集体所有土地总面积为 66.9 亿亩，占国土面积的 46%，其中农村集体建设用地有 3.1 亿亩，是新型

---

① 张红宇：《从"两权分离"到"三权分离"——我国农业生产关系变化的新趋势》，载于《人民日报》2014 年 1 月 14 日。

② 刘守英等：《农地三权分置下的土地权利体系重构》，载于《北京大学学报（哲学社会科学版）》2017 年第 54 卷第 5 期，第 134～145 页。

城市化建设中盘活农村集体资产的重点。农民集体所有的资源和资产由农村集体经济组织经营和管理，没有设立集体经济组织的村则由村委会或村民小组代为经营和管理；农村集体经济组织是以土地公有为基础的地区性合作经济组织，具有社区性、综合性的特点。

农民作为集体经济组织的成员，其最重要的权利包括财产权利和民主权利。其中，财产权利又包括集体土地承包经营权、宅基地使用权和集体收益分配权。如何将沉睡的集体资产变为农民实实在在的收益，这正是农村集体产权制度改革的重要出发点。改革集体产权制度就是要把集体的经营性资产确权到户，实现农民对集体资产的占有使用和收益分配的权利，有利于拓宽农民的增收新渠道，让农民共享农村改革的发展成果（韩长赋，2017）。

农村集体资产产权制度改革的重点是要以确定"集体成员"为突破口，解决集体资产量化的成员边界问题。要在确定公平起点的基础上，发挥市场在资源配置中的决定性作用，淡化成员权、强化股东契约权。弱化农户作为集体经济组织成员的所有者的角色，强化其作为资源要素所有者和要素贡献者的角色。未来集体经济的发展方向应是从封闭走向开放，从固化走向流动。在产权清晰的基础上，促进股权、地权和房权的流动，有进有出，增资扩股。

中国农村集体产权制度改革根本的问题是从理论、法律、政策、实践上说清楚什么是中国农村集体所有制，并探索其有效实现形式。当前农村集体所有制的挑战有五个：一是农村集体和农村集体经济组织无法人地位。二是农村集体的成员权界定、权利责任义务、成员进入和退出机制等问题，天赋成员资格的先天强制性与入社自愿性原则的矛盾，是设立农村社区经济合作社或社区股份合作社的一个法律、理论和政策难点。三是集体资产所有权虚置问题，出现了村干部或者由集体之外的主体支配集体资产的"异化"现象，农民成员无法行使土地集体所有的所有权能，或者集体经济组织的决策和执行机构将集体土地的所有权绝对化的现象，城乡统一规划和用途管制形同虚设；稳定农村土地承包关系并保持长久不变的政策尚未具体落实，农民缺乏对土地承包经营权的清晰稳定的预期，有的甚至用土地承包经营权侵犯集体土地所有权，进而变相私有土地。四是农村自治组织与集体经济组织职能交叉问题，城乡人口流动日益频繁，"村民"和"成员"的范围越来越不一致，农村集体资产由谁处置尚没有明确的法律规定。五是现有财税体制和行政管理体制下，村组层级的政企分开、政资分离在事实上很难做到。①

---

① 张晓山：《关于中国农村集体产权制度改革的几点思考——农村集体所有制的现状、挑战和落实》，http://www.aisixiang.com/data/103877.html。

当前，我国农村实行的是统分结合的农村集体所有制。统的层面主要是所有制方面，土地这一主要的生产要素归农村集体所有；分的层面主要是经营方面，农地主要是家庭承包经营为主，集体建设用地主要由集体、家庭和其他使用者分散使用。目前，农村集体资产改革的主要方向是确权和集体资产量化。农村的集体资产归具有成员权的农民集体所有，这一农民集体可以是一个村民小组，可以是一个村子，可以是几个村子，可以是以乡镇等为单位的农民所组成。问题是，农民集体仅仅是个虚置的概念，既没有独立的法人资格，也没有相应的权利。这就导致在农村集体资产产权改革中，村干部等集体资产的实际控制人成了实际上的"所有者"，这导致了集体资产流失和分配不公等问题。所以，下一步的改革，重点之一应该是进一步做实农民集体这一所有者概念，给予相应的法人资格，赋予其相应的权利。只有将农民集体这个所有者做实，才能在此基础上成立相应的集体经济组织，完成集体资产的保值和增值，才能更好地解决产权主体与集体经济组织间委托—代理问题，才能进一步提升集体经济组织的治理水平和绩效。

具体到农村集体经济组织的实现形式，可以根据历史背景、产业特征、组织类型和市场需求等综合考虑。如可以是纯粹的农村集体经济组织形式，如河南省漯河市临颍县城关镇南街村；也可以是股份合作社形式，如成都市温江区的天乡社区股份合作制；也可以是贵州省安顺市塘约村的政社合一型的新型农村集体经济模式。当然，无论是怎样的农村集体经济实现模式，最终的目的都是要实现农村居民的共同富裕。

第二章

新一轮农村土地产权制度改革
实践与经验研究

农村土地制度历来是中国农村变革的关键，其根本在于产权制度改革，其实质是农民的权利及其利益的承认、赋予、保障和实现问题。回望农村土地产权制度的每一步改革及其深化过程，体现出的正是不断扩展农民土地权利和土地权能的改革逻辑，实质是承认、赋予、维护和发展农民土地权利及其利益实现机制重构的过程，说到底，最根本的就是在不断深化农村土地产权制度改革进程中确保农民的经济利益诉求和政治民主权利诉求。

本章旨在通过回顾新一轮农村土地产权制度改革的背景，明晰 1949～2008 年我国农村土地产权制度的演变与发展历程。整理分析新一轮农村土地产权制度改革启动至今的农村承包地产权制度、农村宅基地产权制度以及农村集体经营性建设用地产权制度改革的实践经验；进一步，基于党的十九大报告强调的"巩固和完善农村基本经营制度，深化农村土地制度改革，完善承包地'三权'分置制度"基本导向，创新新一轮农村土地产权制度改革深化的具体方向是"构建以用益物权为内涵属性的农村土地使用权制度"，并从农村土地产权关系、用益物权保护制度、土地流转交易市场体系、土地用途管制以及农村社会保障机制五个方面寻找其实现的路径。

第一节　新一轮农村土地产权制度
改革的背景：回望历史

新中国成立以来，我国的农地产权制度是在半个多世纪的逐步演变中形成的。20 世纪 50 年代初期所进行的土地改革彻底根除了中国 2000 多年的封建地主土地所有制，实现了农村土地农民私有制，建立起了耕者有其田的小农经济，这一时期农村土地的产权主体清晰、边界明确，大大调动了农民的生产积极性，促进了农村经济的恢复性发展。随后在当时特殊的国内外政治与经济关系的历史大背景下，为巩固新生的政权，政府制定了实现国家工业化的战略目标。但是一方面，小农生产产权极度分散、效率低下，难以支撑我国工业化赶超发展，且小农经济的自由发展产生的两极分化与新中国社会发展的整体目标相悖的现实矛盾和冲突日益凸显；另一方面，通过市场途径的产权自由交换来实现产权集中的过程又是漫长而昂贵的，为此，基于特定时期国家政治与经济的关系及其考量的选择，政府遂转向通过行政强力推进政治运动的方式、组织农民走集体化道路来实现农村土地产权的迅速集中，主要通过农村互助组、初级合作化、高级合作社的集体化运动所建立的人民公社体制改变了农村私有土地制度，农地产权由"农民个人"的私有变成了"农民集体"的公有，并形成了"集体所有、统一经营"的产权结构。"一大二公"的人民公社因其存在着"搭便车"和无法有效激励监督的制度缺陷，从而陷入了低效率困境且导致了农村长期贫困。面对生存危机，20 世纪 70 年代后期，农村家庭联产承包责任制使改革成了我国经济体制改革的突破口。农户通过"交够国家的，留够集体的"承诺，换取了对土地的使用权和部分剩余收益的索取权，可以说家庭联产承包责任制是以界定农民对土地具有一定的使用权和收益权为切入点的改革，将农民的生产劳动与其收入直接挂钩，极大地调动了农民的生产经营积极性，中国农业农村的发展由此焕发出新的生机和活力。

但是，家庭联产承包责任制始终存在一个内在矛盾，即承包权与所有权分离的矛盾。矛盾的两方是村干部代表的集体所有权与农民拥有的承包权。可以说农民和村干部所代表的集体对农地所拥有的产权都是不充分的。只拥有使用权和收益权的农民不能对农地进行自由处置，而拥有处置权的集体并没有激励推动农地的流转，所以农村土地小农经营的状态又不可避免地出现，并且呈现出一种固化的倾向，制约了农业规模化发展。随着经济的发展，这种经营承包权分散的小农经济的低效率问题日益凸显，农户在获得独立市场地位的同时，所面临的风险也在不断增加，并且在现有制度安排下又很难找到解决途径。进入 21 世纪后，在农业结构调整、农业产业化、规模经营及其与城市化和工业化的交织互动的过程中，农村地区一些村组集体随意终止土地承包合同，无偿收回或非法转让、出租农民承包土地，以行政力量要求农民土地入股，干涉农民经营自主权，各级政府普遍扩大征地范围，乱用征地权力，违规随意征占集体土地，侵害农民合法的土地权利等现象大量出现，导致农村土地纠纷呈扩大、蔓延和激化之势，成为影响农业农村现代化建设和经济发展及农村社会稳定的重要因素。随着我国经济形势和农村现状的发展，新一轮农村土地产权制度改革呼之欲出。

一、我国农村土地产权制度演变（1949～1978 年）

新中国成立以来，我国农村土地产权制度发生了剧烈而深刻的变化，改革开放前主要是农村土地所有制的变革，大致经历了从地主所有制到农民个体所有制，再到农民集体所有制三个阶段。

1. 农民土地私有产权的确立（1949～1952 年）。中国农民土地私有产权是通过中国共产党领导的土地改革而确立的。土地改革打破了封建社会长期存在的"地主所有、租佃经营"的农地产权制度，使农民获得了土地所有权、经营权、收益权和处分权等一系列权利，促进了农业的恢复和发展。

（1）土地改革历程。土地改革是中国共产党领导广大农民废除封建土地所有制、实现农民土地所有制的民主革命的主要任务之一。这场革命开始于 20 世纪 20 年代，逐步发展和成熟于根据地和老解放区的土地改革实践。历经了早期减租减息的农民运动、大革命时期根据地的土地革命、抗战时期的减租减息、解放战争时期解放区的土地改革和新中国成立初期的土地改革等历史过程，采取了划分阶级、没收地主富农土地和财产、向农民分配土地和财产、对新的土地财产关系进行立法等步骤，改变了以"地主所有、租佃经营"为主体的封建土地制度，农民无偿获得了小块土地，实现了农民土地私有制，最终确立了"农民所有、农户经营"的土地产权结构。

1947 年 7 月 17 日，中央工委在河北平山县西柏坡主持召开全国土地会议，这是新中国成立前中国共产党召开的一次专门研究土地改革的重要会议，会议通过了《中国土地法大纲》，10 月 10 日经中共中央决议批准，公布实施。接着在 1.5 亿人口的广大解放区开展了土地改革运动。新中国成立之初，全国尚有一些新解放地区没有进行土地改革，部分农村封建剥削制度依然存在。1950 年 6 月 6～9 日，中国共产党举行了七届三中全会，毛泽东在《为争取国家财政经济状况的根本好转而斗争》的报告中，向全党全国人民提出了八大任务，其中第一项就是要进行土地改革。这次会议上，刘少奇就土地改革问题做了专门报告，对新的土地法草案做了说明。全会通过了这个土地法草案和刘少奇的报告。6 月 28 日，中央人民政府通过了《中华人民共和国土地改革法》。该法总的原则是："废除地主阶级封建剥削的土地所有制，实行农民的土地所有制，藉以解放农村生产力，发展农业生产，为新中国的工业化开辟道路。"到1953年春，除新疆、西藏等少数民族地区和台湾地区外，全国范围的土地改革基本完成，使全国90%的农民都获得了土地，特别是其中约占人口总数70%的无地少地农民获得了约7亿亩土地（姜军松，2012）。

（2）农民个体土地所有制的作用。土地改革使农民的土地所有权、经营权、收益权和处分权高度统一，农民成为土地所有者和经营者，与当时落后、低下的农村生产力基本相适应，因而带来了良好的制度变迁绩效，使农业生产得到迅速恢复和发展。1952年全国农业总产值483.9亿元；粮、棉等主要农产品产量均超过了新中国成立前的最高年产量；农民收入增加，1951年全国人民购买力比上年增加25%左右。[1]

第一，个体农民成为土地所有者和经营者。经过土地改革，贫农、中农占有耕地达全部耕地90%以上，原有地主和富农仅占有8%左右[2]，从而废除了高度集中的封建土地所有制，消灭了苛刻的土地租佃制，建立了个体农民的土地所有制和家庭经营制度。随着土地改革的结束，一家一户的小农经济在我国农村经济中占据了主体地位，农民个体土地所有制已在我国农村普遍建立起来。据统计，当时我国农村中自耕农约占总农户的85%～90%。土地改革彻底改变了高度集中的地主土地所有权与极其分散的农民土地租佃权并存的局面，使以小土地所有制为基础的农民个体经济成为农村经济的基本形式。在农民个体土地所有制普遍建立的条件下，每个农民既拥有土地所有权又拥有土地使用权，既是土地所有者又是土地经营者（高元禄，2007）。

第二，广大农民生产积极性得到很大提高。土地改革作为中国自土地私有以来耕地分配最彻底、最平均的一次经济变革，满足了农民对土地制度变革的强烈要求，改变了土地所有和土地使用相分离的状况，实现了农业生产者与农业生产资料的直接结合。它完全消灭了租佃制，农民有了对剩余产品的索取权。土地改革中获得经济利益的农民，约占农业人口的60%～70%。广大农民生产积极性得到很大提高，从而使农业生产在生产条件没有多大改善的条件下连年大幅度增加。农业总产值1952年比1949年增加53.4%，年均增长15.3%；粮食总产量1952年比1949年增长44.8%，年均增长13.1%，比新中国成立前的最高年生产水平增加了9.3%；棉花总产量1952年比1949年增长1.9倍，年均增长率高达43.2%，比新中国成立前最高年生产水平增加53.4%；其他农副产品生产也有了

---

① 姚洋：《中国农地产权制度：一个分析框架》，载《中国社会科学》2000年第2期，第54～65页。
② 国家统计局编：《伟大的十年》，人民出版社1959年版，第29页。

很大的发展，如烤烟、黄麻、甘蔗等，也都先后超过新中国成立前的最高年产量。土地改革不仅迅速恢复和提高了农业生产力，而且为国家工业化的起步奠定了基础。①

（3）农民个体土地所有制存在的问题。

第一，小农经济自由发展产生两极分化。我国完成土地改革之后，一家一户的小农经济在全国范围内普遍存在。小农经济的自由发展必然产生两极分化，而农民的两极分化与社会发展的整体目标相悖，会造成农户间不平等发展问题。土地改革只是创建了解决农民生存问题的土地制度，没有创建防止农村出现两极分化的制度。由于农业的生产力基础十分脆弱，农户抵御自然灾害的能力十分有限，经常面临破产的威胁。这种状况如果任其发展，不可避免地会出现两极分化。土地改革结束后，在绝大多数农民生活水平提高、农村出现中农化现象的同时，一部分经济地位上升较快的农户开始买地雇工，扩大经营，而另一部分生活困难的农户则开始借债卖地，受雇于他人，农村中贫富差距悄悄拉开，开始出现两极分化。据对江苏 10 个县的调查，在土改后的一段时间内，出卖土地的有2728 户，其中雇农 204 户、贫农 2117 户、中农 243 户、其他 64 户。② 卷入租赁关系的农民也越来越多。1953 年湖北、湖南、江西三省农村典型调查反映，出租土地的农户占农村总农户的 12.52%，租入土地的农户占农村总户数的18.69%。③ 在我国当时城市化、工业化水平很低的情况下，那些被迫出卖土地的农民并不能转移到城市中去，结果必然是贫富差距逐步拉大。

第二，小农经济与生产社会化相矛盾。土地改革的胜利完成，为我国由农业国转变为工业国清除了根本性的社会制度障碍，但并没有改变小农生产大国的性质。农业个体经济生产经营规模狭小分散，生产工具和其他生产资料简陋单薄，社会联系狭窄简单，这势必造成生产力水平低下并且发展缓慢。据对 23 个省份15432 户农家的调查，土改结束时，贫雇农平均每户只有 12.46 亩耕地、0.47 头耕畜、0.41 张梨；中农平均每户 19.01 亩耕地、0.91 头耕畜、0.74 张梨。很明显，占全部农户90%的个体农民要在不足 1 头耕畜、1 张梨的条件下从事农业生产，显然是困难重重的。④ 小农经济的广泛存在，对于农业生产力的进一步发展产生了阻碍作用。由于小农经济生产方式下的农户占地少，经济力量薄弱，从而排斥先进的生产技术，无力抵御自然灾害的侵袭，更难以实现扩大再生产。从规模经济的角度

① 方向新：《走向 21 世纪论丛——农村变迁论》，湖南人民出版社 1998 年版，第 14 页。
② 黄希源：《中国近代农业经济史》，河南人民出版社 1986 年版，第 410 页。
③ 苏星：《我国农业的社会主义改造》，人民出版社 1980 年版，第 50 页。
④ 苏星：《我国农业的社会主义改造》，人民出版社 1980 年版，第 12 页。

来考虑，分散而落后的小农经济所提供的生产率无法适应大规模经济建设的要求。根据国家统计局1955年在25个省份对16000多个农户的调查，1954年各类农户的粮食商品率平均数为25.7%，其中，贫农为22.1%、中农为25.2%。农民小土地私有制的弊端已明显表现出来，也昭示着又一次土地制度变革的到来。

第三，无法满足国家工业化需要。传统工业化的实践表明，以农民的利益为代价，以农业积累的增长为国家工业化的启动资本，几乎是世界各国工业化的共同经历，在发展中国家工业化的起步阶段更是如此。中国工业化起步时，由于封建社会自然经济的遗产尤为厚重，而现代商品经济因素相对较小，也就更难摆脱传统工业化的发展阴影。中国的工业化战略与苏联的工业化战略极其相似。一是投资率从战前大约5%的水平提高到20%以上，接近苏联1928年工业化高峰时的水平，尽管当时中国人均国民收入水平仅为苏联1928年人均国民收入水平的1/4。二是中国也将投资重点放在工业特别是重工业上。国家对农业的投资相当有限，估计不到总投资的8%，尽管农业直接创造了一半以上的国民收入，拥有劳动力总数的4/5以上。三是优先发展大型的资本密集型制造业。一般来说，获取农业积累比较直接的方法有两种：其一是对农业采取重税的方式明拿；其二是通过剪刀差的方式暗拿。重税的方式农民难以接受。通过低价收购农产品和高价销售工业品的价格与价值双重背离的隐蔽方式，既可以保证工业原料的低成本和劳动力的低工资，又可以保证工业品的高价格，以获取工业的超额利润。反过来，国家利用这种超额利润强化新一轮的工业投资。我国工业化的资金主要来源是农业部门创造的经济剩余，国家获取农业剩余的主要办法是实行对主要农产品的统购统销制度，而农村土地集体化为农产品统购统销提供了制度基础。[①]

2. 农业合作化中确立农民集体土地所有制（1952～1978年）。土地改革确立了农民的土地私有产权，发展了小农经济。但小农经济的自由发展产生了两极分化，再加上新中国工业化战略的推进，引致了农业合作化和人民公社运动。这一过程包括农业互助合作、初级合作和高级合作阶段，并在很短时间内建立起了人民公社体制。我国农业合作化的实质是农村土地集体化。农村土地集体化的过程，就是由农民个体土地所有制变成农民集体土地所有制的过程。高级农业生产合作社是以农民集体土地所有制为基础的生产合作社，高级农业生产合作社的普遍建立，标志着广大农村中农民个体土地所有制已经变成农民集体土地所有制。

（1）农村土地集体化历程。

第一，农业生产互助合作阶段。我国农业生产互助合作的实践，最早始于第

---

① 雷源：《家庭土地承包制研究》，兰州大学出版社1999年版，第37～39页。

二次国内革命战争时期的根据地。在抗战时期的抗日根据地和解放战争时期的解放区，互助合作的实践又得到不同程度的发展。新中国成立以后，互助合作运动逐步在全国展开。1951 年 12 月，中共中央发布《关于农业生产互助合作的决议》。先是组织以农民个体经济为基础的农业生产互助组。一般由 10～20 户农民组成，组员的土地和其他生产资料及产品均维持私有，并独立经营。互助组的特点是不触动农民个体所有制，根据农民固有的习惯，在农业生产的某个方面或某个环节上实行互助合作，农民只是进行劳动上的互助，而土地是农民自己的。其中，临时互助组为季节性的劳畜农具等换工互助形式，常年互助组则为长期的有共同生产计划和一定组织制度的互助形式。土地改革结束的 1953 年底，我国参加互助的农户已达 4563.7 万户，占总农户的 40% 左右，1954 年参加互助组的农户已超过总农户的一半，达到 58%。同时，一些老解放区还试办了农业生产合作社，1953 年底，合作社达到 3634 个，入社农户 57188 户，占总农户的比重为 0.05%；1954 年农业生产合作社又增加 48 万个[①]。

互助组的成立是有一定效率的。这主要是部分的劳动合作与简单的生产资料合作，消除了个人分散独立劳动时规模狭小、力量分散的限制，完整的剩余索取权对农民的生产行为有着很强的激励功能。更重要的是采取了农户自愿的原则，如果相对于农民自己独立生产，合作失败或低效，农民会自觉退出。因此，互助组内部的互助行为虽然带有合作性质，但退出机制加强了对成员的行为约束与自律，构成了互相之间的监督，成员之间的相互了解程度较高，因而合作经济本身固有的缺陷得到了克服（沈滨等，2003）。农业生产互助合作的发展，对农业生产的恢复和发展起了重要的推动作用。但是，互助组毕竟只是一种简单的劳动协作关系，并没有改变农民对土地的私有关系，只是体现了集中劳动和分工协作的一些优越性。

第二，初级合作社阶段。初级农业生产合作社是在互助组的基础上发展起来的。1953 年初，中央发出《关于发展农业生产互助合作的决定》，计划在第一个五年计划内，全国农业生产合作社争取发展到 80 万个左右，参加农户争取达到农村总户数的 20% 左右。1955 年制定的《农业生产合作社示范章程》，对合作社的发展进行了规范。到 1955 年夏季，全国初级农业合作社已发展到 65 万个，入社农户 1690 万户，约占全国总农户数的 64.9%[②]，全国农民的主体部分均被纳入了合作社体系。

---

① 王景新：《中国农村土地制度的世纪变革》，中国经济出版社 2001 年版，第 10～11 页。
② 张庆忠：《马克思主义的合作制理论与中国农业合作制的实践》，载于《中国农村经济》1991 年第 10 期，第 17～25 页。

初级农业合作社的基本做法是：在允许社员有小块自留地的情况下，社员的土地必须交给农业生产合作社统一使用。合作社按照社员入股土地和参加劳动的数量和质量，从每年的收入中付给社员适当的报酬，其中按股份分配的比例约占30％，按劳动分配的比例约占70％。初级农业合作社建立后，农民仍然拥有土地的所有权，以土地入股分红成为实现土地所有权的形式。土地使用权从所有权中分离出来，统一由合作社集体行使，对土地进行统一规划、统一生产、统一收获。农民还拥有土地的处分权，退股自由，退社时可以带走入社时带来的土地，如果原土地不能退出，可以用其他土地代替，或给予经济补偿。初级农业合作社实现了农村土地制度的再一次变革：土地由农民所有、农民经营转变为农民所有、集体经营。这次变革是在不改变土地私有制基础上的土地使用制度变革，它使农村土地制度具有了半社会主义的性质，是适应当时国家经济形势发展需要的一种选择。

第三，高级合作社阶段。1955年10月4日，党的七届六中全会通过的《关于农业合作化问题的决议》提出，在有些已经基本实现半社会主义合作化的地方，根据生产需要、群众觉悟和经济条件，从个别试办，由少到多，分批分期地由初级社转变为高级社。从此，农业合作化运动转变为以建设社会主义性质的高级农业生产合作社为中心。1956年1月，由毛泽东亲自任主编的《中国农村社会主义高潮》一书由人民出版社出版，毛泽东在书中大力提倡创办高级社。在这一思想的指引下，从1956年初开始，高级社在全国进入了大发展阶段。许多地方出现整村、整乡的农民加入高级社的情况。到1956年12月底，高级社达54万个，入社农民已超过1亿，占农户总数的87.7％。这表明农业社会主义改造基本完成，农民个体经济被改造成了社会主义集体经济。

初级社与高级社之间存在着根本区别。一是在初级社中社员的土地个体私有权不变，经营权与农民家庭的分离也只是初步的；高级社则是农民的土地等生产资料所有权基本丧失。二是由于所有权仍归社员家庭，所以初级社在性质上仍然是个体农户的合作经济组织，属于真正的个体农民合作经营；在高级社中所有权与经营权都归于合作社，社员只是合作社的劳动者，因而就不是个体农户的合作经济组织，不是真正的合作经营，而是一种集体经济组织。因此，高级社建立之后，作为中国农业基层经营组织与基本经营单位，便取代了农民家庭作为农村土地经营主体的地位。"高级合作确立了农村土地的集体所有制，不仅取消了农民土地私有制，而且取消了土地要素的报酬，农民的土地财产权利通过入社的形式被否定，并从制度上肢解。"①

---

① 陈明：《农地产权制度创新与农民土地制度财产权利保护》，湖北人民出版社2006年版，第84页。

第四，人民公社阶段。从 1956 年起，全国开始大规模组建高级社，到 1957 年，高级社所包含的农户占全国总农户数的 96.2%[1]。而 1958 年《关于在农村建立人民公社问题的决议》进一步强化了国家对土地制度的影响，到 1958 年底，参加公社的农户达到 1.25 亿户，占农户总数的 99.1%，社均农户 4750 多户。人民公社对土地产权的安排思路与高级社是一致的，农户不仅丧失了土地权，农产品的处置、收益以及分配权也一同丧失了，而这一切都被收归集体所有。集体土地产权的模糊性及其"政社合一"体制，使得拥有高比例与高影响力的"集体"和"国家"产生了获利的空间，农民由于获利空间的丧失，其投入动力也随之消失（赵德起，2008）。国家成为经济要素的决策者、支配者和收益者。这种农村土地产权制度实际上成为一种国家控制但由集体来承受其结果的农村社会主义制度安排（周其仁，1995）。

人民公社土地制度可分为三个阶段。第一阶段：全公社统一所有和统一经营；第二阶段：三级所有和三级经营并以生产大队所有和经营为主；第三阶段：三级所有和三级经营并以生产队所有和经营为主。

第一阶段：全公社统一所有和统一经营阶段。这种制度从 1958 年上半年开始，大约实行了 1 年时间。从土地等生产资料的占有关系上看，在公社范围内，把原属于各高级社的土地等生产资料无偿收归全公社统一所有和统一支配；各高级社的劳动力和产品也归公社统一调配。社员个人的一些财产，包括自留地、家庭副业也在消灭私有制残余的口号下收归公社所有。从劳动方式上看，人民公社实行集中劳动，即取消高级社按生产队作业组织劳动的方式，也不再实行生产责任制，它是在公社范围内按军队建制，把劳动者组成班、排、连、营、团，并把民兵组织与劳动组织合为一体。劳动力由公社统一调配、统一指挥，采取大兵团作战的方式从事农业生产。从分配制度看，公社由高级社时按劳动工分分配的制度，改变为供给制与工资制相结合的分配制度，即在分配给社员的总额中，一部分以工资形式分给社员，在同一社内社员之间大体平均，另一部分按人口平均分配，由公社供给全部伙食，有的还供给其他消费品。供给工资标准各公社因经济水平不同各有差别，但两者比例大体差不多，一般为 8：2 或 7：3，即供给部分大于工资。从生活方式看，人民公社推行生活集体化，家庭作为消费单位的职能已被削弱了。办公共食堂，全体社员均由公共食堂按同一标准供给伙食，还办有敬老院、托儿所。

第二阶段：三级所有和三级经营并以生产大队所有和经营为主阶段。这种制

---

[1]　程同顺：《中国农民组织化研究初探》，天津人民出版社 2003 年版，第 150 页。

度从 1959 年下半年开始，一直持续到 1962 年下半年，历时大约 3 年。1959 年 2 月第二次郑州会议起草的《关于人民公社管理体制的若干规定（草案）》指出，生产大队规模相当于原来的高级社，是人民公社的基本核算单位，有权按照公社的计划和有关规定，统一安排本单位的农业生产、收益分配，并搞好劳动管理。1959 年 4 月中共中央在《关于人民公社的十八个问题》中规定，公社实行三级所有，以生产大队为基本核算单位，基本核算单位下面的生产队是包产单位，对土地、农业生产资料和劳动力有固定的使用权。1960 年 11 月发出的《关于农村人民公社当前政策问题的紧急通知》第一次明确指出，以生产大队为基本核算单位的三级所有制，是现阶段农村人民公社的根本制度。1961 年 3 月的《农村人民公社工作条例（草案）》等均规定"三级所有，队为基础"，并规定公社的规模一般相当于原来的乡（镇）或大乡（镇），在行政上行使乡（镇）政府职权，在经济上是各生产大队的联合组织，生产大队是独立经营的基本核算单位，生产队是直接组织生产和集体福利事业的单位，对一部分资金和资产有一定的所有权，在管理本队的生产上有一定的自主权（刘永湘，2003）。

第三阶段：三级所有和三级经营并以生产队所有和经营为主阶段。这种制度从 1962 年开始，一直持续到 1978 年，经历了 17 个年头。在这种制度下，土地和农业生产资料分别归人民公社、生产大队、生产队三级集体所有和经营，各自独立核算，自负盈亏，但生产队一级所有和经营是三级所有中最基本的和主要的部分。公社所有的土地较少，生产资料主要是生产大队和生产队无力经营或不宜经营的林场、畜牧场、渔场、农机站、较大的工商以及农业基础设施。公社的土地和财产归全公社农民集体所有，由公社统一经营。生产大队所有的土地也比较少，它主要经营生产队无力经营和不宜经营的公用性生产资料。生产大队的土地和财产归大队全体农民所有，由生产大队统一经营。生产队是土地的主要所有者，它占有了 90% 左右的农村耕地以及宜于它经营的其他公用生产资料（王景新，2001）。

（2）农村土地集体化的历史性成就与积极作用。

第一，农村土地集体化促进了大规模农田基本建设。农村土地集体化的完成，在有 5.36 亿人口的广大农村中建立了土地的社会主义集体所有制，使广大农民彻底摆脱了封建土地所有制的束缚。同时，初步发挥了协作劳动的优越性，为进行大规模农田基本建设和田间林网建设、大规模水利灌溉设施以及大规模农业科技推广提供了有利条件，从而使农业生产条件大为改观，为农业生产力的发展奠定了重要的基础并开辟了广阔前景。到 1956 年，全国共新建及整修堰塘 1400 多万处，新增水井 500 万眼、抽水机 27 万匹马力，扩大灌溉面积 2 亿亩，已建成拖拉机站 326 个，农技推广站 14230 个，畜牧兽医站 2257 个，新式农业站 207 个。

第二，农村土地集体化对农业生产的积极作用。农村土地集体化使广大农民组织起来，显示出对农业生产的积极作用。国家统计局 1956 年的调查表明，农业合作社主要农作物的单产与个体农户相比，除黄麻外都有显著提高。[①] 另据国家统计局对 202 个高级社和 26733 个初级社 1955 年收益分配的调查，每个劳动力全年平均劳动日高级社为 128 个，初级社为 95 个；平均每人生产粮食高级社为 966 斤，初级社为 808 斤；初级社平均每户收入 424 元，高级社为 776 元；平均每户实际收入高级社为 413 元，初级社为 274 元。[②] 1950 ~ 1957 年，全国主要农作物产量基本持续增长。以上年为 100，则粮食作物增长指数为：1950 年 115.4，1951 年 108.3，1952 年 114.3，1953 年 101.6，1954 年 102.3，1955 年 109.0，1956 年 104.4。[③]

第三，农村土地集体化为工业化提供了粮食和资金。农村土地集体化的完成，为开展大规模工业建设所需粮食和资金聚集提供了组织上的保障，从而为国家工业化的起步做出了重大历史贡献。"一五"期间，国家预算中农业税约占 10%，由农副产品收购、加工、销售、运输等利润和税收构成的财政收入约占 40%。由于工农业产品之间的差价，农民把自己净收入的相当一部分奉献给国家的积累。

（3）人民公社土地制度的历史性制约与消极影响。在互助组和初级社的生产组织形式下，收益权仍归广大农民所有，政府无法有效控制农业剩余将之用于发展工业，因此先后通过"统购统销""高级社""人民公社"等强制性制度安排逐步收回农地所有权，农地经营权和收益权也随之归集体所有，甚至自留地也全部收归集体（谢宗藩等，2015），农村土地制度走上了"一大、二公、三平"的公有化道路，实行了人民公社制度。

第一，农业生产发展迟缓。1958 ~ 1978 年是新中国农业发展最为缓慢的 20 年。在这 20 年中，农业总产值年均递增只有 2.6%，粮食产量为 2.3%，棉花为 1.4%，油料为 1.1%，猪牛羊为 3.9%。由于人口增长过快，人均主要农产品产

---

① 中华人民共和国国家统计局编：《我国的国民经济建设和人民生活》，统计出版社 1958 年版，第 193 ~ 294 页。

② 中华人民共和国国家统计局编：《我国的国民经济建设和人民生活》，统计出版社 1958 年版，第 184 ~ 189 页。

③ 中华人民共和国国家统计局编：《我国的国民经济建设和人民生活》，统计出版社 1958 年版，第 154 页。

量大多只停留在 1957 年的水平，有的比 1957 年还低。1978 年与 1957 年相比较，人均占有粮食只增加了 12.5 公斤，猪牛羊肉增加了 2.7 公斤，水产品持平，棉花下降了 0.3 公斤，油料下降了 1.2 公斤。在此期间，虽然农业生产条件有了很大的改善，但大量剩余劳动力仍滞留在耕地上，农业劳动生产率出现下降的情况。1978 年与 1957 年比较，每一劳动力提供的农业净产值下降了 4.6%，按劳动力平均的农副产品收购额下降了 2.2%，只有每一农业劳动力提供的粮食交售量上升了 2.5%。

第二，农民生活水平的增长几乎陷入停滞状态。农民人均纯收入，1957 年为 72.95 元，1978 年为 133.57 元，平均每年只增长 2.88 元；社员从集体分配得到的收入，人均每年只增长 2 元钱。分配以实物为主，现金通常只占其总额的 1/4 以下，平均一年增长 0.4 元钱。实物分配主要是口粮，20 多年间基本维持在人均 200 公斤，每人每天实际消费不足 0.5 公斤。农民人均生活消费支出，1957 年为 70.86 元，1978 年为 116.06 元，只增长了 63.8%。农民家庭生活消费支出中食物支出所占的比重，1957 年为 65.75%，1972 年为 67.71%，呈上升趋势。20 世纪 70 年代中期，全国 504 万个农村核算单位统计，人均收入 100 元以上的不到 25%，50 元以下的占 27.3%，其余 50% 左右在 50 元至 100 元之间。到 1978 年，农村贫困人口还多达 2.5 亿人，贫困人口发生率高达 30.7%。

第三，农村经济结构高度单一，分工分业受到极大的限制。从产出结构看，农业总产值中种植业占绝对优势，始终维持在 80% 左右，林牧副渔四业总共占 20% 上下。到 1978 年，种植业占农业总产值的比重仍高达 76.7%。21 年间，这一比重仅下降了 3.9 个百分点，平均每年下降 0.19 个百分点。在农作物种植业结构中，粮食生产一直占主导地位。从播种面积上看，1957 年粮食作物播种面积占总播种面积的 85.0%，1978 年这个比重下降到 80.3%，平均每年仅下降 0.22 个百分点。农业以外的商业、运输业，基本上是由国营商业和供销合作社独家经营。社队办工业只发生在局部地区，1977 年只占农业总产值的 1/10 多一点。劳动力结构变化更小，从事农林牧渔的劳动力比重始终占到了农村劳动力的 90% 以上，其中 80% 左右种植粮食作物。[1]

二、我国农村土地产权制度改革：发展阶段（1978~2008 年）

改革开放后，中国农村土地制度的变革主要是农村土地经营制度的变革。

---

[1] 方向新：《农村变迁论》，湖南人民出版社 1998 年版，第 30~31 页。

1978 年底开始进行农村经济体制改革，是在坚持农民集体土地所有制的前提下，实行土地家庭承包经营制度，从而使农村经济走上市场化轨道。随着农村市场经济和家庭承包经济的发展，以及有关农村土地法律法规的颁布，开始形成主要表现为农民集体土地所有权、家庭承包经营权和承包经营土地流转权的农村土地产权。同时，法律还赋予政府土地管理权（高元禄，2007）。

1. 农村土地家庭承包经营制度的形成过程。1978 年秋，安徽省部分地区率先恢复包产到组、包产到户等生产责任制，揭开了我国农村经济体制改革的序幕。随后，在党中央的正确领导下，包产到户冲破重重障碍，在全国得到迅速发展，进而创建了土地集体所有家庭承包经营制度。

（1）1978～1983 年：包产到户过渡期。1978 年 12 月，党的十一届三中全会通过了《关于加快农业发展若干问题的决定（草案）》和《农村人民公社工作条例（试行草案）》两个文件，提出要建立严格的生产责任制，并肯定了包工到组、联产计酬等形式。虽然仍坚持农村人民公社体制，不许包产到户，也不许单干，但这毕竟标志着农村土地制度改革迈出了具有重要意义的第一步。1979 年 9 月党的十一届四中全会通过的《中共中央关于加快农业发展若干问题的决定》，将草案中不许包产到户和不许分田单干的规定改为不许分田单干。这标志着在农村土地使用制度上有了较大松动。1980 年 5 月，邓小平在听取安徽省农村实行包产到户的情况汇报后指出："一些适宜搞包产到户的地方搞了包产到户，效果很好，变化很快。""有的同志担心大包干，这样会不会影响集体经济，我看这种担心是不必要的。"[1] 这表明了中央领导核心对部分地区搞包产到户的肯定与支持。1982 年和 1983 年两个中央"一号文件"指出，从两方面对人民公社体制进行改革，实行生产责任制，特别是联产承包制，实行政社分设。1984 年底，实行家庭承包制的农户达到了 97.9%[2]。自此，历经了 20 多年"波折"的人民公社制度逐渐解体，以统一经营、集中劳动为特征的公社型农地集体所有制也终于被集体所有、家庭经营的农地制度所替代。据估算，这段时期农业总产值的实际增长率高达 11.9%。1978～1984 年，农业总产出中，实行家庭承包制的贡献高达 42%[3]。

（2）1984～1992 年：家庭联产承包责任制的巩固阶段。该阶段主要是在确立集体所有农户经营的体制后进一步通过相关配套政策来巩固它。1984 年初，中共中央下达了《中共中央关于一九八四年农村工作的通知》，对土地家庭承包

---

[1] 《邓小平文选》第二卷，人民出版社 1993 年版，第 315 页。

[2] 蔡昉：《中国农村改革三十年——制度经济学的分析》，载《中国社会科学》2008 年第 6 期，第 99 页。

[3] 林毅夫：《中国农村改革与农业增长》，上海人民出版社 1994 年版。

制定了进一步的规范，明确提出包产到户和包干到户不是权宜之计（邵彦敏，2005），并延长土地承包期至 15 年；1986 年 4 月通过《民法通则》，首次以法律形式确立农地承包经营制度。此后中央又进行了一系列配套制度改革，如农产品流通体制改革、价格体制改革等。根据估算，该阶段的农业年均实际增长率仍维持在 4.8%，其中 1989 年由于外部的政治冲击出现了 6.6% 的负增长。

（3）1993～2002 年：家庭联产承包责任制成熟阶段。这一阶段土地制度变迁的主要内容是在稳定农户对农地承包权的基础上，以延长承包期限、保障农户土地财产权为中心的制度完善工作（张红宇等，2002）。1993 年 3 月 29 日，第八届全国人民代表大会第一次会议通过的《中华人民共和国宪法修正案》把家庭承包责任制和双层经营体制写入宪法[1]，同年 11 月份颁布的《中共中央、国务院关于当前农业和农村经济发展的若干政策措施》明确提出把土地承包期再延长 30 年，并在同年颁布的《中华人民共和国农业法》中对这一规定予以确认。提倡在承包期内"增人不增地，减人不减地"；在坚持土地集体所有和不改变土地用途的前提下，经发包方同意，允许土地使用权依法有偿转让；少数第二、第三产业比较发达，大部分劳动力转向非农业并有稳定收入的地方，可以从实际出发，尊重农民的意愿，对承包土地做必要的调整，实行适度的规模经营。这标志着农村土地承包经营制度已逐渐成熟，农民从法律上享有了承包土地的长期、稳定的使用权（邵传林等，2009）。

1998 年 8 月 29 日，第九届全国人民代表大会常务委员会第四次会议修订通过的《中华人民共和国土地管理法》规定，农民集体所有的土地由本集体经济组织的成员承包经营，土地承包经营的期限为 30 年，并对承包期内个别农户之间承包地的适当调整做了严格的限制。1998 年 10 月，党的十五届三中全会通过的《中共中央关于农业和农村工作若干重大问题的决定》明确提出，要坚定不移地贯彻土地承包期再延长 30 年的政策，同时要抓紧制定确保农村土地承包关系长期稳定的法律法规，赋予农民长期而有保障的土地使用权（高元禄，2007）。[2] 2002 年颁布的《中华人民共和国农村土地承包法》肯定了农地承包经营权的特权性质，强化了农民对承包农地的处置权利。经过多次的政策调整，农地的所有权与经营权又有了进一步的分离，农户的土地权益日渐清晰、稳定。在坚持集体所有制的前提下，各地进行了各种形式的农地制度创新，如两田制、股份合作制、规模经营、"四荒"使用权拍卖等，有力地促进了农业的发展和农民的增收。

---

① 孔祥智、涂圣伟、史冰清：《中国农村改革 30 年：历程、经验和前景展望》，载于《教学与研究》2008 年第 9 期，第 20 页。

② 宋洪远等：《改革以来中国农业和农村经济政策的演变》，中国经济出版社 2000 年版，第 14～19 页。

该时期农业总产值先以较高的增长率增长，到达 1994 年的峰值 19.2% 后，又逐步减速，但年均增长率仍维持在 5.9%，明显高于上一阶段。可见，国家通过基础性制度安排（对社会规则的一般性陈述）的立法来强化农户对农地的承包经营权、保障农户承包经营权的长期化有效地稳定了农户的预期，促进了经济增长。

（4）2003 年后：家庭承包经营制度的完善阶段。2004 年 1 月以来，中央连续颁布了十多个 "一号文件" 来稳定农业发展、促进农民增收，几乎每一个文件都强调对农民的土地承包经营权加以保护，以至 2008 年党的十七届三中全会通过的《中共中央关于推进农村改革发展若干重大问题的决定》提出，要 "赋予农民更加充分而有保障的土地承包经营权，现有土地承包关系要保持稳定并长久不变"；2009 年的 "一号文件" 明确地提出 "现有土地承包关系保持稳定并长久不变"。当然，自 2003 年《关于全面推进农村税费改革试点工作的意见》颁布以来，农地产权制度的外部政策环境有了很大的变化。比如，在全国范围内的农村税费改革逐步推广，到 2005 年 3 月全国已有 26 个省（区、市）宣布取消农业税（周黎安，2005）；国家也加大了对 "三农" 的财政支出力度：2003 ～ 2004 年农牧业税减少了 135.5 亿元人民币，农业特产税也下降了 46.3 亿元，国家财政支农总支出从 2003 年的 1754.45 亿元猛增到 2004 年的 2357.89 亿元，同比增长 34.3%（乔榛等，2006）。这表明国家放松了对集体经济的控制，已停止了对农业剩余的转移，同时也表明农户对农地产出的剩余索取权在强化。总之，在这些外部利好政策因素的诱导下，农业增长总体上呈逐年上升趋势，年均农业实际总产值增长率为 9.9%，远远高于上一阶段 5.9% 的增长率（邵传林等，2009）。

2. 农村土地家庭承包经营制度的历史性成就与积极作用。

（1）促进了农业生产力的大发展。实行土地家庭承包制度，调整了我国农村的生产关系，改革了农业经营方式，调动了亿万农民的生产积极性，把我国农业多年积累起来的物质技术条件充分利用起来，把各种财力、物力充分动员起来，做到了人尽其才，地尽其力，物尽其用，财尽其利，使我国农业生产一改过去多年徘徊、停滞的状况。种植业的发展速度超过了新中国成立到 1978 年的任何时期，也为国外同期所罕见。粮食生产的发展是种植业发展最显著的标志。在粮食作物占用耕地面积、复种指数、粮食播种面积不断减少的情况下，通过提高生产水平、提高单产，我国粮食总产量连续上了两个新台阶，由 1978 年的 3 亿多吨提高到 1982 年的 3.5 亿吨，1984 年又提高到 4 亿吨。粮食总产量由 30470 万吨到 40930 万吨共用了 6 年时间。在历史上粮食总产量由 1949 年的 11330 万吨到 1958 年的 20000 万吨用了 9 年时间；从 20000 万吨到 1978 年的 30475 万吨用了 20 年时间。尤其值得指出的是，实行家庭承包经营制度后，我国粮食总产量上第一个台阶用了 4 年时间，上第二个台阶只用了两年时间，而这两年恰恰是全国普遍推行家庭承包制的两年。[①] 据学者研究，1978 年到 1984 年农作物产值增长 42.23%，其中家庭承包制改革带来的增长达 19.80 个百分点，贡献率为 46.89%。[②]

（2）促进了农业内部结构的调整。土地家庭承包经营制度的实行，恢复了农民作为生产经营者应有的权利，完全有权对土地进行多样化使用。农户成为独立的商品生产者，生产经营活动基本上由市场导向，这必然改变农业单一的经营格局，推动农业商品化的大发展。改革开放以来，农业内部结构有了很大的调整。1978～1996 年，农作物种植业占农业总产值的比重由 76.7% 下降为 57.8%，林牧渔业的比重则由原来的 23.3% 上升为 42.2%，后者上升了 18.9 个百分点。同期，种植结构也发生了明显的变化。粮食作物占农作物总播种面积的比重由 1978 年 80.4% 下降为 1996 年的 73.9%，经济作物的比重相应地由 9.6% 上升到 20.9%。林牧渔业比重和经济作物比重上升是农产品商品率大幅度升高的基础。农户经营投入和产出中自给性比重不断缩小，商品化比重不断扩大，使我国农业商品率呈大幅度上升态势。1978～1996 年，农产品综合商品率由过去的 30% 提高到 60% 以上。农民自给部分数额较大的粮食产品，近十几年来商品率也显著提高。1978～1990 年，国内商品粮供给量由 5000 万吨增加到 13995.2 万吨，商品率由 16.4% 上升到 35.7%。特别是以种植业为主的经营大户，粮食商品率更高。据调查，经营 10～15 亩耕地的农户，粮食商品率为 40.82%，15～20 亩的为 42.55%，20～30 亩的为 44.83%，30～50 亩的为 43.07%，50 亩以上者达到了 59.82%。[③]

（3）促进了农村非农产业的发展。土地家庭承包经营制度实行后，农民资源配置空间比以往更为广阔，他们可以根据不同产业边际收益的预期自由进行产业选择，利用农业生产淡季和剩余劳动力，去从事非农业生产和经营活动。同时，农民获得一定的择业自由，有机会在产业间、区域间进行流动，为我国工业发展提供了大量劳动力（刘保军，2006）。改革以来，基本农产品生产尤其是粮食生产的大幅度增长为农村产业结构的调整提供了现实的保障，农民根据农业与非农业之间存在的比较利益大小而转向发展非农产业。在农村社会总产值构成上，农业产值所占比重急剧下降，从 1978 年到 1995 年，农业产值所占比重由 69.5% 下降到 23.1%，而非农业产值所占比重则由 30.5% 上升到 76.9%。[④]

①　刘永湘：《中国农村土地产权制度创新论》，四川大学博士学位论文，2003 年，第 73～74 页。

②　林毅夫：《制度、技术与中国农业发展》，上海人民出版社 1994 年版，第 94 页。

③　方向新：《走向 21 世纪论丛——农村变迁论》，湖南人民出版社 1998 年版，第 45 页。

④　农村固定观察点办公室：《我国农户农业投入行为研究》，载于《中国农村经济》1997 年第 11 期，第 53～60 页。

3. 农村土地家庭承包经营制度的历史性局限与阻碍作用。农地家庭承包经营制度作为中国经济体制改革和社会结构转型过程中的一种自生性制度安排，跨越了人民公社解体、乡镇政权重建、村民自治发展等历史阶段，取得了明显的绩效。但是，家庭承包经营制度下的农地产权安排，沿袭了集体化时期"三级所有"产权制度的基本格局，在建立和完善市场经济体制的过程中，其隐含的内在缺陷和历史性局限不断凸显，越来越阻碍产权功能的实现。

（1）农地产权主体模糊。中国现行的法律制度虽然确定了乡镇、村、村民小组三个层次和社区自治组织、乡村集体经济组织两种类型的农村农地产权主体，但这些法定的产权主体均具有模糊性特征。中国农村农地所有权主体模糊，既表现在现行法律规定的含糊和不同法律规定的不统一，也表现在实践中的多样性和重叠性。造成所有权主体模糊的原因也是多方面的，既有种种历史因素的延续，也有现实因素的制约，还有中国地域辽阔、差异性大等方面的原因（李明秋等，2001）。这种模糊性主要表现在以下几个方面：

第一，"集体所有"和"集体经济"概念上的模糊性。集体是由一定地域的成员共同组成的，但在现实中，"农村集体"和"农民集体"是一个看不见、摸不着的"抽象的、没有法律人格意义的集合群体"。农地集体所有是"共同共有"还是"按份共有"，并没有明确规定。如果是共同共有，事实上国家垄断着农村农地的最终处分权；如果是按份共有，则集体成员迁移时农地不能分割，所谓按份享有的权利也只能放弃。现有的法律并未赋予农民完整的"共同共有"权利，也未赋予农民完整的"按份共有"权利，集体农地成为政府代管的无主财产。农地集体所有是建立在明晰每个农户农地财产权的基础上还是建立在不明晰每个农户农地财产权的基础上，集体内部农户是享有农地的实物财产权还是享有农地的价值财产权等，也都缺乏明确的规定。就集体经济而言，所谓集体经济是指"以生产资料集体所有制为基础的经济"。虽然农地是集体的主要生产资料，但在现行政策和法律框架下，几乎不存在集体主导农地经营的空间，以农地集体所有为基础的集体经济不具有现实形态，因而只是一个没有实际意义的概念而以乡村企业和集体其他经营项目为载体的集体经济组织，不仅不具有独立的经济利益，而且也不存在与农地要素的实质性联系，难以成为集体农地的所有者和经营管理者。

第二，集体农地产权主体事实上的虚置状态。社区自治组织和乡村集体经济组织在主体性质上同样具有模糊性。乡村集体经济组织如乡镇企业等，既不是自然人，也不是财产权意义上的法人，很难作为集体农地产权的主体。村民委员会和村民小组同样既不是财产法人，也不是政府组织，而只是社区自治性组织，不具备作为产权主体的法人资格，同样难以充当集体农地财产的所有者代表。法律规定农地调整和处置需经村民大会或村民代表会议决定，但现行村民自治结构中名义上的权力组织——村民大会或村民代表会议，现实中也不是一个真正掌握权力的机构或组织，很多地方在实际运作中甚至不曾有效地发挥过作用。在这种背景下，农村农地集体所有者主体事实上处于虚置状态，使集体农地在一定意义上演变为乡村干部等实际控制问题。农村农地所有权主体虚置必然使农地财产责、权、利边界不清，鼓励各级政府随意低价征占集体农地，形成农民对农地财产的不稳定预期。

第三，村民自治框架下村社组织的性质演变。村民委员会作为一个社区自治组织，在国家政权下移、不断强化对农村控制的过程中，事实上承载了政权末梢的功能。现行农地产权集体所有的模糊构架，导致了两个方面的后果：其一，作为"农民集体"组成部分的农民个体事实上被割断了与农地所有权的内在联系，不能履行农地所有权。尽管农民存在争取和保护农地权利的努力，但在政府和集体组织的思维中，这些分散的个体是完全可以忽略的。政府和其他利益集团在与农村农地权利的交易中，面对的只是抽象的农民集体和异化的集体所有者代表——村组干部。其二，由于法律规定的农地所有者是一个抽象的"农民集体"，它不可能具备法律人格，更不可能具体地行使农地监督和管理职能，这就事实上造成了司法意义上的农地集体所有权虚置，使集体农地的法律保护难以实施（洪朝辉，2004）。

（2）农地产权权能残缺。一般地，集体所有权的弊端在于它限制了内部成员对其应有"份额"的权利，不利于产权流动、重组和治理结构的健全。但由于中国实行二元农地产权的特殊制度安排，建立在集体所有基础上的农地产权权能还呈现出"双重残缺"的特征，不仅表现为集体作为农地所有者的权能残缺，而且表现为农民作为农地使用者的权能残缺。

第一，集体作为所有者的权能残缺。中国法律虽然规定了农村农地集体所有的性质，但又同时对这种属性做出了多方面的限制，如任何组织和个人不得买卖和转让集体农地，也不能出租和抵押集体农地；国家在履行农地用途管制等宏观管理职能的同时，还具有征收和征用集体农地的权力等。从现实情况看，国家对集体农地已经不是从管理权意义上的规制，而是从产权意义上的终极支配。除此之外，各级政府自行制定的许多行政法规、规章和政策也对农民集体农地所有权做出了不同的干预和限制，而且随意性很大，甚至具有超越法律的效力。

对集体农地所有权的来自不同方面、不同层次的支配、干预和限制，使农村农地集体所有的制度安排实质上成为一个空洞的概念。首先，名义上的农地所有者实质上没有农地的处分权利，国家垄断农地一级市场，集体不得自由买卖、租赁、转让和抵押农地，只有经过政府征收和征用后，集体农地才能够转让或出让。产权作为一系列权利束的集合，只有在动态的交换中才能体现自身的存在，不能交易或交易受到限制的产权，只会使权利所有者失去本来可以得到的市场剩余，因而不完善的产权更难以转化为资本。其次，在集体与政府的农地权益博弈中，政府处于超越法律的绝对优势地位，具有自我授予的强制力和裁决权，成为集体农地的终极所有者、最高仲裁者和绝对控制者，而集体则没有平等的法律地位，难以抵制国家以及附着于国家权力的资本对所有权的侵犯，必须服从国家的意志和资本的操控。

第二，农民作为使用者的权能残缺。尽管中国现行的政策和法律都规定了农民依法享有承包地使用、收益和农地承包经营权流转的权利，并有权自主组织生产经营和处置产品（杜青林，2003），但农民农地权利是以承包的方式取得并由承包方和发包方约定的合同来规范的，法律并没有明确界定农民农地使用权的物权性质，对承包经营权的保护也是立足于保护农地承包合同关系，因此这种承包经营权在法律意义上的排他性受到了限制和削弱。这样，在集体所有的前提之下，乡村组织和农民等不同的利益主体在利益冲突中都能寻求不同的合法性依据，提出不同的权利主张。由于所有权的绝对性，加上农民实际上处于弱势地位，所有权侵蚀使用权从而导致使用权权能残缺的现象就不可避免。

农民农地使用权权能残缺，除权能界定不完整外，还表现在乡村集体对农民农地使用权的支配上，包括农地分配、农地流转和农地收益等各个环节：首先，权能界定本身不完整，农民农地处分权不充分。农民承包农地除在用途和权属转移上受到国家的终极控制外，抵押的权利也被严格限制。农民农地承包经营权不能顺畅抵押，阻碍了农地要素化和资本化。其次，对承包经营农地收益权的随意侵蚀。如以承包农地为载体，随意向农民摊派税费和村组集体提留、共同生产费用等。近年来不少地方热衷于推行农地股份合作经营和公司加农户、龙头企业加农户乃至政府加公司加农户等经营模式，各类工商资本也纷纷进入农业开发领域，大多是以低价取得农民承包农地的使用权为前提的，有的并不是以经营和开发农业为目的，而是圈占并长期支配农地，实际操作中，公司、企业往往与基层政府和村组干部联手，以各种借口将农民承包农地强制收回后，再长期承包或租赁给公司和企业，其基本特征是权力和资本合谋侵蚀农民承包农地的使用权和收益权。由于资本对利润的追逐，进入农业生产领域的工商企业几乎都与农民存在程度不同的农地利益冲突。

（3）农地产权流动性差。在中国现有农村土地管理体制下，集体农地单向度的权属转移，以及集体内部农地流转缺乏规范，使农地产权的流动性较差。

第一，建设用地由国家统一供给并实行集中管理，农村集体农地转为建设用地必须经过国家征收或征用，集体农地权属单向转移，国家控制和垄断了农地所有权市场，使农村农地转为建设用地不能通过市场化的自主交易实现。在一些经济比较发达的地区，由于国家对市场的管制，导致了灰色农地市场的形成。灰色农地市场实质上是不具有可转让性的、残缺的农地产权的不规范交易活动，是现有制度安排非均衡的结果。这也说明现有的管制型市场制度是无效率的，其缺陷在于公开农地市场的交易成本过高导致利益激励不足，同时又对灰色农地市场的交易约束制度缺乏刚性。

第二，农地集体所有的制度安排，既形成了集体内部的均等占有，同时也形成了对集体之外的排他性，不同集体所有权主体之间的流动受到了限制。

第三，集体内部的农地流动不规范。由于缺乏具体的操作设计和政策规范，侵害农民农地流转权的现象比较普遍。基层干部以所有者代表身份并依托行政权力，强制推行农地流转，剥夺农民的自主决策权；以农地规模经营、结构调整、农业开发等为借口，通过"反租倒包"等形式，低价强行租回农民承包农地；在农地流转过程中与民争利等。此外，由于认识上的误区，把农地视为农民社会保障的载体，固化人地关系，也阻碍了农地的正常流转。农地流转缺乏制度规范和有效形式，使农地抛荒成为近年来的一个突出问题。农地抛荒不仅存在于非农产业发达、农地要素相对价格较高、劳动力机会成本高的经济发达地区，而且逐步蔓延到非农产业不发达的粮食主产区；不仅存在大量的季节性抛荒，而且出现了常年性抛荒；抛荒的不仅是边际产出低的农田，而且也有生产条件好的基本农田被抛荒。在农地资源十分稀缺的情况下，农地抛荒导致了极大的效率损失。

（4）农地权属转移中农民利益受损。农村集体农地的国家征收或征用导致集体农地的权属转移必然导致利益分配格局的变化，直接影响着农民权益。由于征地范围、征地程序、征地补偿和失地农民安置等环节的问题，近年来农村农地权属转移中农民农地财产权利受损的现象愈演愈烈，成为各方关注的焦点。

第一，征地权的适用范围扩大化。《中华人民共和国宪法》规定，"国家为了公共利益的需要，可以依照法律规定对农地实行征用"。《宪法》虽然设置了国家农地征收或征用的权力，但对公共利益却没有做出明确界定。在原《农地管理法》中，对"公共利益的需要"不仅没有进行明确的阐述和严格的界定，而且还规定"任何单位和个人进行建设，需要使用农地的，必须依法申请使用国有土地"，"依法申请使用的国有土地包括国家所有的土地和国家征收的原属于农民集体所有的土地"。据此，征用农地成为各类项目取得新增建设用地的唯一途径，而且客观上将"公共利益"需要从公共设施、公益事业等扩大到了包括非公共利益性质项目在内的所有建设用地项目。马克思曾指出，"当平等的权利相对抗时，力量起决定作用"①。近年来以公权效力于私利的问题，突出表现在征用农村农地和地上附着物的拆迁上。很多征用和拆迁行为尽管是出于牟利的商业目的，但却常常被一些行政机关、利益集团和个人描述成是为了公共利益，这就便于某些人滥用行政权力为经营活动服务。征地范围过宽、大量经营性项目借助公权征用农地，是农民权益受到侵害的主要原因。

第二，征地程序缺乏理性。在现行体制下，各级政府出于财政压力、利税动因及政绩效应，其自身利益很容易与资本的逐利动机整合，并形成共谋关系，动用征地权帮助企业取得农地使用权。中国目前的农地征用制度具有强制性，政府既是征地者，又是农地出让者，还是征地纠纷的裁决者。农民缺乏谈判协商机会和能力，其农地权利和公民权利受到了相当程度的漠视。

第三，农地出让收益和征地补偿极不对称。作为一种资产的农地，其价值应该取决于未来收入的折现，而非历史成本或曾经的用途及产出价值。因此，按照被征用农地原来的用途和经济产出计算征地补偿是不合理的。在宏观上，地价的市场化如同其他产品和要素价格的市场化一样，有利于农地资源配置效率的优化。中国征地补偿中的矛盾，表现在农地权属转移过程中产生的巨大农地收益与对失地农民过低的补偿上。我国农地的征地标准，无论是与农民的生产生活保障要求相比，还是与土地供应的市场价格和土地增值相比，都显得过低（王小映等，2006；胡家勇，2012）。

（5）农地经营效率不高。农地经营效率不高，除了作为经营主体的农民的农地财产权利不完备这一主要原因外，还与家庭经营本身固有的缺陷、政府行政行为越位和公共服务职能缺位等因素密切相关。

第一，农户家庭经营效率不高。从家庭经营层次看，影响经营绩效的最主要因素不在于家庭这种生产经营组织形式，而在于作为其主要生产要素的农地以承包方式获取，以及由此决定的农地财产权利不完备。由于农地产权结构的缺陷，中国农民和家庭的市场主体地位尚未真正形成。目前农民的农地财产权利只是体现为不稳定、有期限的承包经营权，这种债权性质的承包关系经常遭受来自外部的侵蚀，难以形成稳定的预期。明晰的、可交易的财产权利是市场交换的基础，农地财产权利模糊导致农地作为生产要素的交换和流动无法实现。由于农民农地财产权利界定不清和权利流转不顺畅，以及家庭经营客观上呈现的高度分散状态，影响了基于市场契约的农业生产经营共同体的选择范围和创新发展空间，增

---

① 马克思：《资本论》第 1 卷，人民出版社 2004 年版，第 270~272 页。

加了农户进入市场的交易费用，也严重制约了农民市场主体地位的确立，使农业效益提高和农民收入增长缓慢。

第二，政府职能缺位和越位影响家庭经营绩效。政府在农村公共产品和公共服务的供给上的缺位，使家庭经营缺乏社会化服务的支撑。专业化、合作化是以生产经营各个环节的社会化服务为基础的。政府一般性服务包括农业科研、病虫害控制、培训、推广与咨询服务、检验检疫、市场信息服务等。农村实行家庭联产承包经营制度后，集体统一经营层面日益虚置化，相应的公共服务供给和需求减少。国家在农业和农村中的经济技术服务部门不断萎缩甚至退出，加剧了农村公共服务供给短缺的状况。各级政府支出预算中虽然安排了为数不少的一般性服务支出，但其中相当一部分被用于维持这些部门的自身运转，政府公共支出存在着严重的效率漏损问题。另外，国家通过经济技术部门对涉农领域的垄断和分割的局面没有根本改变。计划体制延续下来的部门分割的产业政策，限制了农民家庭发展专业经济合作的领域，使农民的生产经营合作难以向产前、产后环节延伸，导致农业产业收益的外部化，农业比较效益低的状况长期不能改变。农民在农村合作金融、农村合作保险领域缺乏进入机制，也使农民合作经济的层次不高、功能不完善。

（6）农地产权法律制度不完善。缺乏法律保障和约束的产权制度既不可能稳定、规范，也不可能具有效率。目前中国规范农村农地关系的法律虽然很多，但法律保障不完善仍然是农地产权制度建设中的突出问题。从立法的思想看，主要是把加强政府对农地的管理和控制作为立法的出发点，还没有把保护农民的农地财产权利作为出发点和根本目的。《农村农地承包法》是在没有财产基本法的情况下制定的特别法或专门法，缺乏基础性的支撑和依托。从法律的具体规定看，不仅比较分散，而且内容上也缺乏内在的一致性，除农村农地承包法外，农地管理法、农业法、森林法、渔业法、水土保持法等法律都有农村农地权利的相关条款。现行规范农地关系的各种法律都存在着不确定性，甚至存在矛盾。这就使不同的对象对法律的理解产生较大的差异，法律解释和司法实践中均存在一定的弹性，事实上造成了多规则并存以供选择的局面。由于这些规则包含不同甚至对立的原则，实践中必然通过竞争力量被选择使用，可能会对农民自身农地财产权利产生侵蚀（郭新力，2007）。

第二节　新一轮农村土地产权制度改革实践：经验分析

自1978年党的十一届三中全会后实施的农村家庭联产承包责任制开启了中

国农村土地制度所有权与经营权"两权分离"改革起，至今农村土地产权制度的改革经历了 2006 年农业税取消、2008 年前后城乡统筹发展背景下的"确权颁证、还权赋能"改革；2014 年引导农村土地承包经营权有序流转、发展农业适度规模经营的所有权、承包权、经营权"三权分置"改革；2015 年农村土地征收、集体经营性建设用地入市和宅基地制度的"三块地"改革；2017 年中央一号文件提出农村"资源变资产、资金变股金、农民变股东"的"三变改革"，探索发展农村集体经济有效途径、增加农民财产性收入。

实践经验表明，迄今农村土地产权制度上的一系列深刻变革，赋予农民的土地承包权、经营权、处置权及其收益权等权利，对农民生产经营积极性的调动和激发、对农业农村发展的促进取得了举世瞩目的成就，不仅基本解决了中国农民的温饱和贫困问题，农村居民家庭的人均可支配收入也有显著增加，而且走上了建设中国特色的农业现代化道路，开创了建设社会主义新农村的新局面，加快了形成城乡经济社会一体化发展新格局的步伐。

然而，与新型工业化与城镇化的快速推进相比较，农业现代化进程仍显滞后。依据马克思主义产权理论，农村土地产权制度与现代农业生产的不协调是制约农村生产力改善与农业现代化进程加速的重要因素之一。为此，新时期稳步推进农村土地产权制度的改革是解决农业农村领域生产力与生产关系矛盾的核心所在。本节遵循马克思主义的产权理论，基于生产力与生产关系、经济基础与上层建筑相互作用的分析框架，着力总结我国在推进农村承包地、农村宅基地和农村集体经营性建设用地改革方面的实践经验。通过梳理和分析 2008 年至今的新一轮农村土地产权制度改革的实践经验，为进一步明确农村土地产权制度变革进程中的问题、深化农村土地产权制度改革的方向与路径提供参考支撑。

一、新一轮农村土地产权制度改革的启动

我国新一轮农村土地产权制度变革以 2007 年重庆和成都两市获批"全国城乡统筹综合配套改革试验区"为始。① 新一轮农村土地产权制度的改革，直接触及了实践中最敏感但同时也是羁绊市场机制顺畅运行、阻碍农村生产要素自由流

---

① 《国家发展改革委关于批准重庆市和成都市设立全国统筹城乡综合配套改革试验区的通知》，ht-tp：//www. ndrc. gov. cn/fzgggz/tzgg/zhdt/201005/t20100511_351863. html。该通知要求重庆与成都市从两市的实际出发，根据统筹城乡综合配套改革试验的要求，全面推进各个领域的体制改革，并在重点领域和关键环节率先突破，大胆创新，尽快形成统筹城乡发展的体制机制，促进两市城乡经济社会协调发展，也为推动全国深化改革，实现科学发展与和谐发展，发挥示范和带动作用。

动、制约农民真正成为市场经济主体的最根本的问题，其本质是要"还权、赋能、增益"。所谓"还权"是将法律法规赋予农民的土地、房屋等要素的权益以"确权颁证"的形式还给农民，恢复农民应有的自主权；"赋能"是要让农民拥有发挥自主权的能力，关键在于破除城乡二元分割的体制性障碍，创新制度环境，通过土地经营权的流转使城乡生产要素流动互通，使农村产权真正成为资本的载体；"增益"则是要通过土地等生产要素的流动实现要素资本化，从而提高农业生产力和实现农村集体、农民个体双增益。这一阶段农村土地产权制度改革，核心要旨是在农村构造市场力量赖以发挥作用的微观基础和培育市场主体。

这里，以"全国统筹城乡综合配套改革试验区"的成都农村土地产权制度改革的先行先试为例。新一轮的农村土地产权制度改革，发端于成都市委、市政府2008年一号文件《关于加强耕地保护，进一步改革完善农村土地和房屋产权制度》，最开始选择在双流、温江、都江堰、大邑4个区（市、县）进行改革试点，进而在全市推广。改革的核心内容可以循着"生产力提高→生产关系调整→上层建筑变革"的发展路径进行考察[1]，如图2-1所示。

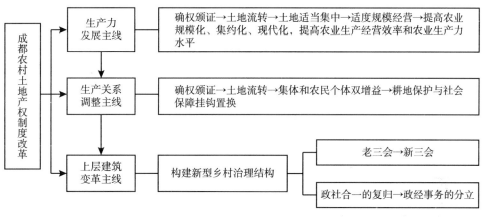

图2-1　成都农村土地产权制度改革逻辑的"三条主线"

（1）生产力发展主线："确权颁证→土地流转→土地适当集中→适度规模经营→提高农业规模化、集约化、现代化，提高农业生产经营效率和农业生产力水平"。

确权颁证是改革的基础性工作，这实际上是厘清农村产权载体家底并量化到

---

[1]　李萍、胡雯：《统筹城乡发展中的政府与市场关系：成都例证》，载于《改革》2010年第1期。

集体经济单元和到人到户的过程，也即是明晰产权的过程，涉及农民家庭经营的承包土地使用权、林地使用权、宅基地使用权、农民住宅房屋所有权、农村集体建设用地所有权等五项权能，通过宣传发动、摸底调查、公示登记并确权颁证，还权于民，使农民从过去产权虚置的不完整主体转变为真正意义上的市场主体。到2008年7月，成都市全市已有122个乡镇、501个村（社区）、6446个组（社）启动确权改革工作，涉及农户32.93万户，已完成确权颁证16.49万户。根据相关规定，持证人在不改变农村基本经营制度、不改变土地用途和依法、自愿、有偿的前提下，拥有土地的使用权、流转权、转让权和收益权，在产权期限内，可依法使用、经营、流转土地，也可作价、折股作为资本从事股份经营、合作经营或抵押担保。

在此基础上，政府搭建公共服务平台如推动建立农村土地承包流转中心、流转担保公司等，鼓励土地流转和扩大土地规模经营。由此，农村最重要的资源——土地——便可以合理合法地自由流动并可能与金融资本发生紧密联系。这为农业产业化项目提供了土地集约使用的现实可能性，土地的适度规模化经营有益于广泛吸纳社会资本进入农村，从而改变传统的以家庭为基础的农业经营模式，实现农业的规模化、集约化和现代化，并最终提高农业生产经营效率和农业生产力水平。

（2）生产关系调整主线："确权颁证→土地流转→集体和农民个体双增益→耕地保护与社会保障挂钩置换"。

确权颁证和土地经营权流转的过程，实际上又是新一轮集体化的过程。分散的农户与零散的土地流转不利于形成规范的土地流转市场，流转各方的权益也难以得到有效保护，业主与农户自行协商谈判的交易成本较为高昂。土地经营权流转各方主体对降低交易成本和交易风险的共同诉求，催生了农民股份合作社、农业股份有限公司、农民专业合作社等一批超越家庭范围又截然不同于传统村（社、组）集体模式的新型经济联合体，不仅提高了农民参与市场交易的组织化程度和谈判力，降低了土地要素流转的市场交易成本和交易风险，更重要的是改变了农村集体与农民个体之间以及农民个体之间的利益分配关系，农民由过去对集体的经济依附关系，转变为以经济利益为纽带、权责利明晰的新型合作关系，集体组织和农民个体可以根据各自股份和土地产权获取土地流转租金、入股分红，就地转移为农业产业化工人或异地务工的农民还可以获取务工薪金，从而实现了集体和农民个体的双增益。

土地流转中的耕地保护与作为流转方农民的社会保障挂钩置换，在当时成为成都农村土地产权制度改革创新的亮点之一。农户除领到象征土地和房屋产权的

"四证"外，还领到"两卡"即耕保卡和社保卡。市级和区（市、县）两级财政每年拿出 26 亿元设立耕地保护基金，耕地保护标准为基本农田每年每亩 400 元，一般耕地每年每亩 300 元，扣除 10% 的土地流转担保金和农业保险，打到耕保卡上的分别是 360 元和 270 元，耕保卡与社保卡可挂钩置换，即农民可选择将耕保补贴转到养老保险卡抵扣保险费。农民可以查询耕保卡金额，但不能领取，直至男 60 岁、女 55 岁时，经耕保协会确认承包地没有遭受破坏，方可一次性领取补贴，否则将予以扣除。这项制度一方面实现了社保在农村的全覆盖，另一方面将耕地保护责任到人（农民），并且通过土地对农民保障功能的货币化，使农民与耕地保护的关系实现了由被动向主动的转变，这在客观上既促进了土地要素的市场化，又有利于耕地这一不可再生的稀缺资源得到可持续性的保护。

（3）上层建筑变革主线："老三会→新三会"与"政社合一的复归→政经事务的分离"。

生产力的提高和生产关系的调整必然要求上层建筑做出适应性变革，这在当时成都农村土地产权制度改革的创新上集中体现于农村基层民主治理结构的进一步创新。创新的具体做法和路径在各区（市、县）不尽相同，其中最具代表性的是在确权颁证过程中嬗变而生的"新三会"，即"村民议事会、监事会、公共资源管理委员会"，这是完全独立和区别于"老三会"（村党支委、村委会、村民代表大会）的新型农村自治组织和集体经济组织。

确权颁证事关农民的切身利益，但由于农用地几轮承包"账实不符"、承包地小规模调整、集体和农户修路修房、农业人口增长、国家征用土地等诸多原因，确权标准的确定、历史遗留问题及其可能引发的纠纷又显得极其复杂。由谁来仲裁纠纷、议决争议和确定具体执行准则，既能维持公正和维护农民利益，又能平息纷争和化解矛盾，则显得尤为重要。原有的"三会"，村委会虽然在法律上是农村基层群众性自治组织，但在长期演进过程中全盘继承了原农村生产大队对集体资产的掌控权，如耕地承包和调整、宅基地审批、耕地外集体资产的发包等，村民对村委会重新具有了经济上的依附关系，村委会事实上和党的基层组织"村党支委"一起，在实质上扮演着地方党委和政府实现农村管埋的基层代理人的角色。因此，原有的乡村治理结构中，农民通过"村民代表大会—村党支委、村委会—地方政府"之间，形成了一种双重委托—代理关系，村支部委员会和村委会具有双重代理人的身份。在两种委托人博弈中，政府行政力量占主导地位，作为依附人的农民并没有太多发言权，参与程度较低，其对村委会是一种"弱委托—代理"关系，农村基层自治往往并不能真正体现民主参与和表达民意。因此，"新三会"在村民"海选"的基础上应运而生。

村民议事会是完全"草根"的村民自治机构，其负责人由村民"海选"产生，负责收集、反映村民意见和建议，议定村民小组内一般事务，讨论商议村民小组内重大事务并形成议案提交村民小组会议讨论通过和实施。这意味着村上的大事小事都须经议事会根据民意讨论通过后，才有实施的可能，"两委"（村党支委、村委会）再不能绕开民意而擅动。监事会是村民广泛参与的民主监督组织，"两委"班子成员不得进入监事会，其成员分别由村党员大会、村民代表大会和村议事会民主选举产生，负责对村党务、村务、财务等重大事项的监督和信息公开。公共资源管理委员会则是村民代表广泛参与的村集体经济管理组织，负责对村和村民小组的土地、鱼塘、林地等公共资源和集体资产进行储备和委托管理。由此，"新三会"与村民之间形成了一种新的委托—代理关系，村民成为事实上的终极委托人，"新三会"及其成员则履行村民代理人的职责，代表村民具体实施基层自治。"新三会"极大地增强了农民的自组织程度和能力，基层农村的民意表达和权益实施通过以公共选择的投票机制为基础的新型委托—代理得以真正实现，为农民作为主体的农村市场化提供了基础政治保障。

实践中，成都农村基层民主治理改革创新的探索，致力于健全和完善村支部核心领导下的议事会决策、村委会执行、监委会监督、经济和社会组织协同参与的"一核多元、共建共治"社会治理工作机制，以及重构和完善社区、社团、社工三位一体的社区发展新格局，在此基础上，进一步健全自治、法治、德治相结合的乡村治理体系，形成农村基层社会的多元合作共建共治共享，以确保农村土地产权制度深化改革中农民的各项权益尤其是财产性权益得到保障，也增进了农村社区包括农民以及其他社区成员共同的社会福祉。

就全国来看，各地的农村土地产权制度改革均是遵循了"生产力发展主线、生产关系调整主线、上层建筑变革主线"的逻辑，只是具体方式有所差异，如重庆的地票制度。后续章节将对一些地区也基于法律法规、国家相关的政策规定以及自身的农村土地等自然资源禀赋的不同，特别是农业农村商品化、市场化、现代化发展的历史基础、经验累积等实际情况，在"农村承包地、农村宅基地、农村集体经营性建设用地"领域开展的产权制度变革尝试、创新与实践经验加以总结分析。

二、农村承包地产权制度改革实践及经验分析

2007 年 10 月 1 日实施的《中华人民共和国物权法》第一次在财产权制度上确认了农村土地集体所有权基础上的土地承包经营权、建设用地使用权和宅基

使用权（即"一权"带"三权"）同样受法律的保护。[①] 农村土地使用权用益物权的法律性质得到真正确认，使农村土地产权逐步走向财产权，是一个重大的历史进步。进入 21 世纪，农村土地产权制度面临许多新挑战，如土地细碎化制约了农业规模效益；土地产权界定不清影响了农地利用效率和农业长期发展；工业化、城镇化给"三农"带来新挑战，谁来种地问题突出；"长久不变"面临两难选择，农民进行土地流转的意愿强等。这使得土地使用权制度与"用益物权"名不符实，表现为土地所有权主体虚位、用益物权人权能受限、土地使用权缺乏稳定性下长期激励作用难以发挥、土地使用权缺乏可分解性和可交易性、土地权利的资本属性受到限制等问题。[②] 制度设计的不充分与农业生产现实的冲突倒逼农村承包经营土地产权制度进一步改革。此次改革主要以"还权赋能"为基本纲领，以土地使用权物权化为方向（三权分置：坚持农村土地集体所有权、稳定承包权、放活经营权），以"确实权、颁铁证"为起点，以"土地流转"为抓手，以"新型农业经营主体"为支撑，以确保农民土地承包经营权及其土地经营权流转的处置权和相应的财产性收入为归旨，促进农业发展适度规模经营，农民分享土地增值收益。

1. 确权颁证：以"确权确地"为主，其他方式为辅。土地确权与农民利益紧密相关，是土地承包经营制度改革的基础环节。2013 年中央"一号文件"明确指出："健全农村土地承包经营权登记制度，用 5 年时间基本完成农村土地承包经营权确权登记颁证工作，妥善解决农户承包地块面积不准、四至不清等问题。"2014 年"中央一号"文件提出："抓紧抓实农村土地承包经营权确权登记颁证工作，充分依靠农民群众自主协商解决工作中遇到的矛盾和问题，可以确权确地，也可以确权确股不确地。"基于中央相关文件的精神，在各地的农村承包经营土地确权颁证过程中，主要的确权方式有四种：确权确地、确股确地、确权确股不确地、股份固化 + 确股确地（或确权确股不确地）。

（1）确权确地。此方式主要基于第二轮土地承包以来的情况，以合同证书为主要依据，对已承包到户经营，未列入集体统筹经营计划或未被集体统筹，且每一家庭的承包地块的空间位置、四至边界仍然清晰，不存在争议的，在充分尊重集体经济组织成员意愿的基础上，可采取"确权确地"到户，即以户为单位颁发土地承包经营权证书，注明每户具体承包地块面积、四至和空间位置。

这一确权方式俗称"确实权"，在全国被广泛使用，是确权颁证工作中的主

---

①② 刘灿：《构建以用益物权为内涵属性的农村土地使用权制度》，载于《经济学动态》2014 年第 11 期，第 31~40 页。

导模式。"确权确地"首先真正满足了农民的"土地私有情结",即农民对承包地的实际占有权经过确权后得以固化。"确权确地"方式下农民可凭借明确的土地承包经营权发挥社会保障功能,强化了凭借使用权的流转获取收益的权能。同时,清晰的土地产权也为"资源变资产、资金变股份、农民变股东"的"三变改革"打下了基础。

(2) 确股确地。此方式也被称为"确利确地",主要针对股份合作制水平和程度较高的农村地区,围绕股份制,按集体经济组织成员(股东)所持股份比例"确股确地"到户。具体来说,就是以股权固化的股东作为确权对象,以村、组集体经济组织为单位,具体查清本集体经济组织全部承包地块的面积和空间位置,形成统一的宗地图,按组织内部股权份额量化计算每股对应的承包土地面积,各户按照家庭内部所持股权总额确定对应的土地承包面积,以户为单位颁发承包经营权证书,证书上标注所在集体经济组织所有承包地块的"大四至",注明本户家庭共占的比例份额和承包土地的面积。比如,广东省的广州、中山、佛山、东莞等市便广泛使用了"确股确地"的确权方式。

这种制度设计的优点是明显的:一方面,确保了农地承包经营权主体的稳定,农村土地承包经营权归属于农民,农民对承包地的处置与收益权能则以股权的方式体现;另一方面,也消除了确权颁证对农村股份制可能的负面冲击,避免农村股份合作组织因确权到户而出现瓦解。但是,"确股确地"方式下也存在一些问题,比如土地承包经营权证与股权证的权益存在交叉、重新确权后的面积与股权证可能不吻合、两证是否同时持有(若同时持有出现利益纠纷时,以哪一证为依据)等,这在具体操作过程中有待解决。

(3) 确权确股不确地。村或组范围内的农民拥有的不再是亩数或面积明确、位置固定、四至清晰的承包土地,而是由承包地资源量化折算的股份数额及比例,农民凭借股份获得相应的股份分红收益。此方式下,在确保农民土地承包权主体地位的同时,通过"资源变资产、资金变股份、农民变股东"进一步实现了土地的处置权和收益权。

这一农地的确权方式虽然直观地体现了农户对承包经营土地的收益权,但却没有真正体现农民对土地的实际占有权利。实际操作过程中,极易损害农民的切身利益,出现村集体代表人或新型经营主体多占的现象,而且不易保证"农地农用",威胁农业生产经营的根本。

因此,各地使用"确权确股不确地"方式时多持审慎态度,仅仅将其作为农村土地确权颁证工作中的特殊选项,并明确规定适用范围,严格审批。例如,安徽省在《关于在农村土地承包经营权确权登记颁证中使用确权确股不确地方式的规定》中明确了此种方式的适用条件：一是人均承包地面积较少；二是地貌发生改变，原承包地块已四至不清；三是实施土地整理或连片土地流转；四是已成立土地股份合作社。在审批程序上，要充分发挥民主协商作用，尊重农民意愿，需要事先召开村民会议或村民代表会议，经 2/3 以上村民或村民代表同意，形成决议后，由村小组或行政村提出"确权确股不确地"的具体方案。

（4）股份固化＋确股确地（或确权确股不确地）。在出现农村股份合作制改革不充分，股权分配尚未全部完成，但土地却是由农村集体统一经营以及家庭承包土地的地貌变化较大且此地块的四至难以清晰分辨的情况下，大部分地区均尝试首先采用股权固化的工作，进一步参照"确股确地"或"确权确股不确地"的方式推进农村承包经营土地的确权颁证。部分省份"确权确股不确地"的相关规定见表 2 - 1。

表 2 - 1　　　　　　　　　部分省份"确权确股不确地"的规定

省份	具体规定
山东	从严掌握确权确股不确地范围，难以确地到户的城郊村、城中村、园区村，可以采取确权确股不确地方式进行确权。具体工作中主要把握三个原则：一是坚持以确权确地为主，农村土地已经承包到户的，原则上都要确权到户到地。二是充分尊重农民意愿。采用哪种方式确权、如何确权，都要充分尊重农民意愿，经民主程序讨论通过后方可施行。不能违背农民意愿，更不能用行政手段推动确权确股不确地，或强迫不愿确股的农民确股。三是坚持依法按程序进行。严格执行《物权法》《农村土地承包法》和农业部技术标准的规定，按照成立实施小组、制定实施方案、方案公示表决、实施方案审核、土地权属调查、土地折股量化、公示确认、审核登记、颁发证书等程序进行规范操作
江西	对工业园区、城镇规划区内的农村土地，对已经流转或即将流转及适合高标准农田建设的土地，可采取确权确股不确地；采用确权确股不确地可以积极探索组建土地股份合作社。确权确股不确地需满足以下条件：一是必须农户同意；二是必须在家庭承包经营权证上标注农户土地面积；三是必须标注土地所属范围内的地块编号；四是必须标注农户土地所占的比例；五是必须事先考虑土地流转结束后，重新分配土地不受影响、不留后遗症
广西	慎重处理确地与确股的关系，以确地为主。有针对性地解决土地整理、示范园（区）、基地建设与确权登记的关系
河南	在集体经济较为发达地区、城市近郊区，已经实行土地股份合作、一直坚持集体经营的村组，或者纳入城市发展规划、土地很少且地界早已打乱的村组，在充分尊重农民意愿的前提下，优先选择几个村组开展前期试点，待经验成熟后，根据试点经验，在严格限制使用范围、明确条件、规范程序的条件下，制定确权确股不确地的指导意见
江苏	坚持确地为主原则，土地承包经营权原则上都要确权到户到地。个别经济比较发达、人均耕地少、地形地貌变化大、界址无法明确的地方，经多数农民同意，并报县乡审核、省市备案，可以确权确股不确地

省份	具体规定
湖北	坚持以确权确地为主。对农村土地已经承包到户的，原则上都要确权确地到户。对于已经实行土地股份合作，或者土地很少且地界早已打乱的村组，经承包方、发包方共同协商，可以确权确股不确地，具体办法由各地在充分征求农民意见的基础上实行民主决策
北京	此前已经依法纳入农户家庭土地承包经营权确权范围的土地，包括确权确地、确权确股和确权确利的土地均要根据不同情况和特点，采取不同方式进行登记颁证，保持政策的连续性和稳定性。对确权确地的土地，要把农户的承包地块、土地面积、承包合同和权属证书全部落实到户。对确权确股（利）的土地，要把农户享有的土地面积份额、确权确股（利）合同和权属证书落实到户，其中，已经将土地承包经营权纳入集体经济产权制度改革的，要以本集体产权制度改革方案为基础，把确权地块、面积查清查实，并依据集体经济组织股权证书将收益落实到位
贵州	个别因地处近郊区已经实行土地股份合作或者纳入城市发展规划、土地很少且地界早已打乱的村组，确有确权确股不确地需要的，县级人民政府要严格控制，并经市（州）农业主管部门同意，报省农委备案
湖南	从严把控确权确股，整组确股的报市级政府审批，整村（居）确股的报省确权登记颁证联席会议审批，整乡镇确股的报省级政府批准，不允许整县市区确权确股
河北	凡土地已经以家庭承包方式承包到户的，原则上都要确地到户。不宜确地到户的，经本集体经济组织村民会议2/3以上成员同意，乡（镇）政府和县（市、区）土地承包管理部门审核，报县（市、区）政府批准，可以探索确权确股不确地。确权确股只登记农户承包地面积，不确定地块位置，农户凭借确权到户的土地承包面积（股份）分享土地收益
陕西	总体要求确权确地到户，确权确股不确地仅限于人均耕地较少、不便分配到户的村民小组，并经农户总数2/3以上同意，同时制定股份制章程和财务管理办法。连片规模流转和经过改造整理的土地，也应当确权到地到户
吉林	从严掌握确权确股不确地的范围，对农村土地已经承包到户的，都要确权到户到地。确实存在困难不能确地到户的，可以考虑采取确权不确地、收益按股分红，切实保障农民土地承包权益。开展确权确股不确地的村组，要以当地政府文件上报省农村土地确权工作领导小组，说明缘由，经同意后方可开展
宁夏	原则上都要确权到户到地。若有确权确股不确地情况，必须先按程序报自治区农村土地承包经营权确权登记工作领导小组研究批复

资料来源：高强：《农地确权的两种模式分析》，引自《农地确权中的实践难点与应对》，2016年，第73～85页。

2. 土地流转行为：坚持农民自愿，政府引导协调。土地流转是指农村承包经营土地确权颁证后，经营权或使用权的转让。农民凭借农村土地承包经营权证实际占有该地块，并可自行决定是否通过将经营权让渡给他人实现收益权。这一过程由农民个人决定，由农户与农户或农户与其他新型农业经营主体自行协商决定，政府不得干涉。2014 年 11 月，中共中央办公厅、国务院办公厅印发的《关于引导农村土地经营权有序流转发展农业适度规模经营的意见》① 明确规定："土地经营权的流转要坚持依法、自愿、有偿，不得违背农户意愿。"2016 年 10 月，中共中央办公厅、国务院办公厅下发《关于完善农村土地所有权承包权经营权分置办法的意见》② 再一次强调了这一原则。

表面看，农村承包经营土地的流转仅是农户与其他微观主体流转双方之间的经济行为，但对政策的解读、流转条件、合同条款、租金量化等方面农户难以清晰，同时农户难以承担土地流转交易过程中产生的成本，由于农户处于弱势地位而导致自身利益受损。虽然中共中央的相关文件不允许政府在土地流转过程中"搞行政命令和一刀切"，但这并不意味着政府不作为。实际上，这些规定只是对政府的作用边界进行了严格的界定。尽管政府不干涉农民的土地流转行为，但依然要承担扶持引导、规范协调的角色。具体来说，政府的主要职能是解决农村承包经营土地流转中存在的问题，制定流转程序，就合同形式、流转期限、租金确定等方面探讨制定规范、完善机制，保护流转双方的利益。③

3. 土地流转方式：多元化特征突出，以转包、出租为主。随着农民市场意识的不断增强，农民承包上地的使用权流转日趋频繁，农村承包经营土地流转日益呈现出"流转进程加快、流转方式多元化"的特征。目前，在农村承包经营土地流转过程中存在的土地流转方式主要有 6 种，分别是土地转包、土地转让、土地出租、土地入股、土地互换和土地托管。

土地转包是承包方将自己承包期内承包的部分或全部土地承包经营权以一定期限转给同一集体经济组织的其他农户从事农业生产经营；土地转让是承包方将其拥有的未到期的土地承包经营权以一定的方式和条件转移给他人的行为；土地出租是承包方作为出租方，将自己承包期内部分或全部土地承包经营权以一定期限租赁给他人从事农业生产经营，并收取租金的行为；土地入股是在承包期内，承包方将土地承包经营权量化为股份，以股份入股形式与他人共同生产，按股分红；土地互换是土地承包经营权人将自己的土地承包经营权交换给他人行使，自

---

① 《关于引导农村土地经营权有序流转发展农业适度规模经营的意见》，http://www.gov.cn/xin-wen/2014-11/20/content_2781544.htm。

② 《关于完善农村土地所有权承包权经营权分置办法的意见》，http://www.gov.cn/zhengce/2016-10/30/content_5126200.htm。

③ 贾琳、夏英：《我国种粮农户耕地流转的基本特征及政策启示》，载于《中国农业资源与区划》2017 年第 4 期，第 35~40 页。

已行使从他人处换来的土地承包经营权；土地托管是承包方将承包地委托农业服务组织或农户代为经营管理，托管双方签订协议，委托方向受托方支付一定的费用。①

农村承包经营土地流转以土地转包和土地出租为主。依据农业部农村经济体制与经营管理司的相关调查数据，2014 年底农村承包经营土地流转方式中，土地转包的承包地占 46.6%，土地出租的承包地占 33.1%，土地互换的承包地占 5.8%，土地入股的承包地占 6.7%，土地托管的占 4.8%，土地转让的占 3.0%（见图 2 – 2）。②

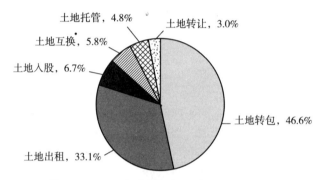

图 2 – 2　2014 年农村承包经营土地流转方式

可见，随着农村土地流转的深化，农地流转形式呈现出明显的多样化趋势特征：既存在农户间的自发式流转，也存在集体经济促动式的流转，从以往转让和互换为主转变为出租、转让、转包、互换以及入股等多种多样的流转形式。

4. 土地流转用途："非农化""去粮化"特征突出。"农地农用"是稳定农业生产、确保粮食安全的基本准则。尽管国家明文反复强调这一铁律，但在具体实践过程中，农村承包经营的土地流转出去以后，其用途却脱离了所有者主体与承包主体的掌控，流转的土地却难以保证用于农业尤其是粮食生产，土地流转用途的"非农化"和"去粮化"特征极为突出。农业部农村经济体制与经营管理司的相关数据显示，2010～2015 年，农村承包经营土地流转总面积中粮食生产经营的面积所占的比重年均不足 60%，其中 2015 年粮食生产经营的面积比重为

---

① 孔德明：《新时期加大农村土地流转力度的思考》，载于《中国农业资源与区划》2017 年第 7 期，第 73～77 页。

② 农业部农村经济体制与经营管理司：《2014 年农村经营管理情况统计》，载于《农村经营管理》2015 年第 6 期，第 39～40 页。

56.7%，比 2010 年仅高出大约 2 个百分点。

本书课题组调查发现，农村承包经营土地呈现"非农化"和"去粮化"特征主要有两方面的原因：

一方面，农民专业合作社、种粮大户、农业企业等新型经营主体受市场经济环境下形成的经济理性影响，一些主体在选择流转用途时会出现"经济效益导向"，在土地流转后使用时会选择经济效益更高的用途（发展旅游业或种植经济作物），这就直接导致了流转用途上的"非农化"和"去粮化"倾向。比如，四川的什邡市马祖镇马祖村通过土地流转打造了 300 亩的采摘园和 200 亩生态农业示范园，主要是为了发展农业生态旅游业和文化旅游业，以此农耕农作的形式吸引游客前来观光旅游。后期更是引进了一家大型乡村酒店，流转了两个组的土地，流转土地的农民为酒店提供配套服务。内江市威远县大力推行农业 BOT 机制，即农业的建设—经营—转让，政府对企业进行三年阶梯补贴，然后企业再将农作物无偿转让给农户。威远县引进的金四方果业有限公司成片流转了 10200 亩土地种植无花果，用以进行深加工，制成附加值较高的无花果产品。攀枝花市盐边县国胜乡传统上种植粮食作物，但是由于种粮的经济收益低，村内劳动力选择外出务工，农业劳动力大大减少，针对这种情况，国胜乡结合本地气候地形特征，引进了河南的蔬菜种植大户通过土地流转来推广播种反季蔬菜。

另一方面，这是流转意愿异化导致。所谓流转异化，是指农村承包经营土地流转过程中地方政府和集体经济组织的流转积极性大于普通农户的流转意愿。土地流转的根本目的是土地规模集中后生产能力和生产质量的提高，农民通过流转土地规模经营提高土地收益。土地流转的真正受益群体应该是农民，按照常理，土地流转中谁受益谁的流转热情就高，但是在农村土地流转过程中政府和集体经济组织（主要是村委组织成立的专业合作社）表现出了强于普通农户的流转意愿。土地流转意愿异化的可能诱因是：土地流转后土地收益增值和农民增收，是地方政府官员重要的政绩体现，地方政府能否完成中央政府的农业发展战略任务指标对地方政府官员的升迁考核会产生不小影响，有些地方政府官员的"帽子"直接与农业发展或者粮食生产挂钩，而且流转的土地可经过"增减挂钩"等方式开展非农生产进一步拉动 GDP；此外，一些村集体经济组织是村基层干部领办，村基层干部同时作为村集体经济组织的领导者，土地流转后的收益增值同其自身利益密切相关。本书课题组对重庆农地流转的调查发现，江津区自 2000 年以来在政府政策的引导下土地流转的组织化和规模化明显增强，土地流转面积逐年递增，截止到 2009 年江津区的耕地流转面积达到 26.86 万亩。其中工商企业为主要流转主体的土地租赁面积为 20.26 万亩。江津区区委、区政府对土地流转工作非常重视，通过出台 500 亩规模以上土地流转 5 年内每亩地综合补贴 1000 元等政策，大大刺激了工商企业参与农业产业发展的热情。① 重庆海龙村的村内经济发展同样是依靠村集体经济组织，通过村两委对村内土地整治后的招商引资，海龙村的村内三产发生了很大变化，2001 年海龙村的入驻企业数为零，到 2009 年入驻的企业为 153 家，大多是工业企业，村内的产业结构从 90.4∶9.3∶0.3 变为 1.0∶91.6∶7.4。

5. 土地流转规模：流转意向日趋增强，流转面积不断增长。伴随着农村承包经营土地流转的加快，农民的市场意识逐渐增强，在市场化潜在收益的推动下，承包主体的流转热情有所提升，农户的流转意向日趋增强，农村承包经营土地的流转面积也呈现出快速提高的趋势。

近年来，农村承包经营土地的农户流转意向明显增强，这可由参与流转承包地的农户数量逐年上涨的态势看出。来自农业部农村经济体制与经营管理司的相关数据表明，2015 年流转承包地的农户数量为 6329.5 万户，比 2010 年高 3008.6 万户（见图 2-3），每年约提高 15.1 个百分点。其中，2015 年流转耕地农户数在承包地农户总量中的比重为 27.5%，比 2010 年高出 13%，年均提高 2.2 个百分点。

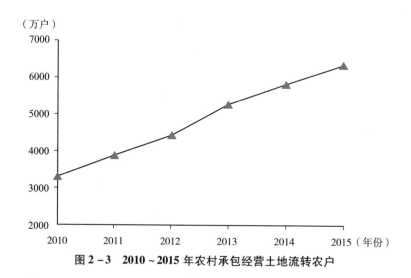

图 2-3　2010～2015 年农村承包经营土地流转农户

---

① 毛飞、孔祥智：《农村土地流转的政府支持和模式创新》，载于《西南大学学报（社会科学版）》2011 年第 6 期，第 126～131 页。

受农户流转承包地意向趋强的直接影响，农村承包经营土地的流转规模也呈现快速增长的良好势头。如表2-2所示，2015年全国农村承包经营土地的流转面积达2978.89万公顷，约是2010年农村承包经营土地流转面积的2.4倍。从流转面积占农村承包经营土地总面积的比重看，2015年的比重为33.29%，较2010年高18.64个百分点。其中，海南的农村承包经营土地的流转面积及其比重均最少。此外，农村承包经营土地的省际差异化态势明显，发达省份承包地流转的比重显著高于其他省份。2015年，上海农村承包经营土地的流转比例最高，达72.2%，江苏、北京和浙江的承包地流转比重也超过了50%。

表2-2　　　　　　　2010~2015年农村承包经营土地流转规模

地区	流转面积（万公顷）		流转比例（%）		流转比例平均增长率（%）
	2010 年	2015 年	2010 年	2015 年	
全国	1244.55	2978.89	14.65	33.29	14.66
黑龙江	212.98	459.82	25.77	53.49	12.94
河南	87.58	259.82	13.65	39.82	19.53
内蒙古	78.75	212.47	13.64	32.55	15.6
江苏	115.09	206.32	34.26	60.23	9.86
安徽	60.86	199.61	14.58	47.09	21.60
山东	47.21	164.78	7.77	26.33	22.56
河北	44.24	154.95	7.96	27.52	22.97
湖南	65.9	124.10	21.38	37.2	9.67
湖北	32.84	110.90	10.84	36.89	22.64
吉林	39.49	109.79	9.90	25.90	17.38
四川	65.06	107.99*	16.90	27.74	8.61
辽宁	20.02	107.37	6.00	31.69	31.97
重庆	47.8	96.90	36.36	41.43	2.20
甘肃	13.25	74.87	4.15	23.28	33.30
江西	26.31	71.40	12.38	29.48	15.56
贵州	18.52	58.47	11.20	28.21	16.64
广东	44.01	55.61	23.49	28.72	3.41
山西	25.67	52.66	8.44	16.22	11.50
云南	25.59	49.97	9.13	17.90	11.87

地区	流转面积（万公顷）		流转比例（%）		流转比例平均增长率（%）
	2010 年	2015 年	2010 年	2015 年	
广西	20.79	44.58	9.20	18.61	12.46
新疆	21.27	37.81	10.53	18.04	9.39
福建	17.58	29.96	16.88	30.00	10.06
宁夏	7.30	18.85	9.73	25.45	17.38
北京	14.33	16.33	45.65	55.81	3.41
天津	4.63	10.63	14.58	33.33	14.77
青海	5.50	10.25	11.43	21.13	10.78
上海	9.22	8.65	60.87	72.22	2.89
海南	0.95	1.83	1.82	5.17	19.01

资料来源：刘丹、巩前文：《农地流转中"去粮化"行为对国家粮食安全的影响及治理对策》，载《农业现代化研究》2017 年第 4 期，第 673～680 页。

6. 土地流转主体：新型农业经营主体比重逐渐提升。土地流转的要旨在于通过地权市场化的手段来实现土地与劳动力、资金、技术等生产要素的优化配置，从而使劳动力、技术、资金等要素真正得到最佳组合。在农村土地承包经营土地流转过程中，农户与农业龙头企业、农业大户、家庭农场、股份合作经济组织等新型农业经营主体的参与使得农地流转主体多元化趋势特征日趋明显。根据市场竞争的原则，主要由市场调节的土地流转必然使土地资源流向能够更有效使用土地、最能使土地利润最大化以及最有能力进行规模经营和产业化经营的个人或企业手中。当前真正有能力进行规模经营和产业化经营的大部分是一些涉农企业和个体经营大户，因此，土地流转的加速必将引起农业公司的崛起，种田大户的增多，种养、加工和"农户＋公司"的一体化经营发展，以及房地产开发商和第二、第三产业投资商的进入等。这些经营新型公司农业的企业家、种田大户、房地产开发商和投资商往往资本雄厚、渗透力强，能积极推动农业产业化经营，以获得规模经营效益。

已有数据显示，我国农村承包经营土地流向农业专业合作社和龙头企业等新型农业经营主体的比重稳步增长。如图 2－4 所示，2010～2015 年，农村承包经营土地流向农户手中的比例明显下降。2015 年流转至农户耕地面积在耕地总流转面积中的比重为 58.6%，比 2010 年低 10.6 个百分点。同期，流向农业专业合作社和龙头企业等新型农业经营主体的耕地有所提升。流转入农业专业合作社耕地面积由 0.015 亿公顷增加到 0.065 亿公顷，所占比重由 11.9% 上升到 21.8%，年均增长 34.1%；流转入农业龙头企业耕地面积由 0.010 亿公顷增加到 0.028 亿公顷，占比由 8.1% 上升到 9.5%，年均增长 22.9%。

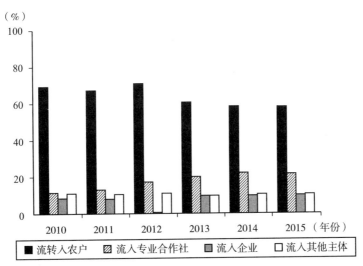

图 2-4　2010~2015 年农村承包经营土地流转主体

在四川和重庆的一些地区，通过选取代表性的抽样数据观察土地向大户、集体经济组织或者工商企业的流动。以重庆市黔江区为例，整个区的农用地面积是 449685.2 亩，流转面积为 48565 亩，占承包地的 10.8%。流转的农用地中，流转形式主要分为转包、转让、租赁、互换四种形式。以转包方式流转的面积为 28571 亩，占流转面积的 59%；以转让形式流转的面积 1743 亩，占流转面积的 3%；以互换形式流转的面积 966 亩，占流转面积的 2%；以租赁形式流转的面积 16950 亩，占流转面积的 35%；其他方式的流转面积为 335 亩，占 1%（见图 2-5）。根据上述数据，转包方式流转占比最高，其次是租赁形式，而转包和租赁土地的流转主体分别为种植大户与工商企业。

又如四川省攀枝花市盐边县全县土地承包权流转面积 8413 亩，其中转包 4157 亩，转让 2336 亩，互换 134 亩，出租 1786 亩（见图 2-6）。由于盐边县地处山区，所以土地流转主要采取大户和集体经济组织集中转包流转的形式，转包流转的面积约占流转总面积的 49.4%；外地工商企业由于土地区位较为偏僻，流转土地面积相较平原地区要少，但是也占到总面积的 21.2%。

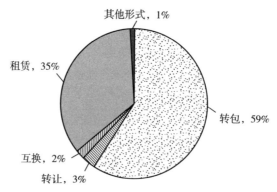

图 2-5　重庆黔江区农用地各种方式流转面积占比

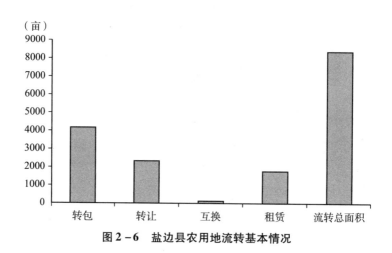

图 2-6　盐边县农用地流转基本情况

　　7. 土地流转模式：形式多样。我国幅员辽阔，各区域差别较大，即农村土地等自然资源禀赋不同，特别是各地农业农村商品化、市场化、现代化发展的历史基础、现实累积等社会经济资源禀赋存在差异，经济发展水平也不同，在新一轮农村土地产权制度改革进程中，各地在确权颁证的基础上，为进一步推进土地流转，实现农村土地资源向资产的转变，提升农民的财产性收入，因地因事制宜，逐步探索出多样的农村承包经营土地流转模式。代表性的有上海的"家庭农场模式"、江苏的"两主多支撑的合作社模式"、山东的"股份（农户）+合作社 +企业模式"和四川的"多元化发展模式"。

　　（1）上海的"家庭农场模式"。伴随新型工业化与新型城镇化的推进，上海现代化水平逐年提升，但是农业现代化进程却显滞后，突出表现为农业生产用地少且零星分布、农业生产经营方式落后、本地农产品供给不足、本地农民收入非农化等。为缓解农产品供给压力，改变落后的农业生产面貌，形成集约、规模、高效、专业的都市现代农业，自 2007 年起，上海市政府围绕农村土地产权改革的三个方面（农村集体建设用地使用权流转、农村土地承包权流转和土地承包权期限），在"松江区、金山区和奉贤区"等地开展试点工作，核心是解决农业生产经营方式问题，基本途径是发展农业适度规模经营，形成以"家庭农场"为主轴、以"家庭农场＋"为基础、向农民合作社和农业龙头企业等多种组织形式延伸的发展模式，并逐步扩大试点范围。目前，上海在种植业领域主要采用"家庭农场模式"，在果蔬领域则主推"农民合作社模式"，并进一步尝试"家庭农场＋农民合作社"和"家庭农场＋农业龙头企业"的发展模式，以加快新型农业经营主体及方式的融合。之后，上海着力推进"三块地（农村承包地、农村集体建设用地、农民宅基地）"的改革，家庭农场迅速涌现。2015 年，上海市粮食生产家庭农场已达到 2787 个，成绩斐然。"家庭农场模式"在上海农业领域的实践是传统农业向现代农业演化发展的典型案例。

（2）江苏的"两主多支撑的合作社模式"。作为全国农村改革试验联系点的江苏，为推进农业现代化建设再上新台阶，以首批农村改革试验区之一的苏州为试点，在全省范围内大力开展农村土地产权的改革工作。新一轮农村土地产权制度变革期间，江苏基丁其乡镇企业发展、城乡联动发展、农民组织化发展的历史"基因"和长期积累，各地以多种类型的农村合作组织为载体，推进农村土地流转，大力发展规模化、专业化、机械化、高效化的现代农业，率先探索出充分借鉴非农产业组织形式的"两主多支撑的合作社模式"，即以"农村土地股份合作社和社区股份合作社"两种主要形式改变传统的农业经营方式，以"多种形式的传统互助经济组织"支撑农业转型发展。鼓励农民以自身拥有的"农村土地承包经营权"入股，组成合作社，由合作社将土地做了折价入股后参与各类股份制企业的经营，变分散的土地资源为联合的投资股本，并依据具体情况采取"按利分红、收益不保底的普通股分配形式""收益保底的优先股分配形式"或"收益保底＋红利分配的混合股分配形式"。同时，将产权不清晰的农村集体资产借助股权划分的办法，将资产量化给集体经济组织成员，确保"户户有资本、家家成股东、年年有分红"。此外，以家庭联产承包经营制度为基础，依据当地农业生产条件，鼓励农户自愿联合、民主管理，组建诸如茶叶专业合作社、大闸蟹专业合作社、杨梅专业合作社等互助经济组，支撑现代农业发展。

（3）山东的"股份（农户）＋合作社＋企业模式"。山东是新一轮农村土地产权制度改革的首批试点省份，在农村土地承包经营权流转领域进行了积极的探索。目前，山东已基本完成承包地的确权颁证工作。数据显示，2015 年山东确权承包耕地面积约占家庭承包耕地面积的 98.1%，达到 8815.6 万亩；土地流转面积占家庭承包经营面积的 27.3%；规模化经营覆盖率达到 40%。随着农村土地确权颁证工作的落实，山东为加快农村生产要素流动，推动土地适度规模化及现代化经营，多方面保障农民利益，提高农民收入水平，借助现代化的经营方式，逐步形成了基本生产环节交由农民、销售等经营管理交由企业的"股份（农户）＋合作社＋企业"的农地流转模式。一是"股份＋合作社＋企业"流转模式。该模式下农户以土地经营权作为股份共同组建合作社，合作社对土地集中统一管理以便于挂靠龙头企业进行生产经营，与企业签订订单协议，社员由公司进行专业培训，合作社按照土地保底和按照效益分红。二是"农户＋合作社＋企业"模式。此模式借助合作社，采取"土地保底租金＋保护价收购农产品＋利润返还"的方式，大力发展标准化基地（主要针对附加值高的经济作物），对加入合作社的农户，公司先给予农民保底租金，产品每千克按照高于市场价的价格全部收购，同时还将一定比例的企业利润让利于社员。

（4）四川的"多元化发展模式"。自 2008 年成都率先推进农村土地承包经营权流转工作以来，四川全省已基本完成农村土地的确权颁证工作，据省农经总站统计，2016 年全省家庭流转耕地总面积达到 1970.3 亩，同比增长 21.6 个百分点，占全部耕地面积的比重为 33.8%。其中，30 亩以上流转面积 1198.2 万亩，占全省耕地面积的 20.6%。四川以丘陵和山区为主，大规模土地流转受限。各地根据自身情况，坚持稳定承包权、放活经营权的原则，采取"转包、出租、互换、入股以及托管"等方式推进农地承包经营权流转，形成了以"家庭农场、土地股份合作经营、土地银行和两股一改"形式为代表的多元化土地流转模式。一是家庭农场模式。部分农户自愿以出租和转包的方式将农地承包经营权流转给种植大户和经营能手，形成"家庭农场＋加工营销企业"的经营模式，农户从而获取租金收入甚至工资性收入。二是土地股份合作经营模式。表现为"土地股份合作社＋农业职业经理人＋新型农业综合服务"的崇州"农业共营体"现代生产经营模式。由村集体统一组织或龙头企业牵头出资，农民自愿以土地承包经营权量化或折价入股，成立土地股份制公司或者农业股份制公司，设立股东代表大会，由股东选举产生董事会、监事会，内部推举或外部聘请项目负责人或职业经理人，优先吸纳入股农户务工，统一组织生产经营。三是土地银行模式。按照自愿有偿的原则，农户土地采取"预存"方式"存入"合作社（"土地银行"），在集中"贷出"（流转）以前，仍由农户自行种植；由合作社（"土地银行"）物色有实力的龙头企业或经营大户，将"预存"土地通过"放贷"方式集中流转出去，合作社（"土地银行"）通过集中"存贷"获得利润，按"存入"土地面积计算"股份",不定期对社员（股东）进行二次分红。四是"两股一改"土地流转的温江模式。在对农村产权确权颁证的基础上，将集体所有建设用地包括宅基地以及集体经营性净资产、土地承包经营权折股量化到人，股权长久固化，不设集体股，组建股份经济合作社，统一经营管理集体经营性净资产。农户全部进入集中居住区居住；将农用地集中起来，统一规划建设现代农业园区，配套完善路网水渠等基础设施；吸引业主进入园区，采取租赁方式流转土地，按照园区确定的主导产业，开展土地适度规模经营。

8. 土地流转管理：政府管理服务日臻完善。在农村承包经营土地流转过程中，政府行政权力的边界是清晰划定的，政府不依靠行政命令强行推动土地确权颁证以及农地经营权的流转，但有必要提供扶持引导、规范流转秩序、法律法规制定、完善相关机制、流转平台建设、流转咨询等管理服务，以确保农村承包经营土地流转双方的利益尽可能达到最大化，尤其是要保证农户在承包地流转过程中能够切实实现依托实际占有农地的收益权，在"三变改革"过程中实现财产性收入的最大化。

从宏观的政策文件来看，国家对政府在农村承包经营土地流转工作中的作用有明确的指导性说明。比如，在《关于引导农村土地经营权有序流转发展农业适度规模经营的意见》① 中就明确了政府要"健全土地承包经营权登记制度、严格规范土地流转行为、加强土地流转管理和服务"。《关于完善农村土地所有权承包权经营权分置办法的意见》② 进一步强调要"建立健全土地流转规范管理制度、构建新型经营主体政策扶持体系、完善三权分置法律法规"。

从具体的实践看，各地方政府依据省情、市情以及经济发展阶段，围绕农村承包经营土地流转积极提供多样的服务，土地流转的管理服务水平不断改善。

第一，为确保农地农用，降低流转农地的非农化可能，地方政府设立了严格的准入条件，并加强事后监督管理。比如，上海发展家庭农场过程中执行了严格的经营权承包主体认定条件，在经营主体选择上，以本村户籍、信誉良好的专业农民和种田能手为主，年龄在25~60周岁（女性的上限是55周岁），且在自愿提出申请的基础上实行民主选拔，采取至少2名家庭成员共同经营为主的家庭生产模式。经营面积方面，根据农业生产力和农村经济发展状况，不考虑季节性聘用短工时，为确保家庭成员能够独立完成经营，且杜绝承包大户向小户分包现

---

① 《关于引导农村土地经营权有序流转发展农业适度规模经营的意见》，http://www.gov.cn/xin-wen/2014-11/20/content_2781544.htm。

② 《关于完善农村土地所有权承包权经营权分置办法的意见》，http://www.gov.cn/zhengce/2016-10/30/content_5126200.htm。

象，规定单户家庭农场面积为 80~150 亩，种植何种粮食作物或经济作物也由政府给出具体要求。技能条件上，要求取得农机驾驶证、农业产业化经营资格的专业农民培训证书或同时取得水稻、二麦、油菜或绿肥四门单科结业证书。经营能力方面，要求经营主体具备一定的农业生产经验，熟练掌握农业种植技术与农机驾驶技术，有一定的风险承受能力和支付承包费用的能力。再如，四川着力完善管理制度，确保农村土地承包经营权流转稳定。建立严格的登记监管制度，通过专项调查摸清农地流转情况，流转 30 亩以上的由乡政府登记备案，并逐层上报；围绕流转主体资格、流转用途等，建立分级审查制度，流转亩数在 30~100 亩的由乡政府审查，100~500 亩的由县农业主管部门审查，大于 500 亩的，则需经县农业主管部门审查后，报县政府审核。

第二，重视平台建设，及时提供流转信息及相关服务。比如，四川省为加快促进农村土地要素有序流动，于 2010 年成立了成都市农村产权交易所有限责任公司。这是全国首个综合性的农村产权交易市场，它的成立搭建了"市、县（区）、乡"三级农村产权流转信息发布与交易平台，完善了交易制度及规则，实现了"六个统一"的标准化模式，即统一交易规则、统一交易鉴证、统一服务标准、统一交易监管、统一信息平台、统一诚信建设。同时，加紧覆盖省、市、县的土地承包经营权管理系统建设，由最初的标的交易等信息逐步增加信息量，诸如农地质量、基础设施状况、产业布局等信息，实现了农地承包经营权流转相关信息的动态化、信息化与共享化。

山东省构建覆盖"省、市、县、镇"的农村综合产权流转交易市场体系，制定统一的交易规则、发布农地流转的供求信息、提供免费的政策咨询服务以及标准化的流转合同等，在促进农地高效流转的同时，也能做到实时监测各环节是否公平。比如，滕州市西港镇开办全国第一家农村土地经营权流转市场，依托镇经管站，建立土地流转交易大厅，配备了大屏幕电子显示屏幕，大型电子显示屏上滚动显示各村土地流转信息，包括土地位置、使用权人、土地面积、交易价格和出让或使用年限，使供求信息得到很好的提供，便于土地流转交易的顺利进行。

再如，江苏以农村土地产权交易市场为载体，推动农村承包土地经营权、集体资产入市交易，对这些资产的保值、增值有显著的促进作用。江苏省委农工办资料显示，2016 年近 70% 的县建立了农村土地产权交易市场，南京、宿迁、扬州等 8 市实现市域全覆盖，通过平台交易的农地经营权、水面经营权和农村集体经营性资产的溢价率均大于平台交易项目 5% 的平均溢价率，分别高出约 3 个、10 个和 5 个百分点。此外，充分借助农村普惠金融发展机遇，在全省范围内推广农村承包土地经营全质押贷款，缓解流转大户或种粮大户的经营资金困难。

第三，不断加大扶持农户与新型经营主体的力度。比如，上海市政府对家庭农场经营采取优惠的财政政策，补贴水平高。上海松江区为推动家庭农场发展，向种植水稻的农场每亩提供200元的流转费用补贴，对家庭农场购买的农机补贴最高可占到农机售价的70%，另外还有油费补贴、有机肥使用补贴、贷款贴息、保险补贴、农资补贴、水稻种植补贴等，加总起来每亩水稻现金补贴近500元，财政补贴占家庭农场收入的3/5。再如，山东也特别重视政策的扶持作用，优化资金扶持政策，由财政补贴向扩大授信、降低门槛、社会资金等市场化的金融手段延伸；全力搭建覆盖"省、市、县"的三级农资担保体系；落实中等职业教育免费和国家助学金政策，对专业大户、合作社领办人、农业企业经营管理人员等开展农业技能培训；制定新型职业农民管理办法等。

三、农村宅基地产权制度改革实践及经验分析

宅基地是农村土地的重要组成部分，与乡镇（村）企业建设用地、乡镇（村）公益性建设用地一并构成农村集体建设用地。城镇化与工业化带来大量的非农就业机会和丰厚的非农收入，吸引大量农村人口进城甚至落户居住，农业生产经营受到冲击的同时，在农村也出现了农村土地的大量空置浪费的现象，这与农村宅基地总量上升的事实极不协调。在农村大量宅基地闲置或低效利用与新批宅基地挤占农田威胁农业生产安全的双重倒逼下，变革农村宅基地的产权制度成为国家确保耕地红线、促进农村宅基地集约高效利用，为城镇化与工业化提供建设用地支撑的可行之举。宅基地是农村集体所有资产的重要构成部分，宅基地产权制度变革相较于承包地来说相对滞后，如何加快实现宅基地及农民住宅资源真正的资产化，完善其处分权和收益权权能，是宅基地产权制度改革的重点。本小节主要从农村宅基地的确权、进入与退出机制、权能完善及其保障功能四个方面分析新一轮宅基地产权制度变革。

1. 宅基地的确权：以成员权为基础，综合考虑实际情况及历史因素。按照周其仁等（2010）[①]、刘灿（2014）[②] 等的经验调查和理论分析来看，确权是农村土地产权制度变革的基础，关键是确权之后的赋能。明晰农村宅基地的所用权与使用权便成为推动农村宅基地产权制度改革，尤其是宅基地流转的首要工作。宅

---

① 周其仁等：《还权赋能——成都土地制度改革探索的调查研究》，载于《国际经济评论》2010年第2期，第54~92页。
② 刘灿：《构建以用益物权为内涵属性的农村土地使用权制度》，载于《经济学动态》2014年第11期，第31~40页。

基地不同于其他的农村集体土地，在具体确权工作过程中，应充分考虑宅基地的多种特征，诸如无偿的福利分配①、无使用期限约束、面积法定与按户申请②、自用保障③、权能受限④等。宅基地权属的确认是资源量化为资产的基础。实践中，虽然不同地区宅基地确权的实际做法有差异，但具有共性，即农村宅基地的确权"以成员权为基础，综合考虑实际使用情况以及历史因素"。

（1）宅基地的确权以成员权为基础。从宅基地的分配使用来看，农村宅基地无偿分配给村组集体内的农户，每户居民根据各地确定的分配额度标准依法申请，经批准后自建住宅及相关设施，且这一无偿使用权没有期限，可继承。因而，基层工作人员在宅基地确权过程中，以宅基地使用权的成员或身份属性为基础，将颁证主体严格限制在农民集体内部。这与既有法律规定等政策设计是相容的，比如《土地管理法》规定，"农民集体所有的土地的使用权不得出让、转让或出租用于非农业建设"；《关于严格执行有关农村集体建设用地法律和政策的通知》规定，"农村住宅用地只能分配给本村村民，城镇居民不得到农村购买宅基地、农民住宅或小产权房"。

成都在充分利用"占补平衡"与"增减挂钩"政策，实际推进蛟龙工业港、三道堰的小城镇建设、灾后重建以及锦江区在全国首次招、拍、挂集体建设用地等项目过程中，均涉及了农村的"拆院并院"，宅基地确权均体现了农民集体成员身份属性⑤。天津在农村宅基地确权颁证过程中，也通过相关文件规定："村委会应结合权籍调查成果，查明土地、房屋历史使用情况和现状，出具证明，对土地及房屋的权利人、面积、范围、取得时间等进行确认并在村委会公告栏发布公告 30 天；公示无异议的经乡镇人民政府审核、加盖公章确认；区县不动产登记机构可据此办理土地及房屋登记手续。"⑥

（2）综合考虑实际使用情况及历史因素。农村宅基地特有的福利分配性质、无使用期限约束特点，使得部分农户滋生了"不占白不占"的心理，横向扩建甚至挤占基本农田建设住房或附属设施的现象在农村比比皆是。同时，农村宅基地

---

① 受制于土地资源的有限性，有些地区已尝试试点"有偿使用"，也有些地区施行"增人不增地、减人不减地"的政策。

② 应是"一户一宅"，但现实的农村中"一户多宅"的现象屡见不鲜。

③ 宅基地的主要功能是居民自己建造住宅及相关设施，且可小部分用于商业经营。

④ 这里主要指处分权，《物权法》与《担保法》均明确"宅基地使用权禁止抵押"。

⑤ 周其仁等：《还权赋能——成都土地制度改革探索的调查研究》，载于《国际经济评论》2010 年第 2 期，第 54～92 页。

⑥ 天津市不动产登记局：《天津市宅基地及地上房屋确权登记解读》，载于《中国房地产（综合版）》2017 年第 1 期。

的使用权又具有继承特点，这就造成子女分户后自占宅基地以后因父母死亡又依法继承父母宅基地的"一户多宅"现象，子女的人均住房面积也因此超出了实际标准。对于这种超占或多占的宅基地，如果予以确认登记便直接损害了其他农民成员的权益，如果不予以追认超占土地之上的附着物权益又得不到体现。在宅基地确权颁证过程中，各地的处理方式也有差异。

比如，四川省都江堰市的天马镇金陵二组，结合实际测绘与历史台账信息，以历史台账为基础，并采用 5～15 户居民推选一位"老者"进行"口述历史"，整理每一农户的宅基地使用信息，集中建设分配方案经由 2/3 以上村民表决同意并签字确认后方作为确权登记的权属依据。① 天津则是采用"注记提示方法"，"即在权属证书'记事栏'内注明超过批准的宅基地面积，记载'实测用地面积××平方米，准予登记面积××平方米，准予登记面积中有××平方米超出宅基地规定面积标准'。宗地图按实际占用范围绘制，能确定超出准予登记范围的，要在宗地图上用虚线标注超占部分"。也有一些地区，如广东省、四川省泸县等则通过有偿使用、有偿退出、无偿收回等方式处理宅基地超标问题。

2. 宅基地的进入与退出：探索"有偿使用，有偿退出"机制。各地农村普遍存在这样的事实：大量宅基地闲置。调查发现导致这一现象的原因有：子女继承老人宅基地出现"一户多宅"；空心村落涌现；部分进城落户的农民没有退出宅基地（即使集体成员之间的转让也很少出现）；城镇化与工业化的推进，非农就业机会增多，一些农民居家外迁，常年在外务工，不回村居住；还有一些农户外出务工返乡后，借助重修、返修住房的机会，大肆扩建，无偿超占宅基地。另据国土资源部门不完全统计，农村空置宅基地面积约占村庄建设用地总量的10%。此外，按照城镇化率每年提升1%的推进速度保守估测，未来20年大约每年有1000万的农村人口转移到城镇，按照农村当前人均居民点建设用地220平方米计算，每年将会有22亿平方米的农村宅基地闲置。这将进一步加剧农村宅基地大量闲置与宅基地面积新增以及城镇建设用地紧张的矛盾。

理论上，这一矛盾是由宅基地"无偿进入"与"只进不出"的制度设计直接导致的。农村的宅基地按照标准免费分配给农民使用，尽管所有权属于集体，但使用权却属于农民，只要农民未改变农民集体成员身份，即使闲置不用，集体也不能收回。同时，国家相关法律规定也明确了"农村宅基地只能在集体内部转让，不能出卖给城镇居民和非本集体成员"。内部流转收益通常较低，再加上部

---

① 黄跃等：《从实践中寻找答案——对四川省都江堰市天马镇金陵村二组村民自发整理和拍卖集体建设用地的调研》，载于《中国土地》2011年第11期，第43～47页。

分进城的农民或者进城失败的农民普遍存在回乡时"住有所居"的"托底保障"心理，致使农村宅基地内部流转市场有限。逻辑上，如果闲置的宅基地没有退出或流转机制，农村因人口出生或分户引发的宅基地需求只能通过新批准用地解决，这无疑会导致在快速推进的城镇化背景下，农村居住用地面积与人口迁移出现逆向发展趋势。所以，从产权制度角度看，在农村宅基地确权颁证的基础上，极有必要加快建立、健全宅基地进入与退出机制，赋予宅基地完善的用益物权权能，使农户真正实现宅基地的处分权和收益权。

实际上，尽管国家法律严禁农村宅基地之上的住宅买卖，但农民借助大量出租或转让住宅而获取经济收益的行为却在民间成为事实。据湖北省国土资源厅调查，湖北荆州市自 2003 年以来，农村宅基地出租、转让的户数占总户数的 29%，即使祖国南段三亚市的东岸、海螺、月川、鹿回头等城乡接合部，农民出租房率也在 20% 以上，近郊农村房屋出租更为普遍，有些村达到 85% 以上。① 这一现象在各个地级市均存在，北京、深圳、广州、成都等发达城市更为普遍。事实上，无论在传统农区还是在城乡接合部地区，农户自行处置宅基地也是常有的事，尽管不叫买卖，事实上宅基地使用人（通过签订长达 50 年甚至永久的租赁合同）已经将宅基地以一个价格"永久"给另外的人使用。② 实践中，大量的宅基地自发流转事实，也倒逼国家改革农村宅基地相关制度。2007 年颁布实施的《物权法》明文规定："宅基地使用权的取得、行使和转让，适用土地管理法等法律和国家相关规定。"这为国家通过行政政策先行改革宅基地制度留足了空间。2015年，中共中央办公厅与国务院办公厅联合印发的《关于农村土地征收、集体经营性建设用地入市、宅基地制度改革试点工作的意见》明确提到："对因历史原因形成超标准占用宅基地和一户多宅等情况，探索实行有偿使用；探索进城落户农民在本集体经济组织内部自愿有偿退出或转让宅基地。"

以入选全国农村土地制度改革试点县的四川泸县为例，2015 年泸县农村人口 93 万，占总人口的 85.3%，农村宅基地总面积约 1.6 亿平方米，户均 400 多平方米，约是规定面积的 1.7 倍，"空心村"、老旧以及常年无人居住的住宅随处可见，布局散乱无序，宅基地闲置问题突出。泸县推进宅基地退出工作的主要做法有：一是积极宣传政策。试点之初，为了让农户充分了解国家及当地政府的政策内容以及退出宅基地的好处，花费将近大半年时间。二是建立"有偿使用和有

<hr>

① 农村改革发展支部第三课题小组：《因地制宜推进农村宅基地流转》，载于《理论前沿》2009 年第 12 期，第 5~9 页。

② 刘守英：《农村宅基地制度的特殊性与出路》，载于《国家行政学院院报》2015 年第 3 期，第 18~24 页。

偿退出"机制,着力解决"一户多宅"和"超占"问题。泸县制定了《泸县农村宅基地有偿退出管理暂行办法》和《泸县农村宅基地有偿退出房屋拆迁补偿安置指导意见》,实行"法定无偿、节约有奖、超占有偿、退出补偿"和"规划、总量管控、有偿调剂、村民自治",明确了退出宅基地的补偿标准,自愿退出宅基地每平方米最高补偿 450 元。至 2016 年底,泸县消除一户多宅 6500 余户,腾退一户一宅空闲宅基地 1200 余户,拆除违法占地建筑 800 余户,新增耕地 6300余亩。三是集中安置拆迁及退出宅基地的居民。退出宅基地的农民可以在泸县范围内自由选择居住地,同时泸县规划新建一批聚集点、社区,将水、电、路、气、通信等基础设施建好,提供给退出户。2016 年,全县新改扩建新村聚居点35 个,已建成幸福美丽新村 50 个,基础设施与城镇基本无异。四是集约利用、合理规划腾出的土地。通过拆旧复耕,泸县新增了耕地面积,进一步结合本地特色,借助土地整治,大力发展现代农业,如泸县的田坝村已建成国家级高产示范田 2000 亩,陆续发展了无花果基地、藕鳅养殖水产观光园、三角梅种植基地等特色产业,逐步建成了区域特色鲜明、基础设施完善、龙头企业带动、辐射效应明显的现代农业产业示范园。五是积极促进宅基地入市,提高集体经济效益。农民退出宅基地后,通过"占补平衡"与"增减挂钩",泸县推动 222 个试点村改革,通过宅基地退出后的节余指标流转,按起拍底价每亩 15 万元测算,村集体平均收益超过 100 万元。①

3. 宅基地的权能完善:尝试赋予宅基地使用权的抵押、担保权能。虽然《物权法》已将土地使用权视为用益物权,但此法中的土地使用权主要是指城市的居民、法人和团体拥有的国有土地使用权,而农村居民拥有的宅基地使用权却没有赋予完整的物权权利内涵。②《物权法》第一百八十四条第二项和《担保法》第三十七条第二项也规定"宅基地使用权禁止抵押"。因此,农村宅基地的产权权能受限,农民更多的是拥有占有权和使用权,处分权则长期缺位,致使收益权行使的范围及程度也受到了极大限制。这极不利于农民宅基地入市流转,也使得一些地区出现农民为规避法律法规而采取"迂回战术"(如签订长期租赁合同等形式)私下流转宅基地及地上附着物。但《物权法》中关于"宅基地使用权的取得、行使和转让,适用土地管理法等法律和国家相关规定"以及"法律规定可以抵押的除外"的相关表述,为变革农村宅基地产权制度、完善宅基地使用权用

---

① 《四川泸县试点:有偿退出鼓励农民腾地,两年新增耕地 6300 余亩》,http://www.efw.cn/news/n241323.html。

② 刘灿:《构建以用益物权为内涵属性的农村土地使用权制度》,载于《经济学动态》2014 年第 11期,第 31~40 页。

益物权的权能提供了可能。

2015 年底，国家选定了试点农村土地制度改革的 59 个县（市、区），经全国人大常委会授权国务院批准，试点地区"暂时调整实施《物权法》第一百八十四条、担保法第三十七条关于集体所有的宅基地使用权不得抵押的规定，允许以农民住房财产权（含宅基地使用权）抵押贷款"。这对完善宅基地使用权用益物权权能、完备宅基地使用权的处分和收益权权能来说是一大利好。以纳入试点县（市、区）的浙江义乌市为例①：首先，将农村宅基地住房纳入不动产统一登记。第一本农村宅基地住房不动产权证书于 2015 年 7 月 10 日发出，截至 2016 年 7 月，全市累计颁发各类不动产权证书证明 44236 本，办理各类抵押权登记 18904 宗。其次，探索农户之间互保抵押。创新贷款授信方式和担保方式，给予新农村住房改造建设利率、期限、还款方式优惠。截至 2018 年底，义乌市共有 4 家银行办理旧村改造建房贷款业务，累计办理 114.7 亿元，其中义乌农商银行累计办理 96.3 亿元。再次，实践农民住房财产权抵押。2015 年 12 月 28 日全国人大常委会授权当天，义乌市不动产登记中心即办理了首宗农民住房抵押登记，义乌农商银行成功发放全国第一单农村宅基地抵押贷款 30 万元，截至 2015 年底，累计发放贷款 4864 万元。最后，出台相关政策，加强规范，预防潜在风险。2016 年 2 月，义乌市又出台了《农民住房财产权抵押贷款试点实施意见的通知》，进一步规范抵押程序，开发抵押产品，完善抵押物处置机制，防范金融风险，确保农户基本居住权益。

需要强调的是，农村宅基地及农民自建住宅可用于担保、抵押贷款，的确丰富了宅基地使用权权利内涵，有利于完善相应权能，促进土地资源及其收益的市场化，但是其潜在的风险特别值得重视。一方面，为防范风险，抵押贷款的额度可能不高，难以满足抵押人的需求，会不会出现反复抵押，致使杠杆率提高、市场风险加大，对于这种现象该如何处理？制度上如何规避？这是值得考虑的。另一方面，虽然各试点地区关于农民住房财产权抵押贷款的相关文件中均会提及在宅基地或住房财产抵押时要"确保农户基本居住权益"，但是如何确保却没有明确的路径说明，可能仍需在实践中进一步摸索。同时，这又可能带来新的问题。宅基地的所有权属于集体，农户拥有的仅仅是使用权，如果农户用不动产（房屋）进行抵押担保贷款，到期不能偿还贷款时，银行又该如何处置？变卖出让，估计无人敢买，因为宅基地的使用权属于集体而非房屋所有人，且房屋的增值收

---

① 《义乌市改革完善农村宅基地制度的做法及成效》，http：//ghs. ndrc. gov. cn/zttp/xxczhjs/dfgz/201610/t20161013_822564. htmll。

益可能也不高；出租，需要很长时间方能收回成本，且也与现行法律法规不相容。此时，对银行等金融机构来说，贷款变为不良资产，对农户来说，基本居住权益也受到潜在威胁。这些问题有待法律、法规及政策的逐步完善予以解决。

4. 宅基地的保障功能：稳定农民的基本居住权益，融合公平与效率。宅基地充分展现了我国自成立以来保护农民与兼顾城乡居民公平的经济事实，比如相关法律规定，宅基地由农户依法按需申请，无偿分配给农村居民自用（在市场经济条件下是显性化的一项福利）；不附加使用期限约束（而其他的用益物权均有使用时间限制）；子女可依法继承其宅基地。由此，农村宅基地的制度设计充分发挥了宅基地使用权的社会保障功能，使农村成为现代化发展的稳定器，确实解决了进城农民的后顾之忧。新一轮农村土地产权制度改革过程中，为盘活有限的土地资源，缓解土地供求矛盾，发挥土地财产功能，增加农民的财产收益，在推进宅基地产权制度变革时，坚持宅基地的保障功能不动摇，在保障农民基本居住权益的基础上，着力探索促进公平与效率融合。

新一轮宅基地产权制度改革成功与否一定程度上取决于宅基地的社会保功能是否稳定，是否能保证农村居民"住有所居"。在具体的实践过程中，各地确权工作的推进均是以农民的集体成员或身份属性进行登记颁证，结合实际测绘情况、台账等信息，并使用民主决议制度确保每一户成员均可分配到标准的宅基地。对于多占以及超占的历史问题，鼓励农村居民自愿选择按标准变现货币的"有偿退出"或者支付成本的"有偿使用"，更好地体现了对农民集体以及其他内部成员的公平。此外，在释放宅基地及附着物财产功能、完善农村居民对宅基地及房屋的处分和收益权权能时，尽管允许试点区域可以用宅基地及房产进行抵押担保贷款，但同时要求各地将其与城市商品房区别对待，谨慎应对潜在的金融风险，以确保农民的基本居住权益为红线。这些具体做法及相关规定足以表明，新一轮宅基地产权制度改革的基本价值取向是"公平"，即全力保障在城镇化与工业化进程中处于相对弱势地位的农民的基本居住权益，以避免因决策失误或其他原因致使农民流离失所。

从效率的角度分析，新一轮农村宅基地产权制度改革是为了破解宅基地财产功能与社会保障功能冲突带来的"偏重公平与轻视效率"矛盾，力争在新一轮的改革过程中兼顾公平的同时释放要素效率，实现二者的相融。农村地区的要素主要有三种：劳动力、资金与土地。多年的中国特色社会主义市场经济发展以及制度革新（比如户籍制度的变革），劳动力与资金在城乡之间实现了自由流动，并获得了市场化的收益。囿于《物权法》《土地管理法》等法律以及相关国家规定的限制，农村土地入市的制度阻力始终存在，妨碍了农民拥有土地的增殖收益以及其他与土地关联的财产功能的发挥，这突出地表现为农民宅基地及房产的财产权利权能的不完备，即处分权与收益权受限。当前，新一轮的宅基地产权制度改革更多的是在稳定宅基地社会保障功能的基础上，通过构建完备的宅基地及附着物产权权能，提高土地要素的效率。

新一轮宅基地产权制度改革下，效率的提升主要表现为财产功能的发挥和产业效益的释放两个方面。宅基地及地上附着物财产功能的发挥是通过赋予宅基地使用权这一用益物权更加完备的产权权能（即处分权和收益权），使用益物权人能够合法、合规、合理地实现宅基地及附着物财产的经济价值。比如，正在 59 个县（市、区）试点的、旨在缓解用地紧张的宅基地可以"有偿使用与有偿退出"的机制，为破解农民创业或发展集体经济的资金约束的宅基地及房产可用于抵押、担保贷款以及大部分地区均允许实现"占补平衡与增减挂钩"后结余的土地指标入市的政策设计，均可说明以用益物权制度完善为核心的制度安排正逐步释放农民宅基地及房产等财产的经济价值。

宅基地产权制度改革的效率释放的另一源泉是在全面确权颁证的基础上，盘活农村土地存量，发展现代农业，推进农业与非农产业融合发展带来的产业发展效益。首先，是前期的土地整理收益。为提供支撑现代农业或与农业相关的非农产业的土地指标，许多地区利用"占补平衡与增减挂钩"的机制，通过农村居民的集中居住，复垦宅基地为基本农田，将节约的土地指标转换为集体建设用地，入市"招、拍、挂"出让有期限的土地使用权，获取高额的土地增殖收益，而部分使用权流转的收益平均分配给村组集体成员。比如，"四川都江堰天马镇金陵二组村民将农户集中居住后节约出的 110 余亩建设用地指标，在成都市农村产权交易所进行挂牌出让，共计拍出 2246.568 万元。其中，76 亩土地的拍卖总收入 1140 万元全部用于清偿重建过程中的债务，而其余 34.04 亩集体建设用地出让土地使用权 40 年，用途为发展以乡村养老为代表的商业旅游，获得拍卖收入 1504.568 万元。集体建设用地土地使用权出让收入的分配按照金陵二组最初与都江堰市国土资源局达成的协议，扣除拍卖手续费、青苗补偿费以及村民缴纳社保等相关税费后，金陵二组村民可供分配的标准为每亩约 16 万元，共计 544.64 万元。经金陵二组组员代表大会讨论，这部分收益的分配方案是：30% 归村组所有，用于发展集体经济；21% 在二组内部按人头平分；49% 在参与金陵花园项目的 60 户成员中分配"。[①] 其次，农业与非农产业的融合发展拓展了农民的收入来

---

① 黄跃等：《从实践中寻找答案——对四川省都江堰市天马镇金陵村二组村民自发整理和拍卖集体建设用地的调研》，载于《中国土地》2011 年第 11 期，第 43~47 页。

源。宅基地产权制度改革过程中，农民除了取得"占补平衡与增减挂钩"节约集体建设用地的土地使用权入市拍卖的增值收益以外，还可因发展集体经济获取股份分红，也可进入新型农业经营组织内务工，赚取工资性收入等。比如，2015年获批的农村土地产权制度改革试点县四川泸县，便在全县范围内大力开展宅基地有偿使用与有偿退出、宅基地置换入市等工作，以此为基础，重新整治腾出的节余宅基地，科学规划建设用地，大力发展现代农业及其关联产业，如田坝村的无花果基地、藕鳅养殖水产观光园、三角梅种植基地，谭坝村规划了工业区、农产品加工区、水产养殖区、电子商务区、生猪交易平台和冷链物流区等。[1] 农民可以自己承包经营土地自行发展现代农业，也可自主创业，不搞生产专注流通，也可以通过积极转变身份（即变农民为股东或产业工人）等方式获取更多的非农收入，拓展过去单一的收入来源。

总的来说，借助新一轮农村宅基地产权制度变革的东风，农村宅基地使用权的权能进一步得到了完善，宅基地农民长久自用的基本社会保障功能并没有因再次流转（主要指抵押、担保贷款和入市出让）受到威胁，却会由于从上至下"确保农民居住基本权益"的基本态度以及效率提升带来的财产效益与产业发展效益而更加稳固长久。这里需要指出，农村宅基地再次流转过程潜在的金融风险将会威胁农民的基本居住权益，且产业发展效益不稳定的市场风险也可能动摇这一基本保障功能，因而，实践过程中应更注重制度设计的完善，审慎决策，不可冒进跟风，制定完备的应急方案，尽最大努力防范可能的风险，在确保宅基地基本居住功能的同时，融合公平与效率，以夯实农村宅基地的社会保障功能。

四、农村集体经营性建设用地产权制度改革实践及经验分析

中国目前的建设用地市场是在二元土地所有制的基础上区分城市和农村户籍身份，对土地实行不同的权力与使用管理制度而形成的城乡分割状态，是计划经济时代的遗留。虽然我国在 1988 就从宪法层面放开了土地使用权交易，并逐步建立起城市国有土地使用权市场化交易体系，但对于农村集体土地使用则采取了逐渐趋严的计划管制政策，到 1998 年关闭了除征地以外其他所有集体建设用地入市通道，由此形成了城乡分割、双轨运行的二元土地市场。[2] 在这种城乡非对

---

[1]　《四川泸县试点：有偿退出鼓励农民腾地，两年新增耕地 6300 余亩》，http://www.efw.cn/news/n241323.html。

[2]　黄珂、张安录：《城乡建设用地的市场化整合机制》，载于《改革》2016 年第 2 期，第 69~79 页。

称权利架构安排下，农村土地增值收益的形成因不完全市场交易而长期扭曲，农地非农化过程中土地实际"剩余权力"被地方政府掌握，[①] 严重制约了农民通过土地财产权利分享改革发展成果。由于对公开市场交易的严格限制以及灰色市场交易的约束制度缺乏刚性，[②] 面对农地非农化转用的巨大利益诱导，大量集体建设用地自发进入灰色市场，处于隐性、非法流转状态，严重影响了城乡土地要素配置效率。这种隐性流转还由于缺乏明确的法律依据和制度规范造成了利益分配不均、农民土地权益受损等问题，进而引发了大量土地纠纷和社会矛盾。[③] 为此，党的十八届三中全会根据我国城乡发展不平衡、农村发展不充分的现实国情，以赋予农民集体更多土地财产权利与建立城乡统一建设用地市场为改革目标，明确提出在符合规划和用途管制的前提下，允许集体经营性建设用地与国有土地同权、同价、同等入市流转。2017 年中央"一号文件"《中共中央、国务院关于深入推进农业供给侧结构性改革加快培育农业农村发展新动能的若干意见》中提出的"三变改革"更是将关注点指向农村的重要资源——集体建设用地，为集体建设用地流转指明了新的方向。高圣平（2007）等估计，全国现有存量集体建设用地约 4200 万亩，是城市国有建设用地总面积的 2.4 倍[④]。允许集体经营性建设用地入市流转将为我国城市化发展与乡村振兴战略实施提供巨大的要素支撑，再次释放农地制度改革的巨大红利。因此，总结各地集体经营性建设用地流转的改革理论与实践经验，对于进一步推进集体经营性建设用地规范、合理、有序流转进而推进城乡建设用地市场一体化具有重要意义。

1. 集体经营性建设用地入市政策演进轨迹。当前城乡土地利用存在着巨大的矛盾：一方面是土地利用计划指标与农地用途管制双重约束下的城市建设用地紧缺；另一方面是大量产权主体不清、权利边界模糊的农村集体建设用地闲置浪费。[⑤] 在当前城镇建设用地主要来源于农村集体土地的情况下，农村集体经营性建设用地入市自然也成为备受社会各界关注的焦点。在没有相关法律规范的情况

---

① 盖凯程、于平：《农地非农化制度的变迁逻辑：从征地到集体经营性建设用地入市》，载于《农业经济问题》2017 年第 3 期，第 15～22 页。

② 刘向东：《我国农地使用权制度的法律思考》，载于《法学杂志》2010 年第 31 卷第 2 期，第 59～62 页。

③ 张四梅：《集体经营性建设用地流转制度建设研究——基于优化资源配置方式的视角》，载于《湖南师范大学社会科学学报》2014 年第 43 卷第 3 期，第 114～119 页。

④ 高圣平、刘守英：《集体建设用地进入市场：现实与法律困境》，载于《管理世界》2007 年第 3 期，第 62～88 页。

⑤ 杨遂全、孙阿凡：《农村集体经营性建设用地流转范围探讨》，载于《西北农林科技大学学报（社会科学版）》2015 年第 6 期，第 1～6 页。

下，党和政府出台的相应政策文件成为全国各地推动农村集体经营性建设用地入市的主要依据。大体来看，农村集体经营性建设用地入市主要经历了三个阶段（见表 2－3）。

表 2－3　　　　　　　　集体经营性建设用地入市的政策脉络

年份	文件名称	相关表述
1992	《国务院关于发展房地产业若干问题的通知》	集体所有土地，必须先行征用转为国有土地后才能出让
1998	《土地管理法》（修订）	农民集体所有的土地使用权不得出让、转让或者出租用于非农业建设；但是，符合土地利用规划并依法取得建设用地的企业，因破产、兼并等情形致使土地使用权依法发生转移的除外
1999	《国务院办公厅关于加强土地转让管理严禁炒卖土地的通知》	农民的住宅不得向城市居民出售，也不得批准城市居民占用农民集体土地建住宅，有关部门不得为违法建造和购买的住宅发放土地使用权证和房产证
2004	《中共中央　国务院关于促进农民增加收入若干政策的意见》	要坚持"多予、少取、放活""积极探索集体非农建设用地进入市场的途径和办法"
2008	《中共中央　国务院关于切实加强农业基础建设进一步促进农业发展农民增收的若干意见》	严格农村集体建设用地管理，严禁通过"以租代征"等方式提供建设用地
2009	《中共中央　国务院关于2009年促进农业稳定发展农民持续增收的若干意见》	要求做好集体土地所有权确权登记颁证工作，将权属落实到法定行使所有权的集体组织
2010	《中共中央　国务院关于加大统筹城乡发展力度进一步夯实农业农村发展基础的若干意见》	加快农村集体土地所有权、宅基地使用权、集体建设用地使用权等确权登记颁证工作
2012	《关于加快推进农业科技创新持续增强农产品供给保障能力的若干意见》	加快推进农村地籍调查，2012年基本完成覆盖农村集体各类土地的所有权确权登记颁证，推进包括农户宅基地在内的农村集体建设用地使用权确权登记颁证工作
2013	《中共中央　国务院关于加快发展现代农业进一步增强农村发展活力的若干意见》	建立归属清晰、权能完整、流转顺畅、保护严格的农村集体产权制度。必须健全农村集体经济组织资金资产资源管理制度，依法保障农民的土地承包经营权、宅基地使用权、集体收益分配权。严格规范城乡建设用地增减挂钩试点和集体经营性建设用地流转。农村集体非经营性建设用地不得进入市场
2014	《关于全面深化农村改革加快推进农业现代化的若干意见》	深化农村土地制度改革，引导和规范农村集体经营性建设用地入市。在符合规划和用途管制的前提下，允许农村集体经营性建设用地出让、租赁、入股，实行与国有土地同等入市、同权同价，加快建立农村集体经营性建设用地产权流转和增值收益分配制度

年份	文件名称	相关表述
2015	《关于加大改革创新力度加快农业现代化建设的若干意见》	分类实施农村土地征收、集体经营性建设用地入市及宅基地制度改革试点。制定缩小征地范围的办法。建立兼顾国家、集体、个人的土地增值收益分配机制，合理提高个人收益。赋予符合规划和用途管制的农村集体经营性建设用地出让、租赁、入股权能，建立健全市场交易规则和服务监管机制。加强对试点工作的指导监督，切实做到封闭运行、风险可控、边试点、边总结、边完善，形成可复制、可推广的改革成果
2016	《中共中央 国务院关于落实发展新理念加快农业现代化实现全面小康目标的若干意见》	推进农村土地征收、集体经营性建设用地入市、宅基地制度改革试点。总结农村集体经营性建设用地入市改革试点经验，适当提高农民集体和个人分享的增值收益，抓紧出台土地增值收益调节金征管办法。完善和拓展城乡建设用地增减挂钩试点，将指标交易收益用于改善农民生产生活条件
2017	《中共中央 国务院关于深入推进农业供给侧结构性改革加快培育农业农村发展新动能的若干意见》	统筹协调推进农村土地征收、集体经营性建设用地入市、宅基地制度改革试点。全面加快"房地一体"的农村宅基地和集体建设用地确权登记颁证工作。加大盘活农村存量建设用地的力度

一是严格控制阶段（改革开放至 20 世纪 90 年代末）。这一时期国家对农村集体经营性建设用地入市进行严格管控。1992 年颁布的《国务院关于发展房地产业若干问题的通知》规定集体所有土地不得直接出让。1998 年修订的《土地管理法》规定，农民集体所有的土地使用权不得出让、转让或者出租用于非农业建设。1999 年《国务院办公厅关于加强土地转让管理严禁炒卖土地的通知》禁止城镇居民在农村买房置地。政府对农村集体建设用地入市进行"一刀切"管理，个人不得私自流转农村集体建设用地。实际上，在广东省等经济发达地区，由于有对土地的强烈需求，农村集体建设用地隐性市场一直存在。

二是探索阶段（21 世纪初至 2008 年）。这一时期是农村集体经营性建设用地入市的探索阶段。2004 年《国务院关于深化改革严格土地管理的决定》提出，"在符合规划的前提下，村庄、集镇、建制镇中的农民集体所有建设用地的使用权可以依法流转"。2005 年，《关于规范城镇建设用地增加与农村建设用地减少相挂钩试点工作的意见》发布，我国开始在浙江、江苏和四川成都等地试点城镇建设用地增加与农村建设用地减少挂钩，即"增减挂钩"政策。这一时期工业化与城镇化对土地的需求快速上升，中央也开始在部分地区进行试点推进，部分地区农村集体建设用地管理制度改革创新取得了积极进展。

三是逐步开放阶段（2008 年至今）。这一时期农村集体经营性建设用地入市步入了逐步开放阶段。2008 年发布的《中共中央关于推进农村改革发展若干重大问题的决定》提出了建立"城乡统一的建设用地市场"的改革目标；2009 年发布的《关于促进农业稳定发展农民持续增收推动城乡统筹发展的若干意见》再次提出逐步建立城乡统一的建设用地市场；2013 年发布的《中共中央关于全面深化改革若干重大问题的决定》提出，"在符合规划和用途管制前提下，允许农村集体经营性建设用地入市"；2014 年底，中共中央办公厅和国务院办公联合印发《关于农村土地征收、集体经营性建设用地入市、宅基地制度改革试点工作的意见》，对展开集体经营性建设用地入市试点工作进行了具体部署；2015 年初，全国人大常委会对此项工作做出了授权，允许试点地区暂时调整实施《土地管理法》和《城市房地产管理法》的部分条款，随后集体经营性建设用地入市试点正式启动。

2. 集体经营性建设用地入市范围的界定。

（1）集体经营性建设用地。农村集体经营性建设用地是党的十七届三中全会《中共中央关于推进农村改革发展若干重大问题的决定》中提出的新概念，以城乡统一建设用地市场建立为目的，允许公开规范转让依法取得的农村集体经营性建设用地使用权；现已明确在符合规划和用途管制前提下可以出让、租赁、入股，与国有土地同等入市、同权同价。[①] 这一政策将对改变农村建设用地低效、增加农民土地增值收益发挥积极作用。但我国现行法律法规及相关政策并未涉及对集体经营性建设用地的界定。《物权法》仅用一条（第一百五十一条）对农村土地作为建设用地进行了规范，《土地管理法》也只是寥寥数条（第四十三条、第五十九至六十二条），其范围并未明确。学者们根据《土地管理法》第四十三条普遍认为，农村集体建设用地包括乡镇企业用地、宅基地、乡村公共设施和公益事业用地三大类，而农村集体经营性建设用地的涵盖范围仍在探讨中。现有学者的观点大致可分为三类：一是将集体经营性建设用地与集体建设用地混为一谈的广义观点，认为包括乡镇企业用地、宅基地、乡村公共设施和公益事业用地三大类。二是仅将宅基地排除在外的中义观点，如党国英（2013）提出将"扣除掉农户宅基地外的其余村庄占地"都看作经营性建设用地，包括原乡镇企业用地和一些连片的废弃地；[②] 王桂芳等（2014）将"乡村集体经济组织和农民个人能投资进行各种非农业建设所使用的土地"归为农村经营性建设用地，宅基地则属于非经营

---

① 杨遂全、孙阿凡：《农村集体经营性建设用地流转范围探讨》，载于《西北农林科技大学学报（社会科学版）》2015 年第 6 期，第 1~6 页。

② 党国英：《推进城乡要素平等交换》，载于《前线》2013 年第 12 期，第 49~51 页。

性建设用地。[1] 三是认为只有乡镇企业用地才属于农村集体经营性建设用地的狭义观点，[2] 如金贵等（2014）将农村集体经营性建设用地界定为以乡镇企业用地为代表的村集体组织独立根据土地利用规划确定兴办企业或与其他单位、个人以土地使用权入股、联营等形式共同创办企业所使用的土地。[3]

这三种观点有其合理性，但又与现实存在偏差。从我国农村集体土地流转政策的变迁历程可以看出，集体经营性建设用地和集体建设用地实质上是下位概念与上位概念、局部与整体的关系，是中央在总结长期集体建设用地流转的实践经验和试点成效的基础上，以维护农村稳定为前提，以稳步增加农民收入为目的，从顶层制度设计中开始着手在全国范围内正式推开农村集体建设用地流转制度改革的"突破点"，其实施结果直接决定着农村集体土地制度的改革方向和进程。因此，农村集体经营性建设用地范围并不完全等同于集体建设用地，二者所含内容应有所差异。[4]

从土地用途上来看，经营性强调土地用途要以营利为目的。实践证明，"经营性"直接影响建设用地的价格，不同经营用途的土地利用方式不一样，利用强度和产生的经济效益不同，地价也不同。[5] 因此，宅基地和乡（镇）、村公共设施及公益事业用地都不属于经营类的范畴，而乡镇企业建设用地主要是指集体经济组织自主经营或以土地入股的方式联合其他社会投资主体共同经营其所拥有的土地。因此，土地使用的性质应符合"经营性"的范畴。本书所指的集体经营性建设用地是土地所有权归农民集体所有，以营利为目的，进行非农业生产经营活动所使用的集体建设用地（除宅基地和乡镇、村公共设施及公益事业用地以外），包括集体经济组织用于兴办企业或者与其他单位、个人以土地使用权入股、联营等形式共同举办企业所使用的集体建设用地，如开办企业、工厂或以入股的形式从事房地产开发、商业、旅游业、娱乐业等经营性活动的用地。[6]

（2）集体经营性建设用地入市。所谓集体经营性建设用地入市，是针对当前建设用地的征地模式提出的一种改革方案，是指农村集体经营性建设用地可以像国有建设用地一样直接进入土地一级市场进行市场化的有偿使用，作为土地所有

---

[1] 王桂芳、彭代彦：《农村集体经营性建设用地"三同"流转与农地矛盾转型》，载于《河南工业大学学报（社会科学版）》2014年第10卷第1期，第1~6页。

[2] 李冀东：《什么是农村集体经营性建设用地》，110法律咨询网，http：//www.110.com/ziliao/article-476095.html。

[3] 金贵、邓祥征：《农村集体经营性建设用地流转背景下的村尺度规划策略》，载于《农村金融研究》2014年第9期，第21~25页。

[4][5] 杨遂全、孙阿凡：《农村集体经营性建设用地流转范围探讨》，载于《西北农林科技大学学报（社会科学版）》2015年第6期，第1~6页。

[6] 樊帆：《集体经营性建设用地流转收益分配问题研究》，华中师范大学博士学位论文，2015年。

者的农民集体可以像城镇国有土地所有者出让或出租国有建设用地使用权一样，直接以土地所有权人的身份向市场中的用地者出让或出租一定年限的集体建设用地使用权，或者以土地使用权入股，而不再需要先行征收为国有土地。① 这也就意味着流转的客体是土地使用权而非土地所有权，正如政府出让国有土地是让渡一定年限的土地使用权而非土地所有权一样。

集体经营性建设用地入市，与国有建设用地同地、同价、同权，其突破性意义在于剥离了国家意志之于农地所有权的强制性依附，解除了农民（集体）土地财产权益损害的制度屏障，实现了土地"剩余控制权"对农民（集体）的赋予，从而真正构建起国家、集体和个人间平等的产权关系。"同等入市"意味着农村集体经营性建设用地享有与国有建设用地进入市场的平等地位可在更广的范围、用途以及更多市场主体间进行市场交易。"同权同价"意味着集体经营性建设用地享有与国有建设用地相同的权能，具体表现为在土地一级市场上可租赁、出让、入股，在土地二级市场上可租赁、转让和抵押等。② 基于农村集体建设用地的用益物权特性，在既有权属基础上扩大权能，明确赋予了农民（集体）集体经营性建设用地的处置权、抵押权和转让权。赋予了转让权，意味着集体土地资源具备了通过市场交换转化为资本的变现渠道；赋予了抵押权，集体土地才能有效地融入金融市场获得金融资源的获取权。集体经营性建设用地自发入市进行市场对价，多个农民（集体经济组织）作为供地主体，改变了现行城市土地一级市场政府垄断供应的格局，必然会增强农民在围绕土地增值收益争夺中的讨价还价能力和议价权，继而改变和重塑土地利益格局。③

3. 集体经营性建设用地产权归属的界定。产权主体与产权范围的明晰界定是有效发挥市场资源配置作用的基本前提，否则经济运行会出现"市场失灵"等外部性问题。集体经营性建设用地入市本质上是一个土地财产权利进入市场在不同经济主体与用途间进行流转配置的过程，因而产权清晰也是集体经营性建设用地入市的前提。虽然农村土地集体所有与城市土地国家所有一起构成了我国土地公有制的宪法秩序，但与国有土地以各地政府为对应权利行使主体不同，现行法律没有明确"农民集体"作为土地所有权主体的运行原则和构成要素，也没有明确相应产权代表和执行主体。④

---

① 宋志红：《中国农村土地制度改革八讲》，国家行政学院出版社 2017 年版，第 64 页。

② 姜大明：《建立城乡统一的建设用地市场》，载于《国土资源》2013 年第 12 期，第 4~7 页。

③ 盖凯程、于平：《农地非农化制度的变迁逻辑：从征地到集体经营性建设用地入市》，载于《农业经济问题》2017 年第 3 期，第 15~22 页。

④ 张四梅：《集体经营性建设用地流转制度建设研究——基于优化资源配置方式的视角》，载于《湖南师范大学社会科学学报》2014 年第 43 卷第 3 期，第 114~119 页。

（1）集体经营性建设用地所有权主体虚位。农村集体土地所有权主体长期处于虚位状态，"集体"作为农地名义所有者无法有效行使所有权与实质履行所有者职能。而造成集体土地所有者缺位的原因主要包括以下几个方面：首先，"三级所有、队为基础"的制度设计不仅未对各级农民集体所有土地进行明确界定，[①]而且还设定了农民个体与农民集体之间复杂的多层级"委托—代理"关系，[②]使得实践中农民个体与农民集体之间、农民集体与农民集体之间以及农民个体与农民个体之间的土地财产关系重叠冗杂，存在较大争议。其次，"农民集体"本身是一个组织概念，是"抽象的、没有法律人格意义的集合群体"，[③]而当前农民自组织能力涣散和基层自治机制的缺失使得"农民集体"缺乏意志形成机制，这也造成"农民集体"在行使所有权上的不适格。[④]再次，虽然我国《土地管理法》规定农民集体所有的土地依法由集体经济组织或者村民委员会管理经营，但在改革开放和市场化进程中很多地区集体经济组织已经名存实亡，[⑤]只能依赖村民委员会代行职能，而村委会作为村民自治组织并无作为所有者代理人经营管理土地的能力。[⑥]最后，"农民集体"民事主体资格未得到相关法律明确性也是其无法有效行使所有权与实质履行所有者职能的重要原因。[⑦]由于集体土地所有权主体虚位，实践中出现了两种极端现象：一是少数村干部将土地集体所有权变为个人所有权。集体土地所有权所有者代理人凭借其掌握的权力随意支配或任意收回组织成员土地使用权，为牟取私利将农地转用造成耕地流失，并利用组织成员土地权利意识淡薄将大部分集体资产收益据为己有，进而导致"管家成主人"的现象。[⑧]二是集体成员将土地所有权变成大家所有权。由于"农民集体"作为土地所有者管理不到位，一些集体成员未能区分土地使用权和土地所有权，将其拥有使用权的土地随意转用处置、私下交易等，既对土地所有权人的利

---

① 黄庆杰、王新：《农村集体建设用地流转的现状、问题与对策——以北京市为例》，载于《中国农村经济》2007年第1期，第58~64页。

② 盖凯程、于平：《农地非农化制度的变迁逻辑：从征地到集体经营性建设用地入市》，载于《农业经济问题》2017年第3期，第15~22页。

③ 余兴厚：《失地农民问题的制度经济学分析》，载于《宁夏社会科学》2005年第3期，第39~42页。

④ 白华、刘云博：《农村集体建设用地使用权流转制度研究》，载于《山西农业大学学报（社会科学版）》2015年第2期，第109~114页。

⑤⑥ 刘庆、关欣、张凤荣、何长元：《关于农村宅基地使用权流转的思考》，载于《农村经济》2006年第1期，第37~38页。

⑦ 范常禄：《集体土地所有权制度完善的模式选择与再造》，载于《山东省农业管理干部学院学报》2011年第2期，第44~45页。

⑧ 付宗平：《集体经营性建设用地入市存在的问题及对策——基于成都市的实证分析》，载于《农村经济》2016年第9期，第31~36页。

益造成了损害，也对我国土地管理秩序造成了严重干扰。[①]

（2）集体建设用地使用权权能受限。所有权是指对物占有、使用、收益和处分的权利，其具有时间上的永久性、内容上的全面性和排他性，是物权中最为根本性的权利，其他物权都是以所有权为其基础而创设的。[②] 但是在我国现行集体土地所有权制度中，所有权的各项权能并不能够完全地发挥作用，尤其是使用权受到了诸多的限制。如农用地由于关系到国家粮食安全等战略问题，与公共利益息息相关，为此实行用途管制尚属于所有权受到公法限制的正常情况；但是在建设用地方面，我国法律至今没有承认集体对其土地享有完整的使用、处置和收益权能，并在法律制度上设置歧视性条款予以区别对待。比如《土地管理法》明文规定，除兴办乡镇村企业、兴建乡村公共设施和公益事业以及村民建设住宅外，集体及其成员一律不得使用集体土地进行非农建设，这实际上完全封闭了集体建设用地主动合法的入市通道；再从处分的角度来讲，在我国土地所有权本身不能流转的情形下，建设用地使用权代行了土地所有权部分职能，发挥着土地市场基石的作用。但在宪法规定国有建设用地使用权可以自由创设与处分的同时，相关法律却严令禁止集体建设用地使用权投入市场流转。如《担保法》规定，除乡（镇）、村企业的厂房等建筑物占用范围内的土地使用权可随其土地之上的房屋一并抵押外，其他集体所有土地上的使用权一律不得单独抵押，这从实质上剥夺了土地使用权的交换价值，严重弱化了集体土地的收益权；再如《土地管理法》及其相关司法解释明确规定集体土地非经征用不得出让等。由此形成了国有土地一元垄断的土地市场格局，使集体建设用地使用权权能受限，导致农民无法合法地在建设用地使用权流转市场中获得相应土地财产权益。[③]

（3）集体经营性建设用地产权归属的界定。产权界定是一个明确产权主体及其拥有的财产权利范围的过程和结果状态，实质是以社会契约形式对微观经济主体财产权利的确认和保护。当下推进的以"确权颁证"为核心，以归属清晰、权责明确、保护严格、流转顺畅为取向的新一轮农村集体土地产权制度改革既有利于降低农地非农化制度变迁的成本，也有助于推动农地产权结构的优化。通过"确实权、颁铁证"，使得原有农地产权权能结构的模糊空间得以压缩，模糊性得以厘清：一方面，农地确权为在非征地模式之外探索农地的市场化配置提供了基础，从而为约束征地行为、改革征地制度创造了必要条件，大大增强了农地非农化制度演进的弹性空间；另一方面，农地产权的有效细分和重新界定（或转移），以及农地用益物权属性在《物权法》意义上的确立，使得农民土地财产权利

---

①②③　陈国进：《集体建设用地使用权流转制度研究》，武汉大学博士学位论文，2013年。

（包括排他的使用权、自由的转让权、独享的收益权）得以"硬化"，从而大大增强了地权的稳定性，进而为农民稳定和长期地获取土地增值收益提供了坚实的制度性"保护伞"，有效改变了其在农地权利市场交易过程中的弱势地位和行为选择方式。①

从《土地管理法》（1998 年）严禁集体建设用地"出让、转让或者出租用于非农业建设"，到《关于深化改革严格土地管理的决定》（2004 年）"在符合规划的前提下，村庄、集镇和建制镇中的农民集体所有建设用地的使用权可以依法流转"；从党的十七届三中全会"集体（建设）土地和国有土地同地、同价、同权"，再到党的十八届三中全会"在符合规划和用途管制前提下，允许农村集体经营性建设用地出让、租赁、入股，实行与国有土地同等入市、同权同价"。纵观集体建设用地入市的政策演进脉络，不难发现在集体建设用地的产权结构变迁中，其权能逐渐从占有、使用、收益权利逐步拓展到了占有、使用、收益、处置权利。② 在这一过程中，集体建设用地的产权残缺性不断得以弥补，产权权利束的完整性不断得以增强，其内含的各项权利界定和实施的完整性不断得以完善。③

4. 集体经营性建设用地经营模式。

（1）集体经营性建设用地入市的方式。根据集体经营性建设用地需求者的实际需要以及所在集体的供给状况，集体经营性建设用地可按照"就地入市"或者"调整入市"的方式灵活选择入市方式。"就地入市"主要指集体经营性建设用地地块在具备开发建设所需基础设施等条件下，可直接进入当地土地市场交易；"调整入市"主要指零星、分散的集体经营性建设用地，由集体经济组织结合土地利用总体规划和土地整治规划先复垦形成建设用地指标后，再异地调整进入市场。④ 在调整入市过程中若涉及不同集体间地块调换，可由双方协商采取调换土地所有权与货币补偿相结合的方式进行。⑤ 随着农村土地产权制度改革的推进，集体经营性建设用地经营模式在实践中也逐渐呈现出多样化特征。而经营模式作

① 盖凯程、于平：《农地非农化制度的变迁逻辑：从征地到集体经营性建设用地入市》，载于《农业经济问题》2017 年第 3 期，第 15～22 页。

② 伍振军、林倩茹：《农村集体经营性建设用地的政策演进与学术论争》，载于《改革》2014 年第 2 期，第 113～119 页。

③ 冀县卿、钱忠好：《农地产权结构变迁与中国农业增长：一个经济解释》，载于《管理世界》2009 年第 1 期，第 172～173 页。

④ 周应恒、刘余：《集体经营性建设用地入市实态：由农村改革试验区例证》，载于《改革》2018 年第 2 期，第 54～63 页。

⑤ 付冬梅、龙腾：《浙江德清集体经营性建设用地入市模式研究》，载于《上海国土资源》2016 年第 37 卷第 2 期，第 42～45＋50 页。

为农村生产关系的重要内容，其发展变化必然会对农村经济发展绩效产生深远影响。① 集体经营性建设用地除了通过传统政府征收的方式转为国有土地流转经营外，目前还可以分为集体自营、灰色流转以及合作经营三大类。

一是集体自营。集体自营是指集体成员之间通过股份合作、联营等方式成立集体、乡镇企业等。作为曾经为乡镇企业发展提供有力要素支撑，为改善我国经济结构、促进乡村经济繁荣做出过重要贡献的集体经营性建设用地，目前主要用途之一同样是作为乡镇企业发展经营用地。②

二是灰色流转。灰色流转是指集体建设用地通过隐形方式进入非法交易市场对外流转。若不是在作价入股与合作经营的情况下，农民集体所有的经营性建设用地使用权对外流转是受到严格限制的。虽然相关法律允许在集体经济组织内部流转，但集体成员需求有限导致集体建设用地增值空间不足，所以大量集体建设用地通过"隐形市场"大量非法入市对外流转，且远远超过现行法律对集体经营性建设用地的界定。灰色流转的形式一般为出租，由于缺乏相应的监督机制，流转双方签订的民事合同存在着严重不规范问题。如部分经济主体为达到长期使用土地的目的与村集体签订长期或无期限合同，部分流转合同没有签订起止日期与租金增长机制，还有流转合同没有约定土地用途限制等。③

三是合作经营。合作经营是指村集体与外部公司企业等经济主体合作经营土地，包括土地租赁、土地入股和土地信托三种方式。具体而言，土地租赁是指以租赁方式推进集体经营性建设用地入市，如 2015 年 12 月山西省泽州县通过土地租赁方式向科沃商贸有限公司出租了 23.5 亩集体经营性建设用地，租赁期限 20 年，每年租金为 11.75 万元；土地入股则指将土地使用权作价参与土地使用公司股份的方式推进集体经营性建设用地入市，如 2015 年 5 月四川省内江市东兴区柳桥乡敬老院将 25.02 亩集体经营性建设用地作价 129 万元与四川华西绿舍精城建材有限公司联营，联营年限 15 年；土地信托是以信托方式将土地委托给信托机构或者资产管理公司经营管理，虽然现在暂无集体经营性建设用地入市改革试点使用严格意义上的信托方式，但根据之前农村土地流转改革尝试，土地信托拥有较好的可行性。④

---

① 尹希果、马大来：《农民和企业合作经营土地的演化博弈分析——基于不完全契约理论》，载于《农业技术经济》2012 年第 5 期，第 50~60 页。

②③ 杨岩枫：《政府规制视角下的集体经营性建设用地土地市场研究》，中国地质大学（北京）博士学位论文，2017 年。

④ 蒋源、龚致宇、马昌焜：《我国农村集体经营性建设用地入市流转探究》，载于《金融经济》2016 年第 14 期，第 108~110 页。

农民集体与外部企业合作经营土地可以通过发挥各自比较优势提高生产效率。如农村集体拥有土地和劳动力优势，而企业则拥有管理、资金和市场优势，农村集体通过和企业合作共同经营土地，可以取长补短、互通有无，达到帕累托最优与双方利益最大化状态。① 但由于当前农村基层自治机制缺失和农民自组织能力涣散，农民集体议价能力不足，在其与外部经济主体合作经营土地时可能会由于信息不对称和不完全契约而遭受合作损失。② 例如，受教育程度、风险偏好、认知能力等多重差异因素叠加在一起，使集体成员在分工协作中被排除在合作企业经营决策之外，从而出现由于管理权、控制权丧失而收益权无法得到保障的情况。③

（2）探索多种形式发展集体经济。实行农地产权确权登记、推动农村经营性集体资产股份制改革绝非"吃光分净""一股了之"。④ 对集体经营性建设用地不同经营模式下的收益进行的对比分析表明，集体经营性建设用地自营收入明显比合作经营与灰色流转对外出租等形式的收益高。⑤ 因此，可以通过探索集体经济有效实现的多种形式，突破集体经济认识局限，打破按地域建立集体经济组织的传统模式，逐渐形成超越村镇集体范围按"业域关系"创建集体经济组织的新模式；采取与外部资金、技术、信息、管理等资源深度整合、联合经营的方式丰富农村集体经济内涵，推动农村集体经济从封闭走向开放、从静态管制走向动态经营，充分激发与释放集体经济发展活力。推动集体经济实现形式创新与发展、解决村级集体经济封闭运行问题，必将重塑农村经济微观运行机制，对提高集体建设用地经营管理效率、增加农民财产性收入产生重大作用。⑥ 为此，可以从以下两个方面采取措施：

第一，完善法律法规，为集体经济发展提供制度保障。在《农民专业合作社法》已颁布实施的情况下，对农村集体经济的其他组织形式可先由各地政府制定实施条例进行规范，然后逐步通过立法完善。例如，对于"农户＋企业"联合体，重点是按集体经济组织原则合理划分公司与农户权益，建立公司与农户收益共享与共同决策机制等；对于农民专业合作社，应要求其均衡收益分配与资本积累，

---

① ② 尹希果、马大来：《农民和企业合作经营土地的演化博弈分析——基于不完全契约理论》，载于《农业技术经济》2012 年第 5 期，第 50～60 页。

③ 樊帆：《集体经营性建设用地流转收益分配问题研究》，华中师范大学博士学位论文，2015 年。

④ 《农村集体产权改革绝非"吃光分净""一股了之"》，新华社，2017 年 12 月 9 日。

⑤ 杨岩枫：《政府规制视角下的集体经营性建设用地土地市场研究》，中国地质大学（北京）博士学位论文，2017 年。

⑥ 王德祥、李建军：《农村集体经济实现形式问题探讨》，载于《农村经济》2010 年第 1 期，第 10～13 页。

在鼓励其为成员提供多样化福利分配的同时，还应加强自身基础建设与资本积累；对专业技术协会，应在要求其按专业合作社组织形式规范运行的同时，突出其开展技术创新和进行试验研究的特色；对社区股份合作社，应通过允许外部经济主体参与股权投资与经营管理增加流动性和开放性，鼓励其对外投资、参与外部企业发展。另外，还应鼓励一些发展较好的农民专业合作社、农民专业技术协会、社区股份合作社等加强合作，逐步形成具有多功能、综合性的农村集体经济组织。[①]

第二，建立支持体系，为集体经济发展创造良好的环境。为切实推动农村集体经济实现形式创新和发展，可采取以下措施：一是建立农村集体经济组织发展专项预算，为农村新型集体经济组织提供启动资金和运行支持；对农村集体经济组织和集体经营方式提供税收优惠（如免征所得税、减免营业税和增值税）和信贷支持。二是建立统一管理体制，消除农业、水利、科技等部门"多龙治水"分散管理的现象，在各级政府农业部门内成立专门负责农村集体经济组织事务的机构，为农村集体经济组织的建立和运行提供信息服务、技术指导和经营帮助。三是建立地方县（市）政府定期选派新毕业大学生和研究生到农村集体经济组织中工作的制度，帮助各类农村集体经济组织提高经营管理水平和内部管理规范。四是建立农村集体经济组织与地方职业技术学院、大学和科研机构合作、交流的机制。五是县（市）政府应将农村集体经济发展作为农村工作的主要内容，积极通过网络媒体等宣传有关农村集体经济组织的基本知识、支持政策和鼓励措施，传递农村集体经济发展状况、组织形式、经营管理方式等相关信息。六是动员和支持有关企业、公司、村级组织和农村经营大户等，领办和合办新型集体经济组织，探索和发展新的集体经济形式。[②]

5. 利益分配。增值收益分配是农村集体经营性建设用地制度市场化运作的核心利益机制。土地产权市场由分割走向整合以及相关要素的重新组合有力地推动着农地资产性权能和经营性权能制度的统一，农村集体经营性建设用地地权流动性的充盈则会有力地推动着土地资产配置效率和土地利益分配结构的合理化。[③]农村集体经营性建设用地土地增值收益的分配，就其分配主体而言，主要涉及土地所有者（成员集体、集体成员）、土地使用者和土地管理者（政府）等核心利益主体。就其分配内容而言，主要包括两部分：一是集体经营性建设用地初次入市——农村集体经济组织以出让、出租、入股等方式——取得的市场性净收益

①② 王德祥、李建军：《农村集体经济实现形式问题探讨》，载于《农村经济》2010 年第 1 期，第 10 ~ 13 页。

③ 程世勇：《城市化进程中的农村建设用地流转：城乡要素组合与财富分配结构的优化》，经济科学出版社 2012 年版。

（扣除取得成本和土地开发支出），如出让金、租金和股利等。二是出让（租）后的集体经营性建设用地二次转让（租）环节的市场性净收益，如转让金、（转）租金、股利等。就其分配关系来看，主要涉及宏观、中观、微观三个不同层面的分配关系的安排问题。宏观层面主要涉及政府与农民（集体）的利益均衡问题；中观层面主要涉及不同区域农民（集体）之间的利益均衡问题；微观层面主要涉及农民集体和农民个体之间的利益均衡问题。

（1）集体经营性建设用地入市收益分配关系：宏观层面。集体经营性建设用地入市收益宏观层面分配关系涉及的核心问题是政府是否应该作为收益分配主体直接参与集体经营性建设用地入市收益的分配，继而衍生出来政府应以何种方式——调节金还是增值税——参与分配，以及不同层级政府是否参与以及以何种比例参与分配等问题，其背后隐含的深层含义是"涨价归公""涨价归私"抑或"公私兼顾"。

基于马克思的地租理论，如果剥离地租形式的资本主义社会制度依托，单纯从地租的形式来看，集体建设用地的地租形式也可划分为极差地租（级差地租Ⅰ和极差地租Ⅱ）和绝对地租。对集体经营性建设用地入市流转的收益分配，一种观点认为，按照初次分配基于产权归属和充分保障集体成员财产权的原则，绝对地租和部分极差地租Ⅰ对应的收益应归农村集体经济组织所有，部分极差地租Ⅰ和极差地租Ⅱ对应的收益应归集体土地使用者所有。政府作为非产权主体，不应直接参与集体土地流转收益的分配，而是以管理者身份通过税收参与二次分配。另一种观点则针锋相对，认为绝对地租对应的收益归土地所有者，极差地租Ⅰ和部分极差地租Ⅱ对应的收益应归地方政府所有，剩余部分极差地租Ⅱ对应的收益归集体土地使用者所有。理由是除了区位差异性因素之外，集体经营性建设用地入市的增值收益主要是由于地方政府配套基础设施投入的结果，因而，地方政府有权利参与集体经营性建设用地入市流转收益的分配。

从实践上看，国家层面上的已有正式制度安排是允许各级政府按照收益共享的原则，以土地增值收益调节金的方式参与对集体经营性建设用地入市的收益分配①，且政府既参与初次入市环节的土地增值收益分配，又参与再次转让环节的

---

① 2016年财政部和国土资源部联合下发《农村集体经营性建设用地土地增值收益调节金征收使用管理暂行办法》，第四条规定："农村集体经济组织通过出让、租赁、作价出资（入股）等方式取得农村集体经营性建设用地入市收益，以及入市后的农村集体经营性建设用地土地使用权人，以出售、交换、赠与、出租、作价出资（入股）或其他视同转让等方式取得再转让收益时，向国家缴纳调节金。"第二十一条规定："在契税暂无法覆盖农村集体经营性建设用地入市环节的过渡时期，除本通知所规定的与土地增值收益相对应的调节金外，须再按成交价款的3%~5%征收与契税相当的调节金。"

增值收益分配。政府既能够以"费"的形式参与分配（按照集体经营性建设用地入市增值收益的 20% ~50% 征收），还能够以"税"的形式参与分配（除调节金外，另按集体经营性建设用地入市成交价款的 3% ~5% 征税）。

实践中，地方集体经营性建设用地流转增值收益分配主要分两种情况：一种是地方政府不直接参与土地增值收益分配，而是主要以土地管理者的身份以"费"或"税"的形式间接介入。例如，重庆垫江规定，集体建设用地入市（出让、转让或出租）的增值收益一律归属农村集体经济组织作为农村集体财产，但应向政府按收益总额的 2% 缴纳工作经费。再如，广东全域规定集体建设用地流转增值收益应参照国有建设用地增值税标准缴纳增值税。另一种是地方政府直接参与土地增值收益分配。具体而言，又细化分为三种具体形式：一是政府主要参与集体建设用地初次入市流转增值收益的分配，如深圳等地。二是政府主要参与集体建设用地流转继次入市流转增值收益的分配，如上海等地。三是政府既参与初次入市环节的土地增值收益分配，又参与再次转让环节的增值收益分配，如苏州等地。

总体来看，绝大部分地方政府在制定集体建设用地流转政策时有较为强烈的意愿直接参与集体建设用地增值收益分配，但不同地区在哪级政府参与分配的差异性较大。参与分配的政府层级分为两种主要情况：一是市、区（县）、镇（乡）三级均参与分配，如江苏苏州、无锡，安徽芜湖、池州等地；二是县（区）级以上政府不参与分配，仅镇（乡）级政府参与分配，如江苏宿迁等地。[①]

不同利益主体参与分配关系主要分为土地所有者和政府之间的分配比例以及政府内部不同层级之间的分配比例，各地在实践中差异明显。以较为典型的农地集体建设用地流转试点实践来看：江苏苏州规定，集体建设用地初次流转，政府与土地所有者按照 3:7 的比例分享土地流转收益。政府分得的土地增值收益在市、郊区（县）、镇（乡）三级政府之间分成：市政府定额按"1.5 元/平方米"的标准收取，其余在郊区（县）、镇（乡）之间按 3:7 分成。集体建设用地继次流转增值收益也实行郊区（县）、镇（乡）3:7 分成。安徽芜湖规定，集体建设用地初次流转增值收益在土地所有者、市政府、郊区（县）政府、镇（乡）政府之间按 2:1:2:5 的比例分成，继次流转则按累进制征缴增值收益。浙江湖州则规定，集体建设用地流转增值收益在农村集体经济组织和镇（乡）政府之间按 9:1 的比例分成。

---

① 王文等：《中国农村集体建设用地流转收益关系及分配政策演进》，经济科学出版社 2013 年版，第 49 页。

（2）集体经营性建设用地入市收益分配关系：中观层面。考虑到不同区域（位）农村集体经营性建设用地的异质性，"区际公平"成为衡量集体经营性建设用地入市收益分配合理与否的一个重要因素。中国农村地域广阔，农地资源禀赋迥异，东中西部的经济社会生产力发展水平、市场发育程度、地方财政收入水平各不相同，这些异质性因素会导致不同区域的集体经营性建设用地价值在实现过程中的巨大差异。就某一区域内部而言，尽管设计了集体建设用地使用权的空间漂移和异地调整入市等平衡机制，但这一机制的出发点更多的是基于可入市集体建设用地资源的稀缺性。由此而衍生出来的问题是，集体建设用地入市增值收益的分配不仅关乎政府和农民（集体）的利益分割，还关乎城郊农民（集体）与远郊农民（集体）、发达地区农民（集体）与欠发达地区农民（集体）、鼓励开发主体功能区农民（集体）和限制开发主体功能区农民（集体）之间等不同群体的利益补偿和利益均衡问题。

这一问题的核心和实质是土地发展权的配置归属问题。基于土地发展权理论范式，土地发展权的界定决定着因土地用途改变而发生的增值收益分配趋向问题。由于土地发展权并不同于土地占有、使用、收益和处分等权利束，而是基于土地用途改变——通常是从低强度利用形态向高强度利用形态的改变——使得这些权利束在纵向向度和形态维度上的变化，所以土地发展权的界定和归属无论在实践中还是在理论上分歧都比较大。从世界各国实践来看，土地发展权的界定和归属主要有两种观点：一种是"权利归属论"，即土地发展权与其他权利一样自然归属于土地所有权人，如美国；另一种是"国家归属论"，即因土地用途改变而发生的土地发展权的初始归属主体应是国家，如英国。从学术界已有的观点来看，土地发展权的归属也有两种不同的理论观点：一种是认为农地发展权是独立的财产权，其初始权利理应属于国家，开发利用应先向国家购买发展权，即"涨价归公"；另一种则认为发展权也是一种主体财产权，理应归属土地所有者即农民（集体）所有，即"涨价归农"。土地发展权如何界定和归属衍生出不同的农村集体建设用地入市增值收益分配逻辑。

进一步看，问题的关键还在于，由于我国对土地开发和利用实行严格的总体规划和用途管制，人为规划和界设用途的差异性决定了农地发展权利用形态和开发强度存在巨大的差异。例如，在现有的主体功能区国土空间开发结构下，不同的主体功能区农地发展权强度差异明显，优化开发功能区农地发展权强度较大，重点开发功能区次之，限制和禁止开发功能区最弱。再如，国家实行基本农田永久保护制度，农产品主产区农地发展权利用形态被严格限制在农用用途上，是一种低强度利用形态，增值空间非常有限；相较而言，处在城市化地区功能区的农地发展权利用形态和开发空间弹性极大，由此带来的增值空间巨大。

无论农地发展权如何界定和归属，不同区域农民（集体）作为土地所有权拥有者的权益是平等的，不应因国家土地规划和用途管制而有所歧视和差别。类似于跨区域、流域的区域生态补偿问题，一个区域的生态保护（破坏）导致的正（负）向外溢效应会传递给其他区域，按照"谁保护、谁受益，谁破坏、谁补偿"的原则，应在国家层面建立区际转移支付的生态补偿机制。同样，因国家规划而被永久限制在农业领域、丧失土地发展权的农民为国家粮食安全做出了贡献，应通过类似于生态区际补偿的机制来予以补偿。这就需要通过变土地增值收益调节金为土地增值税，通过合理的土地增值税收体系建立起集体经营性建设用地入市增值收益分配的区际利益协调平衡机制，通过税收和转移支付等方式对因区域差异性因素导致的土地增值收益分配不公予以调节，平衡好城郊农民（集体）与远郊农民（集体）、发达地区农民（集体）与欠发达地区农民（集体）、鼓励开发主体功能区农民（集体）和限制开发主体功能区农民（集体）之间等不同群体的利益关系问题。

（3）集体经营性建设用地入市收益分配关系：微观层面。由于集体经营性建设用地入市的突破性意义在于农地剩余控制权从地方政府向农民（集体）的转移，故而理论研究和实践探索的重心更多聚焦于如何合理界定政府与农村土地所有者之间的权利边界和分配关系，较少关注集体经营性建设用地入市增值收益在农村成员集体和集体成员之间的分配关系。

考虑到区域的异质性，由于不同地区的区域经济社会发展水平、市场化发育程度、微观农村经济组织结构的经济绩效以及农民自组织能力和乡村治理结构的有效性等因素存在差异，各微观行为主体博弈能力有强有弱，在实际土地利益分配过程中各地集体和个人间增值收益分配比例不尽相同，各地对于集体建设用地流转增值收益的用途去向的规定也各有差异。

从各地的试点来看，尽管规定各不相同，但集体土地流转增值收益主要用途是发展集体经济、公益事业、基础设施建设、集体成员就业生活安置和偿还村集体债务等。各地大都对集体建设用地流转增值收益优先用于农民社会保障做出了比较明确的约束性规定。例如，《北京市农民集体建设用地使用权流转试点办法》（2003年）规定了集体建设用地流转收益必须提取一定比例投入农村社保，剩余部分专项用于农村基础设施、兴办集体公益事业等支出。《广东省集体建设用地使用权流转管理办法》（2005年）、《南京市集体建设用地使用权流转管理办法》（2011年）规定，集体建设用地流转收益纳入农村集体资产统一管理，其中50%以上专款专项用于集体成员社会保障。《成都市集体建设用地使用权流转管理暂行办法》（2007 年）也明确规定集体建设用地使用权流转收益优先用于农民社会保险。《洛阳市集体建设用地使用权流转管理暂行办法》（2012 年）更是规定，出让、出租集体建设用地使用权收益不低于 60% 专项用于集体成员的社保支出。

6. 经验分析与路径选择。前述分析建立在农民集体与个体的同质性假定上，若我们将这一假设性条件进行现实性还原，则会将上述分析进一步推向纵深。《土地管理法》规定："农民集体所有的土地依法属于村农民集体所有的，由村集体经济组织或者村民委员会经营、管理；已经分别属于村内两个以上农村集体经济组织的农民集体所有的，由村内各该农村集体经济组织或者村民小组经营、管理；已经属于乡（镇）农民集体所有的，由乡（镇）农村集体经济组织经营、管理。"① "三级所有、队为基础"的制度设计设定了农民个体与农民集体之间复杂的多层级"委托—代理"关系，信息不对称诱发的"代理人风险"以及"内部人控制"引发的集体资产流失风险成为集体建设用地入市必须面临的新课题。②

"农民集体"——包括乡镇、村以及村内部（两个以上）集体经济组织三个层次——作为一个法律人格意义缺失的抽象集合，并不具备真正独立的法律主体地位。从已有试点和实践看，农村集体经济组织主体和代表的"虚化"模糊了农民集体与个体间的利益边界，使得建设用地入市增值收益分配上集体占有比例过大、农民分红缺乏有效保障现象普遍存在。在围绕最终控制权争夺的传统农地治理结构层次中，通常由具备法人资格的村委会（村干部）来充当政府与农民（集体）模糊契约安排下内在紧张关系的缓冲器，代以行使集体土地所有权权能（处置权）。现实中，村委会身兼农村社区公共管理者、集体资产运营管理者和政府基层代理人等多种角色，"政经合一、议行合一"的行为特征使其具备成为新的剩余控制者和索取者的独特便利。农民自组织能力涣散和基层自治机制的缺失，使得集体经营性建设用地增值收益往往容易被少数内部人所攫取。③

考虑到区域的异质性，由于不同地区的区域发展水平、市场化发育程度、微观农村经济组织结构的经济绩效以及农民自治能力各有差异，各微观行为主体博弈能力有强有弱，在实际土地利益分配过程中各地集体和个人间增值收益分配比例也各不相同。本书课题组在四川郫都区、江苏昆山等地调研的情况表明：西部地区将更多流转增值收益用于发展集体经济的意愿强烈，如郫都区的集体经营性

① 《中华人民共和国土地管理法（2004）》，中国政府网，http：//www. gov. cn/banshi/2005 - 05/26/content_989. htm。

②③ 盖凯程、于平：《农地非农化制度的变迁逻辑：从征地到集体经营性建设用地入市》，载于《农业经济问题》2017 年第 3 期，第 15 ~ 22 页。

建设用地入市增值收益以"二八开"为基准分配原则，即土地收益的 20% 按股东人数进行现金分配，剩下的 80% 为集体公积金和公益金（其中 50% 作为集体资产管理公司公积金，并按公司股权设置量化到股东，另外 30% 为公益金，用于村级公共福利）。东部地区则侧重于在充分保障农村分红收益基础上构建集体资产保值增值长效机制，如在昆山周市镇"股权固化"改革中，股红分配比例遵循 4∶3∶3 的原则：40% 增值收益用于集体经济组织成员分红，30% 用于股份合作社积累以及再生产，剩余 30% 用于集体公共服务和开支。周市镇的经验在于通过社员代表制度提高了社员的自组织能力，通过"听证会制度"提升了决策的民主化程度，通过"政经分离"（行政村与社区股份合作社边界的划分）规避了"代理人风险"问题。①

因此，集体建设用地入市的"代理人风险"和"内部人控制"问题应通过优化乡村治理结构来有效规避：通过健全农村"选举、决策、管理、监督"四位一体的基层民主制度，提升农民自组织能力；通过硬化村民议事会"一事一议"机制，使集体建设用地入市全过程公开透明；建立村委会监督约束机制，对村干部的权力进行界定，剥离其政府基层代言者身份；增设可代表集体经营性建设用地股权利益的独立董事；以法律形式明确界定集体经济组织和农民在土地增值收益上的分配比例；规范财务制度以制约集体经济组织对集体资金的使用；引入第三方监督监管机制，对集体土地经营收益及其用途进行评估监督等。②

第三节　深化农村土地产权制度改革实践：方向路径

党的十九大报告明确提出，要巩固和完善农村基本经营制度，深化农村土地制度改革，完善承包地"三权分置"制度。正是这一个"巩固"和两个"完善"，确定了未来农村土地产权制度改革的基本方向。换句话说，这既为深化农村土地产权制度改革理性把握其难点、设计并选择多条可行性创新路径指明了基本路向，又为农业农村各方稳定利益预期、高效持续发展提供了制度保障。基于前文的新一轮农村土地产权制度改革的背景及经验分析，本书认为，农村基本经营制度的巩固和完善、承包地"三权分置"制度完善的关键在于农村土地产权制度改革的深化，以实现"资源变资产、资金变股金、农民变股东"。新时代发展

①② 盖凯程、于平：《农地非农化制度的变迁逻辑：从征地到集体经营性建设用地入市》，载于《农业经济问题》2017 年第 3 期，第 15～22 页。

背景下，农村土地产权制度改革深化聚焦的具体方向是"构建以用益物权为内涵属性的农村土地使用权制度"。沿着这个具体方向应从五个方面加大力度，即"稳步推进农村土地的'确权颁证'、搭建统一的市场化要素流动平台、着力促进新型农业经营主体发展、加强培育现代的新型职业农民以及加快完善法律制度及政策的建设"。

一、具体方向：构建以用益物权为内涵属性的农村土地使用权制度

在新时代的阶段发展背景下，全面深化经济体制改革和激发各类经济主体发展新活力是新一轮农村改革的一大主题。党的十八届三中全会发布的《中共中央关于全面深化改革若干重大问题的决定》明确提出："要赋予农民更多财产权利，要赋予农民对集体资产股份占有、收益、有偿退出及抵押、担保、继承权；保障农户宅基地用益物权，改革完善农村宅基地制度，稳妥推进农民住房财产权抵押、担保、转让，探索农民增加财产性收入渠道；建立农村产权流转交易市场，推动农村产权流转交易公开、公正、规范运行。"党的十九大报告进一步强调："巩固和完善农村基本经营制度，深化农村土地制度改革，完善承包地'三权'分置制度。"这为我们挖掘新一轮农村土地产权制度变革的理论思想，并以此为基础进一步明晰新一轮农村土地产权制度改革的具体方向提供了根本指引。

1. 新一轮农村土地产权制度改革实践背后的理论思想。就已有的实践经验来看，新一轮农村土地产权制度改革创新运用了马克思主义的产权理论。马克思主义产权理论表明，财产权属于生产关系范畴，所有权是所有制的法律形态。作为经济关系的所有制，其法律形式就是所有权，即对某物的最高的、排他的任意支配权；同时，只有具有了法律上的所有权，事实上的占有才具有合法占有的性质。所有权是占有、使用、收益、处分等财产权利束的核心，所有权与占有、使用等权利相互统一或相互分离的情况在历史上均有出现。比如，小生产者就提供了所有权和占有、使用权相统一的典型例证；而亚细亚所有制形式下的所有权与占有权则是相互分离的；在资本主义农业生产方式中，土地所有权与经营权相互分离；在存在借贷资本的场合，资本的所有权与资本使用权相互分离。因而，在马克思主义产权理论制度框架下，物的所有权与占有、使用、收益、处分等一系列权利之间既存在相互统一的状态，也存在相互分离的可能，但不论哪一种情况都不会改变所有权或所有制的根本性质，只会对所有权的实现及利益分配方式产生影响。我国正推行的农村土地产权改革，是马克思主义产权理论在新时期的再次实践，进一步反映了马克思主义产权理论的本质内容。此次改革始终坚持集体

所有的基本制度，农村土地的所有权依然归集体所有，农村土地的占有权与经营权则与所有权出现了分离。通过"确权、颁证"进一步确保了农村土地归农民占有的制度基础，凭此流转使用权，集体、农民以及使用权人均可获取相应的收益。此轮农地产权改革过程中，农民的承包经营权再次发生分离，宅基地及农民的房产可以用于抵押担保。在"确权、颁证"的基础上，属于物权范畴的承包经营权分离为承包权与经营权，经营权以债权或次生物权形式呈现，而宅基地的处分权与收益权权能也逐步完备。可以看到，新一轮农村土地产权制度改革过程中，农村土地所有制性质并未发生改变，依然是农民集体所有，只是在其实现形式上进行了创新性实践，农村土地使用权的权能正逐渐变得完备。

新一轮农村土地产权制度改革进一步体现了现代用益物权的思想。之前的农地产权制度是两权分离的双层架构：土地的归属权（集体所有权）和土地的实际利用权（集体共用和农民个体私用）。在这一制度安排下，法律上被称为用益物权的农地所有权权能却被限制。比如，国家对土地使用权流转的限制和农村土地转为城市建设用地（土地农转非必须经过国家征用）时国家在一级土地市场上的行政垄断等，都造成农村土地产权的排他性弱化、产权主体的处置权缺失、农民的土地收益权无法得到保障。新一轮的农村土地制度改革则通过建立现代用益物权为核心的农村土地财产权利体系，赋予农民土地财产权和实现农民土地财产权益。现代物权制度尤其强调"对物的使用"。现代物权主要是指权利人对标的物享有的直接支配权和排他性权利，包括所有权、用益物权和担保权。所有权人拥有对标的物占有、使用、收益和处分的权利，而用益物权人拥有对标的物占有、使用和收益的权利。在一定的限制内，用益物权人对所有权人具有一定的排他性。以新一轮农村承包经营土地产权制度变革中的"三权分置"为例，基于农村土地归集体所有的制度前提，通过"确权、颁证"工作的落实推进，用益物权主体得以明确，进而在既有的法律、法规、政策的框架下，农民在一定程度上可以对承包的土地实现"排他性"，实现基于占有权的使用、抵押、流转、退出等权能，并通过使用权的转让获取一定的租金、分红与务工等经营权流转效益。可见，现代产权制度中的用益物权思想在新一轮农村土地产权制度变革中得到充分体现。

2. 清晰的方向：构建以用益物权为内涵属性的农村土地使用权制度。本书认为，新一轮农村土地产权制度改革的基本方向已经清晰，这就是：坚持农村土地农民集体所有，明确界定集体所有权的行使主体及其权能；集体所有制基础上土地承包关系长久不变，依法保障农民对承包地占有、使用、收益、流转及承包经营权抵押、担保权利；农村土地集体所有制的有效实现形式是土地承包经营权主体同使用权主体的分离，以落实所有权、稳定承包权、放活经营权为主线构建以农户家庭经营为基础、合作与联合为纽带、社会化服务为支撑的立体式复合型现代农业经营体系；明确土地承包经营权、宅基地使用权和集体建设用地使用权是法律赋予农民的合法财产权利，农民的土地财产权利包括排他的使用权、独享的收益权及自由的转让权，并以此获得财产性收入，并分享土地长久的增值收益。正是在这一新的背景下，我们提出新一轮农村土地产权制度改革的基本方向是：构建以用益物权为内涵属性的农村土地使用权制度，即从法律上确权、建立所有权和使用权（用益物权）制度，以解决农民的土地财产权利并凭此实现经济获利的问题。

财产权是人民的基本权利之一，农村居民拥有财产权是社会主义市场经济的基本要求。农民拥有的土地财产权是一组权利，其基础或者说起决定作用的基本生产关系是所有制，即农村土地的集体所有制。这一组财产权利，从产权类型看，包括集体土地（资产）所有权、土地承包经营权、宅基地使用权；从产权权能看，包括使用权、收益权、处分权（在物权范围内）、继承权（解释为"土地承包关系长久不变"）。在现行制度下，农民土地财产权的各种权利形式之间存在着比较复杂的关系。首先，农民的土地财产权来源于他是集体经济组织的成员资格，即来源于法定的成员权，成员权是农民获得土地财产权的资格，但它本身并不是财产权，而是一种身份性权利。农民的宅基地使用权和承包经营权虽然是因特定身份而获取的，但一旦成为农民的财产权对象后就获取了独立的财产权形式，是农民依法拥有的民事上的土地用益物权。其次，农民对土地使用权的处分权来源于土地使用权（特别是承包经营权）中的流转权能，即"处分权"的权利客体是土地使用权本身，它是在所有权与使用权分离情况下产生的一种财产权形式，它与所有权的法律地位应该是平等的。最后，农民在农村土地上的未来权益是当前权利的延伸，如土地征收中的受补偿权是对农民拥有的土地所有权和土地使用权的补偿，继承权则主要是土地使用和收益利益的承继。不论是何种权利形式，农民的土地财产权利都需要在一个理论逻辑与实践一致、内洽的农地制度框架内实现。

以用益物权为内涵属性的农村土地使用权制度框架下，农村土地使用权的产权功能是：它将成为农民生存及长期发展的基础；它将发挥产权的激励功能，形成合理预期，有利于土地的长期投资和保护农民的土地收益；它将发挥市场配置土地资源的作用，推动土地适度规模经营和现代农业的发展；它将让土地使用权人分享土地增值价值，获得财产性收入。让土地用益物权成为农民最重要的财产权利，不仅是确认农民的财产权利，更要赋予农民完整的具有作为市场经济主体的能力，要实现劳动力、资金与土地等生产要素在城乡之间自由流动，在农村建立长久稳定的土地产权关系。

二、实现路径：从五个方面入手健全完善农村土地用益物权体系

从我国既有的制度设计来看，农村土地使用权这一用益物权仍是不完备的。新一轮农村产权制度深入推进阶段，要确保以用益物权为内涵属性的农村土地使用权制度，实现解决农民土地财产权利实现经济获利的作用，本书认为离不开完善的农村土地用益物权体系。构建农村土地用益物权体系应从五个方面入手：构建国家与农村集体、农村集体与农民个体之间平等的产权关系；建立土地用益物权保护制度；完善土地流转交易的市场体系；加强土地用途管制；建立完善的农村社会保障机制。

1. 构建国家与农村集体、农村集体与农民个体之间平等的产权关系。土地用益物权的充分实现，需要改变在土地所有权上面的国家强制，即把附属在土地上的国家意志和国家的政治职能剥离出来，建立国家与农村集体、农村集体与农民个体之间的平等产权交易。国家与农村集体平等的产权关系强调产权主体地位明晰，在当前农村土地产权制度改革中农村集体土地应能像国有土地一样入市交易，在获得要素的入市收益的同时体现级差地租收益，而非被政府以"土地补偿款"的形式强制征用。农村集体与农民个体平等的产权关系注重在农村集体所有权"做实"的基础上，实现农民个体使用权的权利拓展，提高农民财产收益的同时确保农民个体能够与农村集体一并获得合理的土地流转或入市收益。

农村土地产权制度改革，是政府、农村集体经济组织、农民的权利和利益的确认与调整过程；农民在产权制度安排中的地位，决定了土地财产使用和收益的实际程度、效率与水平。新一轮农村土地产权制度的改革，就是要使农民拥有平等的权利和地位，能够分享经济改革和发展的成果，重新构建农民与集体、政府的权力和权利关系。农地产权关系（如所有权、承包权、经营权）的不断明晰化，将有助于合理界定个人与集体、政府之间的权利边界，从而构筑土地生产要素市场化配置的制度基础。

建立国家与农民集体、集体与私人之间平等产权关系的根本目的在于保障农民土地财产权利的收益。这有赖于农民享有充分而清晰的土地产权权利，如与土地承包使用权相关的土地流转的处置权和收益权等，特别是在土地流转中获得土地级差收益的权利。为此，应做到以下几点：一要严格执行"确实权，颁铁证"，将农村集体所有制度下"模糊的产权"明晰化，进一步划清不同的利益主体，如

国家与农村集体、农村集体之间以及农村集体和农民个体间，农村集体、农民个体与新型经营主体之间等的土地权属边界与界限，并由专门管理部门详细记录土地面积、用途、界标、等级等。对农民个体实际使用的土地也应当将其数量、质量、位置、界限等统一登记造册。由区县级相关部门为农村居民发放农村土地使用权证和房屋产权证等财产权属证明。

二要真正做实集体经济组织，强化农村集体经济组织的合法权利，尤其应赋予农村集体或集体经济组织"监督权"，并赋予其一定的"执法权"，避免农村集体或集体经济组织沦为工商资本下乡服务的跳板，切实强化农村集体所有权权能，以确保农村集体与农民个体的权利收益。

三要规范保障农村土地的集体所有权，稳步拓展和丰富农民个体使用权权能，逐步实现"还权赋能于民"。对于农村集体土地的有偿使用收益，要真正落实农村集体所有权的主体地位，并实现农村集体与农民个体平等分享收益；要不断丰富农村土地实际使用人作价入股、有偿退出、出租出让、联营、抵押等多元化的权利参与形式；在"收益分配权"普遍得到认可接受的基础上向"占有、收益、处分"等权能拓展，还要尽可能体现"抵押、担保、继承以及发展权"等具体权利。

2. 建立土地用益物权保护制度。

第一，重新界定农村集体土地的所有权主体，农村集体组织主体理应确定为行政村农民集体，由具有法人资格并行使集体土地处置权的村委会行使集体土地所有权权能。

第二，完善农村土地登记发证制度，向农民统一颁发土地使用权证号，农民宅基地与地上建筑物应发给房地产所有权证；完善和制定《物权法》和《民法典》，建立健全保护城乡居民不动产权益的法律体系。

第三，明确界定公共利益用地范围，并将政府征地权的行使范围真正限定在"公共利益"的范畴，以遏制假借公共利益之名侵犯集体土地所有权的企图；在立法方法上，制定"公共利益征地否定式目录"，明确规定营利性目的用地不得征收。

第四，需要修改现行土地管理法律、法规（如《担保法》《土地管理法》等），明确集体土地在符合国家土地利用规划的前提下可以转为非农建设用地，也可以自由流转以保障集体土地资源配置效率和土地收益最大化。加强法律制度与规章政策的衔接。农民的农地承包权是否交出，在新一轮的农地产权制度改革过程中也是有待处理的问题，法律与政策相互冲突的问题应尽快解决。

第五，完善土地征收补偿办法，把"尊重农民的土地物权"作为征地制度改革政策设计的首要价值取向；开展留地安置、集体建设用地土地使用权入股、土地股份合作等多种征地安置模式，在此基础上，建立基于市场价格的征地补偿标准体系。

3. 完善土地流转交易的市场体系。

第一，要建立完善的土地交易制度，使之交易顺畅，提高土地资源配置效益与效率。充分发挥农村资源优势，努力搭建政府主导、农民为主体、市场化运作的农村发展平台，进一步激活城乡各类发展要素，加快农村资源资本化进程，真正实现土地可持续利用、产业可持续发展、农民可持续增收。

第二，建立农村产权价值评估机制。县级以上人民政府负责制定并公布区域农村土地承包经营权基准价格、集体建设用地使用权基准价格和最低保护价，为农村产权的价值评估提供依据和基础；大力发展农村产权价值评估、法律咨询等中介服务组织，为农村产权流转担保提供服务。

第三，完善农村产权流转体系。依托各级农村产权交易平台设立覆盖辖区内各地的农村产权流转交易服务中心并实现联网，及时收集和发布各类产权流转交易信息，组织产权流转、招拍挂等交易活动，为贷款抵押物处置、抵押权利的实现提供平台。国土资源管理部门、房产管理部门和农业行政主管部门为农村产权的流转办理变更登记手续。具体地，一要本着因地制宜的原则，推进全面建立覆盖省、市、县（区）的三级土地要素流转市场或产权市场交易体系，允许耕地的承包经营权、集体建设用地使用权和农民的房屋等进入产权市场流转或交易。健全土地流转信息平台，以便利交易双方查询信息。二要严加市场管理，规范要素流转秩序。建立严格的土地审查制度，对流转双方的资格条件、流转亩数、流转用途等流转信息要严格审查。鼓励双方统一采用产权交易市场提供的标准化的农村土地流转合同，并在工作人员的指导下签订合同，切实保护交易双方的利益。三要加强组织机构建设。主动设立金融、法律、审计评估等业务部门，提高综合服务水平，为交易双方提供信息咨询、标的信息发布、融资担保以及法律咨询等服务，降低交易双方的搜寻成本。

第四，完善农村产权抵押融资风险分担机制。为推动农村产权抵押融资，由各级人民政府按一定比例出资设立农村产权抵押融资风险基金，用于收购抵债资产。完善金融相关政策及管理办法。鼓励各地积极开展土地经营权抵押贷款、入股以及有偿退出等试点，并及时形成可复制的经验，进而推动金融等相关制度、政策的优化。在此基础上，应加快制定统一土地经营权抵押贷款、入股以及有偿退出的指导意见，各地依据指导意见，制定实施方案。

4. 加强土地用途管制。土地用途管制制度是国家为保证土地资源的合理利用和优化配置，促进经济、社会和环境协调发展的一项重要制度。土地用途管制的内容包括土地按用途进行合理分类、土地利用总体规划规定土地用途、土地登记注明土地用途、土地用途变更实行审批、对不按照规定的土地用途使用土地的行为进行处罚等。在保证土地用益物权和强化使用者权利的同时，政府需加强土地用途管制以调节个人利益、局部利益与社会公共利益的矛盾，保证土地资源的合理有效利用。

土地用途管制除采取相关法律法规行政手段外，还可设置土地发展权。土地发展权是土地变更为不同使用性质的权利，是一种可以与土地所有权分割而单独处分的财产权。它既可以与土地所有权合为一体，由拥有土地所有权的土地拥有者支配，也可以单独支配，是土地处分权中最重要的权利。土地发展权的提法在我国目前还仅限于理论界，在实践中并未作为一个明确的概念使用。在国外，土地发展权一般有归私人所有（如美国）和归政府所有（如英国）两种制度。土地发展权归政府所有主要基于社会公平的考虑。土地所有权可以买卖、土地使用权可以转移，但是土地所有者和使用者都不能随意变更土地发展权。如果土地所有者要改变土地用途或增加土地使用集约度，必须先向政府购买发展权。我国在设置土地发展权时可在使用权用益物权中赋予部分土地发展权，政府在土地征用时向农民购买这项财产权利，用市场交易方式寻找土地使用权（含土地发展权）的对价，以保证农民长期发展的利益。

5. 建立完善的农村社会保障机制。作为高风险的弱质产业，农业生产面临着自然灾害风险、技术风险和市场风险等多重风险，逐步建立和完善农业保险体系有利于减少风险发生的可能性，降低或转移分散农村土地经营主体的自然风险。构建农业保险体系，一是要建立以政策性保险为主的农业保险体系，二是政府要对商业性保险公司提供的农业保险业务给予政策优惠，通过商业性保险公司来开展农险业务。具体来说，可从以下几个方面入手：

第一，充分利用现代金融工具，构建新的土地承包经营权保险组织形式。依托现有的金融机构，利用金融机构的放大作用，由农业发展投资公司等政策性公司牵头，通过农地股份制企业入股成立专门的股份担保保险公司，通过介入"履约担保"等对土地流转进行行为担保和信用担保，确保将流转行为可能产生的风险降到最低，解决农村土地经营主体融资难问题。

第二，建立农业风险保障机制。制定新的风险扶持政策，如支持建立灾害风险补偿基金、农作物病虫害保险基金等。积极探索实施互保合作方式，由农业部门依托各类农业行业协会、专业合作社和农业龙头企业，共同组建"农业生产者互助合作保险组织"。按照自愿原则，实行会员缴费、财政补助、自我管理、合作共享、专户监管、滚动发展的农业保险运作模式，为促进土地流转和规模经营提供有力保障。

第三，建立风险防控机制。区县、乡镇土地承包管理部门建立风险预防、控制和处置机制，有条件的地方，可以设立土地流转风险资金，探索建立农村土地流转保证金制度和土地复垦保证金制度，对规模较大的土地流转项目，支持业主参加政策性农业保险，降低农村土地经营主体的自然风险。

第四，发展农产品期货市场。在农产品流通过程中，现货交易在具有直接、便利等优点的同时，也具有价格波动大、市场风险排解难等缺点，而农产品期货市场能够有效地化解这个问题，通过建立农产品收购期货交易制度可以有效降低农村土地经营主体的市场风险。

第五，完善农村社会保障体系。将农民纳入社会保障的范围之内，扩大农村社保的覆盖面，弱化土地的社会保障功能，进一步建立健全包括农村最低生活保障制度、农村社会救济制度、农村社会养老保险制度和新型农村合作医疗制度等在内的农村社会保障体系，建立土地流出农户和土地股份合作参与农户的养老保障机制和生活保障机制，消除农户参与土地流转的后顾之忧，解除限制土地流转的深层障碍，以促进深层次的土地流转。

第三章

我国农村基本经营制度研究

党的十一届三中全会以来，我们逐步明确了以家庭承包经营为基础、统分结合的双层经营体制，这是现阶段我国农村的基本经营制度。实践证明，坚持和完善统分结合的双层经营体制，对于进一步解放我国农业生产力、实现农业农村现代化和共同富裕目标很有必要。党的十八大报告明确强调要坚持和完善农村基本经营制度，并通过深化土地制度改革、培育新型农业经营主体、完善农业社会化服务体系，以及推动土地有序流转以实现适度规模经营等一系列措施，努力促进农村基本经营制度的稳定和完善。党的十九大报告再次重申要巩固和完善农村基本经营制度。

坚持党的农村政策，首要的就是坚持农村基本经营制度，2015年11月发布的《深化农村改革综合性实施方案》明确将坚持和完善农村基本经营制度作为深化农村综合性改革的基本原则之一，强调要把握好土地集体所有制和家庭承包经营的关系，落实集体所有权，稳定农户承包权，放活土地经营权，实行"三权分置"。坚持家庭经营在农业中的基础性地位，创新农业经营组织方式，推进家庭经营、集体经营、合作经营、企业经营等共同发展。同时，也明确提出要探索社会主义市场经济条件下农村集体所有制经济的有效组织形式和经营方式，确保集体经济发展成果惠及本集体所有成员，进一步发挥集体经济的优越性，进一步调动集体经济组织成员的积极性。这一系列重要精神，无疑是我们深入研究我国农村基本经营制度的明确指针。

第一节　土地确权、"三权分置"与农地流转

一、土地确权的必要性

虽然就不同区域看，我国新一轮农村土地产权制度改革在启动时间上先后不

一，但此轮农村土地产权制度的改革已在全国迅速推进却是不争的事实。此轮改革以农村土地的确权颁证为切入点，尽管对于率先完成城乡一体化的部分发达地区，如我们2016年春夏之交调研的江苏昆山、太仓等地，由于1998年二轮承包时已经有不要地的了（因当时还要交两金一费），苏州市其时已经做出动账不动田的规定，加之随后兴起的土地流转，当地有人认为现在来搞土地确权有些迟了，但就全国绝大多数农村而言，对农村土地进行确权颁证显然是广受欢迎的。而对于土地确权广受欢迎的原因，四川在改革过程中概括的"确实权、颁铁证"给出了简明扼要的揭示。对此，我们不妨试做以下分析。

首先，坚持以家庭承包经营为基础、统分结合的双层经营体制，必须稳定家庭承包经营权这一基本权利。我国的农村改革滥觞于家庭联产承包责任制，从包产到户到包干到户，最终到大包干这一家庭承包经营农地的责任制形式迅速在广袤的农村大地上全面推行。虽然实行了包干到户，农户与集体签订了土地承包合同，但最初由于承包合同规定的承包期限短，不仅使承包农户对于土地承包经营权预期不稳定，而且一旦承包合同到期，由于承包期间人口的变动，新一轮承包时农户将面临承包土地的重新调整，这进一步增加了承包经营权的不确定性。尽管其后延长了土地承包期限，但仅凭农户与集体签订的土地承包合同，承包农户自身权益仍然难以得到保障。一些地方村干部无视承包合同，在承包期内任意侵害农民承包权的事例并非鲜见。这再次证明，在现阶段的中国农村仅靠一纸承包合同就能够维护农民正当权益的想法并不现实。要坚持和完善农村基本经营制度，首先需要稳定家庭承包经营权这一基本权利，只有农民的承包经营权得到保障，才能让农民无后顾之忧，推动土地经营权的流转与配置。

其次，党的十八届三中全会通过的《中共中央关于全面深化改革若干重大问题的决定》要求赋予农民更多的财产权，财产性收入依存于财产权利，集体所有的农村土地制度下，土地承包经营权则是广大农民最基本的财产权利。由于农村土地的所有权归属于集体，工业化和城镇化进程所带来的农地价值的提升，因为土地的征用而溢出，农民所得仅限于征地补偿。如果集体建设用地能够直接进入土地市场，那么土地溢价将由本集体农民共享，增加其财产性收入。不过，这改革尚在试点过程中。让广大农民增加财产性收入，需要通过土地的确权颁证，依法落实农村土地承包经营权的用益物权，通过入股、抵押、担保等有效的流转方式，既盘活农村土地，又有利于增加农民的财产性收入。

土地确权是一个复杂的工程，不仅涉及确权设施设备、人员组织，更重要的是如何协调解决确权中遇到的纠纷问题，这是土地确权颁证的两大困难。土地确权需通过专业技术，对每块地以准确的坐标进行空间定位，清晰界定成员与成员间、成员与集体间的权属和利益边界。政府基层工作人员有限，实地测量需要大量的人力（测量人员、资料整理人员、村干部与村民）、物力（土地测量仪器、地图制作设备）、财力等。中央农村工作领导小组办公室主任陈锡文在 2014 年说，全国现有耕地 20.27 亿亩，按照一些试点地得出的 30 ~ 40 元/亩（中央提供的价格为每亩 35 元）计算，土地确权经费就需八九百亿元，而有些地方成本更高。确权经费主要来自地方财政，中央予以部分补贴。因此，面对确权颁证中的主要困难，一方面需要建立起土地确权财政补贴体系，根据地方情况建立省、市、县多级财政支撑，加强资金监管，按时保质地完成土地确权工作，另一方面因土地确权困难的根本在于历史遗留的利益纠纷，若用行政手段强行确权，改革难以顺利推进。实践中通过加强村民自治，农民内部协商解决，有效推动了确权工作的顺利完成。如成都鹤鸣村通过建立村民议事会和监事会，秉承农民的问题农民内部解决原则，对村内有争议的土地进行了协调，极大地提高了确权效率，也减少了交易费用。根据中央对农地确权工作的部署，截至 2018 年底，我国农村承包地确权登记颁证工作基本完成，全国共有 2838 个县（区、市）和开发区开展了农村承包地确权登记工作，涉及 2 亿多农户。

二、推进"三权分置"改革

以合同确立的家庭承包责任制所激发的是广大农户从事农业生产的积极性，其所带来的生产力解放的成效是有目共睹的。然而，小生产既无法获得规模效益，也难以抗衡自然风险和市场风险。加之比较利益的原因，青壮年农民纷纷外出务工，出现农地撂荒等现象。实践证明，必须坚持统分结合的农村基本经营制度才能解决上述问题，这也就提出了深化农村产权改革的议题。深化农村改革，土地确权是基础，但确权后如何"赋能"① 才是关键。农地"赋能"一定要在保障集体土地用地安全、农民主体地位和国家粮食安全的情况下进行。在坚持土地的农民集体所有和家庭承包的前提下，如何将农地的经营权盘活，成为现阶段解决三农问题的切入点和立脚点。

就土地权利设置论，虽然同一土地上只有一个所有权，但却能够设置若干可以相容的物权。党的十一届三中全会以后，实现了农村土地集体所有权与农户承包经营权的"两权分离"；而要盘活农地经营权，促进资源的流动以优化农地配

---

① "还权"之"权"，指的是产权；"赋能"之"能"，则是指产权的"权能"。"还权赋能"，即"归还财产权利，并赋予更完备的产权权能"。"还权赋能"这一概念最先由北京大学国家发展研究院课题组（2009）提出。

置，就要进一步探索在两权分离基础上如何将经营权从承包权中分离出来，形成农地集体所有权、农户承包权与主体经营权的"三权分置"。在总结各地自发探索做法的基础上，2016年10月中共中央办公厅、国务院办公厅印发了《关于完善农村土地所有权承包权经营权分置办法的意见》，并要求在2020年底前完成相关"三权分置"改革工作。确权颁证以后，"三权分置"核心工作在于落实集体所有权、稳定农户承包权、放活经营权。第一，落实集体所有权，坚持农地的集体所有不能动摇，这是家庭承包经营的基础和前提，是农村根本制度所在。只有保障集体所有权，才能在源头上保障农民的利益。第二，保证土地承包关系稳定不变，保障农户承包权。农业是一个投资期长而见效慢的产业，现代农业需要提高生产技术，升级农作设备，改变农作理念，打造创新型农业经营体系。长期稳定的承包权是流转双方稳定经济预期的基础。第三，放活农地经营权，促进土地资源再配置。农地的经营权直接关系农地利用的权利，农户可以自己生产经营，也可通过不同方式将经营权流转出去，实现农地经营权要素流动，实现农地资源在市场机制下的优化配置。

"三权分置"是改革进入深水区后对农业现实状况做出的制度推进，具有深厚的改革基础。从微观层面看，在工业化、城镇化进程中，农村大量劳动力流向城镇，农地撂荒现象益发严重，甚至出现了仅剩孤寡老人和留守儿童的空心村。农地大面积撂荒，而撂荒的农户又不愿完全放弃农地承包经营权。同时，部分种田能手、村干部或是返乡农民等通过正式或者非正式的农地流转以形成适度规模经营。从宏观层面看，国家推行信息化、工业化、城镇化和农业现代化，实现农业转型升级，需要农业资源的重组，以探索集体经济实现形式，推动农业现代化的发展。因而，"三权分置"符合农民意愿，具有现实基础。农户自发的土地流转行为先于政府倡导，来自底层的探索推动了顶层设计，是一种自下而上的变革。在"三权分置"的制度构建中，需要充分处理好"三权"之间的内在逻辑关系，形成层次分明、主次有序、主体地位平等的产权结构，使得参与各主体都能实现较低的交易成本和较高的组织效率。由此可见，"三权分置"不仅实现了农地权利的拆分，实现了农村土地权利的重新配置，而且从根本上改变了农地权利仅限于在集体成员内部配置的格局，为我国完善农村基本经营制度的进一步探索提供了更多的可行方案，也为中国特色农业农村现代化开辟了新路径。

三、推动农地有序流转

"三权分置"是农地有序流转的重要基础。最初的农地流转是外出务工农民将承包土地私下转交给亲戚或乡邻耕种，而接手耕种者相应承担上缴农业税的义务，但自 2006 年国家取消农业税后，接手耕种者已不再承担这一责任。与此同时，一些种田能手开始与外出务工农户商议农地流转事宜，也有一些工商资本尝试进入农村、农业领域。在这一过程中，不规范的流转形式导致流转双方的利益得不到法律保障，难免出现农地无序流转的问题，当市场难以进行有效优化时，就需要政府予以规范以推动农地的有序流转。

在 1994 年 12 月出台的《关于稳定和完善土地承包关系的意见》中，首次明确要求建立土地承包经营权流转机制。2014 年 10 月中央通过《关于引导农村土地经营权有序流转发展农业适度规模经营的意见》，明确提出了土地有序流转以实现农业适度规模经营的要求。在一系列文件精神的指引下，我国农村土地流转的势头迅猛，到 2017 年底，全国农地流转总面积已达全国承包地面积的 37%，农地流转已初见规模。农地有序流转是从我国国情出发，在农地用途管制的基础上注重地区性、差异性，在充分保障农民利益的基础上实现有目的、有计划、高效率的农地流转，推进新型农业经营主体的培育，促进适度规模经营。推动农地有序流转的重要性在于：

第一，有序流转才能保障农民利益。承包经营权的流转，是要解决农民小规模分散的家庭经营存在的问题，应优先满足村集体内部农户的需求。但现实中有的基层组织扭曲中央政策的含义，或是为吸引农业企业等规模大的经营主体而忽视农户需求，或是对农户实行"反包倒租"，以较低的流转价格将分散的经营权流转到集体手中，农户却要花高价流转入农地，在一转一租过程中损害了农户利益。保护农民的利益必须坚持土地流转自愿有偿原则，没有农户书面委托，基层组织无权决定流转农户经营权。并且，农户采取何种方式流转、流转价格、流转年限等，都应由承包农户与转入方协商确定。严禁基层组织通过下任务、下指标等方式强行推动农地流转。一旦流转双方在平等自愿的基础上签订了流转合同，双方的权利都应受到法律保护，既要保护转出农民的收益权，也要保障流入方的农地经营权。

第二，有序流转才能实现适度规模经营。推进我国农村统分结合基本经营制度的完善，培育新型农业经营主体，需要以农地适度规模经营为基础，以一定数量的土地以及资金、人力等生产要素为前提。由于我国地形地貌复杂，且农地人均面积小、细碎化严重，仅仅依靠经营主体与农户之间的私下流转，难以实现农业适度规模经营的要求。要实现农地适度规模经营，就要建立有效的农地流转机制，减少流转中的障碍。通过引导新型农业经营主体与农户之间进行经营权有序流转，基于土地的有序流转才能实现适度规模经营的要求。

第三，有序流转才能实现有效流转。因农地流转而导致生产要素效率的变化状态被称为农地流转效率，可分为无效流转（转入方流转增益小于或者等于零）、有效流转（转入方获得流转增益）和高效流转（转入方与农地实现最佳组合，提高流转增益）[①]。有序流转最终的目的是能达到有效、高效的流转，如果是为了流转而流转，难以避免因流转而出现大规模亏损的情况。有效流转、高效流转强调的是通过流转提高生产要素配置效率，减少成本，增大收益，达到盈利的目的。流转方式是否科学合理、流转期限是否能达到投资回收期、流转面积是否能实现规模经济、流转用途范围是否符合国家用途管制等都切实关系到流转效率。实现有序流转，要创新农地流转方式，科学确定流转期限，合理控制流转面积，合法规划流转用途，最终实现农地流转效率的提高。

第四，有序流转有利于加强农地流转用途管制。由于比较利益的存在，伴随着农地流转的同时也出现了"非粮化""非农化"等威胁国家粮食安全的现象。农地经营权流转的过程中涉及的部分利益主体存在"非粮化"动机，在不同层面不同程度上推动了农地"非粮化"甚至"非农化"的势头。为此，农地有序流转通过规范农地用途、实行严格的耕地保护制度，严禁一切改变农地用途、破坏农地基础设施和污染农地的行为，切实防止农地"非粮化""非农化"的发生。

推动农地有序流转，不仅要有法律法规的严格规定，也需有关部门有效指导以规范流转行为，加强管理和服务，保障流转双方的利益，兼顾流转规模、用途管制等。总之，农地有序流转是系统工程，如果说土地确权颁证是其前提条件，那么"三权分置"改革则是其重要基础。只有"确实权，颁铁证"，稳定农村土地承包关系，推进"三权分置"改革，才能促进农地资源的合理流动以优化资源配置，才能有力推动专业合作社、联合社等具有"统领"作用的新型农业经营组织的建立和发展，也才能做实以家庭经营为基础、统分结合的双层经营制度并展现其优势，真正实现集约化、专业化、组织化、社会化的现代农业。

第二节　新型农业经营组织与农业社会化服务体系

一、农地经营主体与农业新型经营组织

我国现阶段的农地经营主体，包括传统农户、专业大户、家庭农场、农民专

---

① 杨万春：《农地高效率流转制约因素分析与路径探讨》，载于《农业经济》2010 年第 6 期，第 75～76 页。

业合作社及联合社，以及农业企业和各类农业产业联合体。其中，传统农户虽然每家耕种土地规模很小，但是总体数量仍然占经营主体的绝大多数。也正是基于这一现实，党的十九大报告首次明确指出要"完善社会化服务体系，实现小农户和现代农业发展有机衔接"。这一重大命题是巩固和完善以家庭承包经营为基础、统分结合的双层经营体制的重要内容。践行这一重大命题，则必须依托于新型农业经营组织的成长和健全农业社会化服务体系。2017 年 5 月 31 日国家印发的《关于加快构建政策体系培育新型农业经营主体的意见》也明确了发展新型农业经营主体的政策框架，引导新型农业经营组织的发展方向。

以家庭承包经营为基础、统分结合的双层经营体制，是我国必须长期坚持的农业基本经营制度。以家庭承包经营为基础，决定了农户的生产经营主体地位，但由于每家农户承包经营土地的规模极小，而且分散零碎，各自生产经营不可能形成规模效应，也难以降低农业生产成本，并无力抵御来自市场、自然等各类风险。于是，正常年景下农户也只能维持一家人的生计，而一旦遇到天灾人祸，难免出现因灾、因病致贫、返贫等问题。实际上这也是小生产必然会遇到的问题，也正是毛泽东在新中国成立之初和土地改革完成后所思考的问题：如何避免汪洋大海般的小生产产生两极分化？毛主席思考的结论，就是小农经济与社会主义工业化不相适应，要把分散的小农组织起来走合作化道路。于是，这才有了土地和大农具入社、统一组织生产、按劳动分配结合要素分红的初级农业生产合作社在全国的迅速普及，促进了当时农业生产的大发展。只不过由于很快过渡到高级社，接着迅速实现人民公社化，导致生产关系超越了生产力发展的需要，从而严重束缚了我国农业生产力的发展。

由此看来，改革开放以后实行"以家庭承包经营为基础、统分结合的双层经营体制"，其制度灵魂是在坚持家庭承包经营的基础上，将分散农户组织起来，通过一定的组织形式有效提高社会化组织功能，实现"分"基础上的"统"。由此，合作化应是题中之义。这也正是我们在建设新农村的实践中看到各类合作社和多样化的合作方式纷纷涌现的缘由。同时也正是基于合作，才产生了我国的农业新型经营组织。

通常所说的农业新型经营组织，是相对于传统农户而言，指的是那些土地经营不限于自家的承包地，劳动投入不限于自家的劳动力，生产经营规模有不同程度增大，且组织化程度有了提高的农业新型经营主体及其组织方式，诸如家庭农场、农民专业合作社及其联合社，以及农业企业与农业产业联合体等。与传统农户相比，农业新型经营组织在资金、技术、设施、管理等生产要素方面有一定的优势，并且在不断发展过程中能够实现集约化、专业化、组织化、社会化。截至

2016 年底，家庭农场、农民专业合作社和龙头企业等新型经营主体数量超过 270 万个，[①] 其中农业合作社有 179.4 万家，所占比重最高，家庭农场为 87.7 万家，农业产业化组织已超过 38 万个，农业新型经营组织已经初具规模。

1. 专业大户。专业大户也称为种养大户，是在工业化、城镇化过程中农村劳动力流失、农地撂荒的背景下，留下来的种田能手或农机主通过流转农户的承包地、集体荒地，面向市场从事专业化农业的生产经营。专业大户具有一定的经营规模、较高的生产能力和专业化水平，并具备相应的管理能力。专业大户的种养产出占家庭经营总量的 70% 以上，其以专业化生产和规模化生产明显区分于传统农户。

专业大户应有多大的规模是难以严格界定的。河南省的认定标准是种植业大户种植面积为 500 亩以上，江西规定的水稻耕种面积 300 亩以上，山东强调粮食面积 300 亩以上，湖南省规定粮食生产面积在 100~200 亩之间，而四川则将 30 亩以上定为种粮大户。可见各省份对专业大户的认定，都考虑了本地农业生产的自然环境、社会环境。从实际发展状况来看，农业部农村经济体制与经营管理司 2014 年数据表明，就全国范围来看，规模经营农户数量经过极速增长后已进入缓慢增加时期，50 亩以上的农户已达 341.4 万户，占农户总数的 1.3%。其中，经营面积在 50~100 亩的比例最大，占 69%；经营 100~200 亩的占 21.9%；经营 200 亩以上的占 9.1%。

虽然专业化和规模化生产有利于专业大户获得较好的经营效益，但如果一味追求规模而大量流转农地，远超自身的经营管理能力，则将适得其反。并且，在家庭经营基础上形成的大规模的流转一般都是基于亲缘、地缘关系而发生，如果只是口头约定，农地流转双方的权益都难以得到法律保障。生产经营的不确定性导致专业大户不愿意长期投入而忽略了集约化，难以提高土地生产率和促进农业的持续发展，而单纯扩大生产规模也并不具备农业生产经营的社会化组织功能。

2. 家庭农场。党的十七届三中全会提出有条件的地方要逐步发展家庭农场，并于 2008 年首次写入中央文件。家庭农场是新型职业农民经注册成立、依靠家庭成员为主要生产劳动力，以从事种养殖业以及农业服务业等与农业相关的生产、服务为主的新型农业组织，家庭主要收入来源于务农，具备家庭经营、适度规模、集约生产等特点。明显不同于欧美国家以大规模经营为首要特征，我国在家庭农场认定标准方面已形成以下基本共识：一是土地面积达到一定规模，租地

---

① 赵海：《2016 年农业经济运行分析与 2017 年展望》，载于《农业发展与金融》2017 年第 3 期，第 53~57 页。

时间达到一定期限；二是劳动力主要为家庭成员，但可临时雇工；三是按照法律法规登记注册；四是有一定的农业设备水平；五是家庭的主要收入来源于务农。

家庭农场相较于传统农户而言，规模效应显著，收入水平极大提高。2014年的农业部数据显示，3.3公顷以下规模的家庭农场比例最大，约占全国家庭农场总数的39%，成为农业生产经营体系主要力量。对全国3000多户家庭农场的生产经营情况的典型监测，其年均纯收入达到25万元左右，劳均纯收入能达到近8万元，这也体现了家庭农场促进农户增收的有效性。同时，家庭农场既保留了农户经营的主体地位，又克服了小农户经营规模小、过于分散的问题，其所具有的稳定性和集约性有利于现代农业体系的建设。加之我国农民自古以来土地情节根深蒂固，家庭成员对农地的责任感有利于保护农地质量和数量，提高农地保护水平。因此，家庭农场在调动农民积极性、促进农民增收、保护耕地、保障农户主体地位等方面，具有其他新型农业经营主体难以同时具备的特质。

近年来我国政府对家庭农场给予各种政策倾斜和资金扶持，如"菜篮子"产品生产项目、农业综合开发产业化经营项目、土地治理项目等，但政策的扶持只能解决部分问题，家庭农场建设和运营中仍然问题不少。农村家庭结构老龄化严重，留守人员知识匮乏难以与现代农业接轨，农场建设资金需求大而银行等金融机构贷款门槛高，农户缺乏固定资产等，使得家庭农场发展面临不少难题。此外，家庭农场账务核算不规范，成本核算、效益分析都停留于经验感知，而地方政府对于家庭农场缺乏规范管理甚至缺乏认定标准，这些问题都在不同程度上阻碍着家庭农场的建设和发展。

3. 农业企业。农业企业是从事农、林、牧、副、渔业等生产经营活动，具有企业法人资格的营利性经济组织。其运作模式是通过订单、合同或是自建生产基地，带动农户纳入现代农业生产经营体系。农业企业能根据市场经济原则，运用现代管理方式，以初级农产品为原料进行生产，实现农产品产加销一体化，对提高农业产业化、组织化与社会化水平发挥着重要作用，是连接农户和市场的桥梁，在多种新型农业经营组织中具有不可缺少的作用。首先，农业企业直接面向市场，容易从市场信息中对需求形成敏锐的洞察力，能将市场供需情况反映到初级农产品市场，减小农户盲目性，成为农业供给和市场需求间重要的桥梁，其生产决策关系到第一产业甚至是整个经济体能否有序健康发展。其次，农业企业的经营者相对于其他经营主体更注重企业规范制度、易于接受新知识新技术，具有一定的经济实力、现代化管理理念，在资金的积累、技术的使用、信息的获得、人才的培养以及制度规范等方面都有比较优势。

初级农产品在现代市场竞争中越来越处于劣势，实现农产品价值的提升，既需要提高农产品品质，也需要延长农副产品生产链。农业企业在其间扮演了重要的角色：一是注重生产领域的技术提高，生产领域的科技投入（改良品种、新型农业灌溉技术、绿色化肥农药的推广、先进储藏技术等），使农产品从低端走向高端。如一斤普通的大米卖价不过2元多，而五常大米、胭脂米等却能卖到十几元、几十元一斤。二是注重农副产品的加工升级，形成粮、蔬、果、肉、饲等农副产品加工产业链。如通过对大豆的深加工形成初级加工品豆粕、豆油、豆腐，高级加工品大豆磷脂、酸化油等。三是提高流通领域物流能力，通过建立完整的农副产品物流网，整合物流资源，缩短农产品进入消费领域的时间。四是在销售领域强化服务理念，从生产导向型转变为消费导向型，加强对农副产品的适度包装和品牌打造，通过建立农产品品牌形式，实现初级农产品增值，做到农产品质量和服务水平的同步提高。

截至2016年底，我国各类农业龙头企业已达12.9万家，在全国农业产业化组织中的占比为33.94%，所提供的农副产品已占整个农产品市场供应量的1/3，其中不乏销售收入超百亿元的大型龙头企业，如新希望、中粮、温氏等。[①]

4. 农民专业合作社及联合社。农民专业合作社是农产品的生产经营主体或者农业生产经营服务的提供主体，秉承自愿联合、民主管理、互惠互利的原则建立的经济组织。2007年7月1日正式实施的《中华人民共和国农民专业合作社法》，其内容涉及农民专业合作社性质、资金投入、成员的权利和义务等多方面的规定，将农民专业合作社提高到规范化营运层面。由实践来看，农民专业合作社可分为村集体经济组织带头组建合作社形式和农民自发组建合作社形式，其组织结构、运行机制、利益分配机制等方面存在一定差异性。无论何种形式，农民专业合作社在组织农户生产、传递市场信息、贯彻国家政策、推广生产技术等活动中都极大地提高了农业的组织化和社会化程度。尤其是在合作社基础上形成的联合社，更是提高了合作社社会化组织功能，是一种范围更广、组织程度更高的组织形式。

农民专业合作社在近年的发展中有三个明显的转变：一是合作要素的扩展，由劳动、土地、资金等生产要素合作为主扩展为劳动、土地、技术、资金、信息、管理等多要素合作。二是合作环节的扩展，由单一环节服务扩展到产前（种业、种苗及种畜禽生产等）、产中（农作物大田生产、畜禽养殖等）、产后（如农作物加工、畜禽屠宰、销售等）一体化综合服务。三是合作社规模的扩大，由单一的合作社到合作社之间联合发展。截至2016年底，我国依法登记的农民专业

---

① 余瑶：《我国新型农业经营主体数量达280万个》，载于《农民日报》2017年3月8日。

合作社达 179.4 万家，其中"产加销"一体化服务的农民专业合作社已成为主流。

农民专业合作社通过吸引农户加入，扩大了经营组织规模，延伸了农业生产产业链，也降低了市场交易成本，对农户发挥着一定的带动和引领作用。但农民合作社在发展中也凸显了一些问题：一是存在部分"有名无实"的合作社，其存在的目的是为获取国家的扶持资金。由于合作社注册资金水分大，不规范，只需用几个户口本去登记注册就行，难以核查。这样的空壳社在各地都有，注册后想方设法拿国家补贴，但却并不经营。二是利益分配机制不完善，导致合作社陷入困境。农民专业合作社必须处理好农户和组织之间的利益关系，这是农业合作组织长久发展的基石。首先应明确农民合作社代表农民的利益，是农民利益的集中体现。只有农户的利益得到保障，合作组织才能长远发展。有些农民合作社在遇到利益冲突时，采取"牺牲农民利益，顾全组织利益"的处理方式，打击了入社农户的积极性，也影响到农业合作组织的稳定性。其次应看到合作社成员具有异质性，所提供要素不同、发挥的作用也不同，自然对利益追求也就存在差别。需要准确定位核心成员与普通成员，在利益分配中充分尊重核心成员利益，兼顾不同性质成员的利益。三是一些农民合作社管理制度不规范，缺乏经营管理人才和农业技术人才，严重制约了自身的发展。

5. 农业产业联合体。农业产业联合体是以农业产业为纽带，实现多种经营主体的联合，其目的和核心职能就是通过一二三产业间要素聚集与配置、相互融合、前后联动，实现产业一体化推进。农业产业联合体并不是近年来才有的概念，在我国农业发展道路中已经有一定的探索基础，早在 2003 年就提出农业产业化联合社是社会主义初级阶段中国农村的经营新体制，实现产、加、科、销一条龙，农、工、科、贸一体化。[①] 其时著名的浙江"江山模式"，实行"行业协会 + 专业合作社 + 专业农户"的运营模式，形成了以蜂业为主，集科工贸、产加销为一体的产业化体系，在全国第一个以蜂农为主创办专业合作社、创建公司，走出了一条产业化道路[②]，现代农业产业联合体的雏形出现。在农业产业化道路的探索中，农业产业联合体这一发展模式虽一度被认识，但是却并没有大范围发展起来。

农业产业联合体引起关注是安徽省宿州市为了解决三次产业脱节，实现生产要素契约式衔接，在创新现代农业经营组织体系中，率先探索构建起"农业企业

---

① 《专家提出"农业产业化联合体"新概念》，载于《领导决策信息》2003 年第 34 期，第 24 页。

② 《行业协会 + 专业合作社 + 专业农户——江山蜂业实施农业产业化经营的新模式》，载于《中国集体经济》2002 年第 8 期，第 36 ~ 40 页。

为龙头，家庭农场为基础，农民专业合作社为纽带"的现代农业产业联合体。[1] 2011 年，淮河种业有限公司在宿州市埇桥区灰古镇流转 2000 亩土地，对内通过委托附近经营主体进行代繁育良种，以高出市场价格一定比例收购，对外吸收淮河、德杰农机合作社提供农机服务，形成了由龙头企业牵头，以服务和收益为纽带，贯穿从农资提供到耕作到购销的产业链条。[2] 第二年，宿州市政府出台《促进现代农业产业联合体建设试点方案》，首批选择了 16 家联合体进行试点，其运营模式、利益联结机制都具有很强的实践意义和推广意义。2017 年，中央在"一号文件"中明确提出发展农业产业园区，并由农业部经管司牵头发展农业产业化联合体，推进农业全环节升级、全链条增值。可见，农业产业联合体是一种最新型的体系化经营组织，是基于现代农业的发展需要对农业经营组织进一步创新的产物。

农业产业联合体是农业组织模式的创新形式，通过资源的整合和产业链条的延长，实现专业化分工的优化模式，是分散经营走向统一经营的高级模式，是通过以同产业各经营主体的利益联结，实现农产品市场化，促进一二三产业融合发展的有效模式。产业联合体的核心在于利益联结机制，如"农业企业＋合作社＋家庭农场"的运行模式、"龙头企业＋合作社＋基地＋农户"发展模式等（见图 3-1），通过利益链条的联结，将分散的主体有机结合起来，提升了以前"公司＋农户""公司＋基地＋农户""合作社＋农户"等小规模、小范围的利益联结，改变了只能掌控部分产业链条的生产经营模式，减少了产业链下游不确定因素，极大地提高了农业抵御市场风险的能力。农业产业联合体主要根据产业的具体类型进行分类，如粮油类、畜牧类、果蔬类，或者是专业加工营销类，而不管是依靠生产经营主体的利益联结还是依靠资源禀赋的专业化产业分工，其背后实质都是人力、资本、土地、科技等生产要素的资源重组与配置，通过产业化的生产，降低传统农户的生产盲目性，利用专业大户、家庭农场在生产领域的规模效应，发挥企业在原料供给、产品销售、品牌建设、管理技术等方面的专业性，充分利用农业合作社在组织方面、服务领域的作用，有针对性地对其他农业经营主体提供服务，最终实现各主体优势互补，共同发展。在整个产业利益链条的形成过程中，通过专业分工、适度规模经营、合理的资源配置，将产前、产中、产后无缝链接起来，形成以技术进步为动力、链条完整为基础、产业细分为目标、利益共享为保障的产业链。通过农产品的最终消费端优化整个产业链，由市场的力量解决农

---

[1] 《构建现代农业产业化联合体是农业产业化发展必由之路》，载于《安徽日报》2015 年 8 月 13 日。

[2] 《安徽现代农业产业化联合体调研》，载于《农民日报》2017 年 1 月 18 日。

业供给侧问题，最终实现经济效益、社会效益和生态效益的统一。

图3-1 现代农业产业联合体运行机理

概言之，各种新型农业经营主体在经营体系中承担着各自的角色，其发挥的主要功能并不相同，面对的发展困境也不尽相同。无论何种新型农业经营主体，在推进新型农业经营主体构建时，有两大原则必须坚持：第一，坚持在家庭承包基础上鼓励经营主体的多样性发展，家庭经营主体不能丢。《中共中央关于全面深化改革若干重大问题的决定》明确指出要"坚持家庭经营在农业中的基础性地位"，这是我们党在总结历史教训和借鉴世界农业发展经验后得出的正确判断。第二，坚持"统分结合"双层经营体制，重点在于探索发挥"统"的功能。"统"的实质是发挥社会化组织功能，其主体可以是村集体经济组织，也可以是非集体经济组织。应大力发展农村集体经济和合作经济，通过集体经营、合作经营、企业经营、产业联合等方式，发挥不同农业新型经营组织的功能，实现不同层次的"统"，以提高农业生产经营的社会化组织程度。

二、农业社会化服务体系

现代农业社会化服务体系的构建，是家庭承包、统分结合的农村基本经营制度的必然要求，是充分发挥"统分结合"制度优势，进一步促进我国农村生产力发展的内在需要。实现新型经营组织"统"的功能，无疑离不开社会化服务体系的支撑作用。我国对农业社会化服务体系建设的探索，起初是针对家庭分散经营的服务需求，建立由各类机构和个人所构成的农机服务站、畜牧站、农技推广服务站、植保站、农经站等农业服务网络体系。[1] 随着我国城镇化建设的发展和农村基本面的改变，兼业化农户、新型经营主体纷纷涌现，各经营主体对农业社会化服务质与量的要求逐渐提高，针对单个农户、单个环节农业服务难以匹配农业全程社会化的需求，产供销一体、覆盖所有农业经营主体需求的新型农业社会化

---

[1] 王定祥、李虹：《新型农业社会化服务体系的构建与政策配套研究》，载于《上海经济研究》2016年第6期，第93~102页。

服务体系遂应运而生。

1. 新型农业社会化服务体系的内涵。农业社会化服务体系是为农业生产提供社会化服务的一系列组织机构和方法制度的总称。早在1991年，国务院发布的《关于加强农业社会化服务体系建设的通知》就给出了农业社会化服务的初步定义，指国家专门经济部门、农村合作经济组织和社会其他方面为农、林、牧、副、渔各行业发展所提供的服务。这一体系是以集体经济和合作经济组织为基础、专业经济技术部门为依托、农民自办服务为补充的复合式组织体系。随着农业现代化体系建设的推进，农业社会化服务体系在探索中越来越完善和明晰。2008年党的十七届三中全会审议通过的《中共中央关于推进农村改革发展若干重大问题的决定》提出要加快构建以公共服务为依托、合作经济组织为基础、龙头企业为骨干、其他社会力量为补充、公益性服务和经营性服务相结合、专项服务和综合性服务相协调的新型农业社会化服务体系。该概念细化了新型农业社会化服务主体，明确了社会化服务体系的内涵。

历经20多年的建设，农业社会化服务组织在不断发展和完善，全国各地业已形成各种农业服务点，服务方式也不断创新，但总体上仍缺乏统一规范和系统组织，因而2016年农业生产全程社会化服务试点工作强调将农业社会化服务体系提上一个新台阶，要求把分散的、小规模的单个环节服务转化为全过程、大规模的服务，尤其要注重改变生产方式，实现将资源消耗型服务转向集约型服务。党的十九大报告也再次明确要求"健全农业社会化服务体系"。

2. 构建多元化社会化服务体系。农业社会化服务体系在国外被称为"农业服务""农村服务"或者"支持服务"。从美国、欧洲、日本、韩国等发达国家和地区的农业现代化进程来看，农业社会化体系主要有三种类型：民间自发形成自下而上的市场导向型、政府与民间上下互动的合作社导向型、政府主导下自上而下的农协导向型。[①]基于我国的实际，培育新型农业经营组织与健全新型农业社会化服务体系，无疑都是不断创新和完善农村基本经营制度的重要方面。二者都需要政府与民间共同发力。我国新型农业社会化服务体系建设既有政府倡导的拉力作用，又有农业生产力发展需要调节生产关系的推力作用，因而形成了以农业企业、合作社及联合社、产业联合体为载体的服务体系，强调政府与社会主体多元参与，属于政府与民间上下互动的合作社导向型。通过新型农业经营服务体系点和面的构建，实现生产要素的重新组合，帮助农户解决分散的生产和经营环节，满足

---

① 李春海：《新型农业社会化服务体系框架及运行机理》，载于《改革》2011年第10期，第79～85页。

农业分工与产业化发展需求，为新型农业经营主体提供全程社会化服务。

（1）政府性服务体系。政府性服务体系通过农业服务组织的构建及农业制度（政策）体系的构建，凭借政府政治优势起到了对农业发展的服务和导向作用。

①服务农业组织的构建。通过建立专门组织机构提供农业服务或者政府购买服务，为农业提供各种有形服务。政府性服务组织主要是指国家性质的经济技术服务组织，主要包括农经站、农技站、农机站、水利站、植保站、畜牧站和气象站等，为农业发展提供资金支持、技术推广、信息传递、科学管理、人才输出等服务。这些部门以政府为保障，凭借政治和经济优势，通过贯彻执行国家政策方针，合理调配生产要素，提供要素服务，引导着农业生产，解决生产所需，保证农业生产的有序进行。其中，所涉及的科研单位及相关院校的服务组织，主要提供技术咨询、人员培训、智力支撑等服务。政府组织一般通过相关经济技术服务组织直接提供服务，或通过购买服务等形成间接服务，或通过政府对农业合作社进行部分成本补贴，农民支付另外部分费用的形式，推进规模化、集约化的发展，促进组织化程度的提升。

②农业制度（政策）体系的构建。通过农业制度（政策）体系的构建，为农业现代化提供必要的制度条件和政策保障等无形服务。农业服务体制的建设、规章规程的落实和完善都需要政府部门做好体制建设工作。2017年中央一号文件强调中央出台的有关文件以及政策在引导农业社会化服务体系的发展方向、实现路径、制度保障等方面，都发挥着极其重要的作用。第一，完善农村集体产权制度，落实农村"三权分置"办法，推进农村承包地确权登记颁证，统筹协调推进农村土地征收、集体经营性建设用地入市、宅基地制度改革试点等工作。完善农地供给政策，规范农业社会化服务体系建设服务性场地的需求，如仓储、机棚等用地制度。第二，落实财税政策。财税政策的倾斜力度是经营主体发展的一个风向标，从整个新型农业经营体系的财政支持到经营主体的财政扶持，通过专项资金保障和维持整个经营体系运转，对各个生产、经营、服务的主体提供具体的税收减免等优惠，可引导建立科学的农业生产经营体系。尤其是我国农业地区差距明显，东西部农业、南北农业发展都具有差异性，财政制度的建立不仅可以提供财政保障，还可通过协调地区之间、部门之间的财政比例，合理分配财政资金，减少东中西部农业发展的不平衡性，缩小农业发展差距。在具体实施中，如政府购买农业公益性服务、政府购买服务补贴政策、农机购置补贴政策、粮食主产区利益补偿机制，以及完善财政、税收、人才等扶持政策等，对农业现代化的实现以及粮食基本安全将起到推动与保障作用。第三，建立健全信贷与保险制度。一方面，无论是经营性农业服务主体还是农业生产性新型农业主体，在建立

初期都会因缺乏资金积累或无有效抵押品获得贷款，造成无法正常经营。有些经营性服务主体拥有农机，但由于缺乏有效的制度安排没有产权证而不能进行担保抵押，融资困难始终是个难题。另一方面，农业存在较大的信用风险，农业相对于其他产业面临很大的不确定性，仅凭社会资本或者是政府财政也难以完成农业信贷体系建设。现阶段我国农业保险的种类较少、覆盖率不高，各经营主体观念意识也比较缺乏，因此需要完善信贷制度，建立担保、银行、财政共担风险，财政资金、社会资金共同参与的协同支持机制。

在社会化服务体系中，农业企业等服务主体是以利益为目的的经营主体，在农业经营过程中一些基础性的工作，如农业信息的提供、从业人员的培训等项目难以产生利益以至于对市场主体没有吸引力。同时，一些高科技的研发、技术的推广、气象的预测等工程，市场主体又难以独自完成。因此，需要政府填补空白，弥补市场不足，主导提供公益性、准公益性服务。但是强调政府主要担当公益角色并非不考虑经营成本、无限投入。农业财政支出有限，政府不能放任不管，也不能"越位"，不仅需要用有限的资源提供更多的农业服务，即"扩范围"，更重要的是要避免政府服务出现供求错位的现象，即"抓重点"。只有在角色定位准确清晰的情况下，抓住服务重点，扩大服务范围，才能充分实现政策目标。

（2）非政府性服务组织。非政府性服务组织主要是指农业社会化服务体系中的市场供给主体，如提供生产经营服务的农业企业、农民专业合作社及联合社、农业产业联合体等。这些组织不仅是社会化服务体系的市场供给主体，也是新型经营主体的重要组成部分，是发挥"统"功能的关键。构建社会化服务体系，离不开提供服务的新型经营主体的建设，而新型经营主体要提高组织效率，实现"统"的功能，也需要社会化服务体系的支撑，二者互为基础，相辅相成。因此，在建设社会化服务体系时，尤其需要注重扶持提供社会化服务的新型经营主体。

第一，充分发挥龙头企业带头作用。支持龙头企业因地制宜地发展特色产业，鼓励龙头企业在"公司＋农户"的基础上，拓展"公司＋基地＋农户""公司＋合作社＋基地＋农户""政府＋公司＋基地＋农户"等多种利益联结模式，充分发挥龙头企业科技创新服务功能、管理服务功能、产供销一体式服务功能，不断完善全产业链。

第二，积极发展农民专业合作社及联合社服务功能。以蔬菜、粮油、果品、畜牧、水产等主导产业和特色产业为核心，推进生产型合作社带动加工制造型合作社和服务型合作社的发展，因地制宜地优化合作社规模和服务范围，提供农资购买、病虫防害、水利农机、农产品销售、加工、运输、贮藏等服务，促进一二三产业合作社的联合。农业合作组织将农民组织起来，是具有一定的内部"公益性"服务性质的组织，但同时农业服务体系强调社会化，需要在市场中实现优胜劣汰。农业合作组织在横向、纵向以及混合三个维度将农业有关的生产和经营主体牢牢联系在了一起，能够及时反映家庭经营最急需解决的问题和市场运营情况，把握整个农业生产链条的动态，实现分工和专业化。因此，从利益联结机制以及组织形式上，农民专业合作社及联合社更能成为我国农业社会化服务体系的中坚力量。

第三，大力提高农业产业联合体的服务功能。农业产业联合体通过以龙头企业为主导、合作社为纽带，联合家庭农场、专业大户等经营主体，实现专业分工和合作，通过"你中有我，我中有你"的利益联结机制，提高对经营主体的服务品质，降低服务费用，实现互利共赢。

第四，创新社会化服务组织形式与服务模式。农业服务体系组织形式也在不断创新，除了传统的农业服务体系，近几年兴起了一些农业服务新模式，如农事服务超市以及农业托管模式。农事服务超市也称农业超市，为农民提供除土地外的各种农业生产资料和农产品收购代销服务。农事服务超市一般由政府部门主导，其他组织如提供农事服务的农机大户、农业企业、农业合作社等配合，"超市化"运作，提供"菜单式"服务。农户根据其具体需要进行劳务购买，如选种、育秧、整田、插秧、施肥、收割等，超市通过"板块化"运作提供耕、种、管、收"一站式"服务。与农事服务超市类似，土地托管是提供服务的经济组织为专业大户、传统农户等提供农业生产全程服务，委托方将土地委托给服务组织，委托方支付服务成本，被委托方以每亩产量不低于周边地区平均产量为担保，建立风险共担、利益共享的机制。通过与农事服务超市签订合同或是进行生产托管服务，分散经营的主体减少了生产成本，提高了收益。同时提供服务的组织通过统一生产和经营，也从规模生产中获得收益。这些创新解决了部分农户不愿意流转农地但又缺乏生产条件的困境，同时也解决了个体农户难以规模生产的问题。通过专业分工实现规模生产，提高了生产效率，减少了农地撂荒。创新的农业服务模式实现了农业经济效益的提高，推进了规模化、机械化、组织化，提高了农业生产水平和农民收益。这种模式在四川、山东、安徽等一些地方已经初见成效。

3. 构建立体化社会化服务体系。

（1）农业科技服务体系。农业科技服务体系主要包括农业科技研发和推广、农业教育与人才培养等方面。科技服务创新体系，通过加大对教育、科研等的投入增强农业科技创新能力，通过加大科技推广示范力度，加强农村人才队伍建设等，推动农业科技的普及。尤其是信息科技的高速发展，有效促进了先进技术、先进理念、先进经营模式的传递推广，提高了信息传播和使用效率。国家在2012年对《农业技术推广法》的修订中明确指出，将经营性和公益性科技推广分开管理，提高了规范管理效率，但也一定程度上造成了公益性科技服务市场化程度低、政府提供的科技服务与市场需求不匹配等情况，具有自上而下的政府行为色彩，缺乏有效的技术咨询、服务监督、奖励机制，缺乏有效的农民反馈机制等，需要充分发挥市场作用，建立多元化科技服务主体，创建充满活力的创新型农业市场。在科技型服务主体多元化的探索中，2008年在江苏兴起的科技服务超市是成功探索的代表。科技服务超市通过实体店为主、网店为辅的经营方式对农业生产经营个体和组织提供与农业科技有关的服务，如信息查询、科技咨询、新技术示范、技能培训等。一方面，科技服务超市将所有分散的科技服务集合到同一平台，形成专业化、规模化；另一方面，科技服务超市服务对象面向所有的新型农业经营主体和传统农户，平台作为科技服务传输纽带将供给方和需求方统一到一起，减少了信息不对称，降低了双方费用，提高了科技传播和转换效率。

（2）农产品流通服务体系。狭义的农产品流通服务主要是针对农产品的收购、运输、储藏、销售等过程，而广义的农产品流通服务包括农产品从生产端到消费端流动的系列过程，只要农产品发生空间位置的移动和形态的变化，都属于流通的过程。其参与主体主要包括电商企业、批发市场、超市、物流企业、生产加工企业等，涉及生产加工系统、仓储、冷库等设施建设，以及信息系统平台、科技服务平台、政策法规等系统建设。

构建农产品流通公共服务体系具有正外部性，符合帕累托改进，在降低交易费用的同时也能有效提高社会总福利水平。[①] 但是在一段时期内，由于"重生产，轻流通"，农产品流通服务领域一直处于建设末端，对农村流通服务体系的建设投入不足，导致流通服务网络建设滞后、相关主体缺失、市场缺乏规范、相关政策制度不完善等问题严重。

从1993年到现在，我国农产品的流通体制一直处于深化改革阶段，流通服务状况不断得到改善，已形成以经营组织（如龙头企业、合作社、联合体）为核心的流通模式和以市场形式（如农贸市场、连锁超市、批发市场）为核心的流通模式，其中衍生出的"订单农业"模式下的农餐对接模式、农超对接模式具有很强的生命力，在一定程度上减少了传统农业生产的盲目性，由于产销对口，成本

---

① 刘天祥、王镇：《武陵山片区农产品流通公共服务体系的构建及模式探讨》，载于《湖南商学院学报》2014年第6期，第25～30页。

降低，因而提高了社会效益。

（3）农村金融服务体系。农村金融服务体系指涉农资金融通关系的总和，包括金融机构主体、融资主体、融资方式及渠道、资金价格的形成机制及有关政策、法规和宏观的调控机制。农村金融服务体系优化对实现农村资源有效配置、实现农业现代化提供了重要的资金支持。

我国长期以来形成了以农村信用合作社等合作性质的金融机构为主导、少量商业性金融服务为辅的农村金融服务体系，在农村金融资源服务配置中具有一定的局限性。一方面，政策性导向严重，政策性的服务机构主要关注国计民生的重大项目而长期忽视市场需求，导致资源要素配置的低效率；另一方面，少量商业性金融服务机构缺乏有效竞争，逐利的性质凸显，难以惠及广大农户需求。需要通过不断创新并培育新型农村金融机构和组织丰富农村金融体系，建立合作社为先锋、政策性为主导、商业性为辅助的多方位农村金融服务体系，全面改善农村地区金融机构低覆盖率、服务能力弱等问题。现阶段针对农地经营主体和农业新型经营组织的建设，金融机构需结合农村金融服务需求特点，积极探索针对农地经营主体与农业新型经营组织的抵押担保范围，创新农村资产贷款模式，鼓励集体林权抵押贷款、大型农具抵押贷款、土地流转权抵押贷款、房屋抵押贷款等创新形式，以及探索一些具有地方特色的创新实践。通过加强信用系统的建设以及推广小微贷款管理技术等，有效提高农村金融服务水平，实现信息共享、信用评级、金融服务和风险监控。

（4）农村信息服务体系。农村信息服务体系是指农村信息相关人员通过各种信息基础设施和信息技术，对农业信息进行采集、加工、传递等，将有关信息传递到各农地经营主体与农业新型经营组织，实现为农村、农民、农业服务的目的。从杨沅瑗等（2013）对 2007～2012 年国内信息服务的研究来看，农村信息需求主要集中在与农业生产相关和与生活相关的信息上。[①] 虽然根据农村经济发展的程度和发展的状态、社会环境、自然环境的差异性，各地区对农村信息的需要重点具有差异性，但农产品市场供需信息、农业新技术的推广等信息都是需求的重点。现代信息科技的发展、技术的进步，也带动了农村的信息传递系统的改变。特别是电子商务的兴起，互联网成为一个巨大的"商贸市场"，农村信息服务体系的建设需要抓住"互联网＋"这样一个浪潮，建设农村物联网、互联网等基础系统工程。通过建立农业大数据平台，对农业市场信息及时进行分析和发

---

① 杨沅瑗等：《2007－2012 年国内农村信息服务研究述评》，载于《情报杂志》2013 年第 7 期，第 171～174 页。

布，以减少信息不对称性。加强信息传递相关基础设施的建设，培育农业信息相关人才，通过推进农业信息的现代化，全面服务于新型农业经营体系的建设。

第三节　适度规模经营、农业转型升级与农业现代化

一、全面推行适度规模经营

推进新型农业经营组织建设，旨在解决"谁来种地"问题；完善农业社会化服务体系以改变农地经营方式，是要解决"如何种地"问题。而如何种地，其核心和关键在于如何实现适度规模化，提高资源利用率。中共中央 1987 年发布的《把农村改革引向深入》中提出，个体和家庭的经营形式其有局限性，发展多种形式的经济联合可获得适度规模效益。其后，中共中央在重要文件中多次提到要发展农业的适度规模经营，2014 年还专门出台《关于引导农村土地经营权有序流转发展农业适度规模经营的意见》。可见，实现我国农业生产的适度规模经营非常重要，业已受到高度重视。

1. 农业适度规模经营的必要性。适度规模经营是农业发展的必然选择，是对传统家庭小规模分散经营的生产方式的深刻变革。国家将适度规模经营提到农业发展战略高度，具有深远的意义。我们可以从以下几个方面来分析推行适度规模经营的必要性。

第一，农户比较收益和农业比较利益的悖论。农户比较收益是发生农地流转、实现规模经营的一个根本原因。中国人民大学课题组研究表明，改革开放后农村劳动力的转移，为城镇建设提供了大量劳动力，中国工业化、城市化也取得了令人瞩目的成绩。而在工业化已经进入发展中后期的今天，城乡之间二元结构仍普遍存在，务农收益和务工收益的巨大差距使农村劳动力选择流向城镇。2016年，农村居民人均可支配收入 12363 元，城镇居民人均可支配收入 33616 元，城镇居民人均收入是农村居民的 2.72 倍。而全国农民工人均收入水平 39300 元，农民工收入与农民收入差距很大，务农报酬极低。特别在自然条件相对差的西部地区，农民在农村辛苦一年还不如进城务工一个月。在比较利益驱使下，农村劳动力源源不断向城镇转移，西部地区外出务工劳动力占劳动力数量的 1/3 甚至更高。在 2014 年至 2016 年的三年中，农民工总量分别为 27395 万人、27747 万人、28171 万人，呈逐年上升趋势，农民工月均收入水平也呈现出上涨趋势。

农户务农比较收益低下不容置疑，但农业的比较利益就一定低吗？这是一个值得思考也容易被忽略的命题。西奥多·W. 舒尔茨就极力反对轻视农业的看法，他指出，虽然发展中国家的传统农业难以对经济增长做出贡献，但现代农业却可以，他重点强调了生产要素特别是人力资本的投入对传统农业的改造。① 可见，现代农业是可以推动经济增长并带来巨大利益的。

就我国的实际论，通过衡量农产品成本收益，即"农产品产值 - 农产品成本 = 农产品收益"来对农业比较利益进行核算。唐茂华、黄少安（2011）基于两种不同成本收益核算框架进行比较分析：一种是基于物质成本的农业比较收益，即农业比较收益 =（现金收益/亩 + 补贴收入/亩）/（现金成本/亩 + 成本外支出/亩），以 2008 年为例，测算出农业比较收益高达 153%；另一种是包括隐性成本的农业比较收益：农业比较收益 =（净利润/亩 + 补贴收入/亩）/（总成本/亩 + 成本外支出/亩），以 2008 年为例，农业比较收益为 41.8%。虽然其指出的比较收益实质是农业收支比，不是农业与第二、第三产业的收益比较，但足以显示农业收益并不低。这就出现了高农业比较收益和低农户务农收入间的二元悖论。② 之后，吕军书、李茂（2016）也提出相同的观点，即农业的比较利润高而农民收入很低。③ 以上研究表明，一方面，农户务农的收益低，农民从事二三产业的收入高于农业；另一方面，农户务农的比较利益与农业的比较利益出现悖论。显然，这就需要促进经营体制或是经营方式的转变，以改变生产要素的组织方式，改变传统家庭分散经营农地的状况。

第二，小生产与大市场的矛盾。马克思对小农有深刻的见解并进行了深度的批评，他把众多小农比作"一个个马铃薯"，是小块土地的所有者和租赁者，仅可凭自己及全家的力量耕种。以此衍生出的小农经济表现出三个明显的特征，即小规模、小农拥有土地经营权（并不一定指所有权）和自主经营。马克思指出，这种落后的生产方式是以土地及其他生产资料的分散为前提的，它既排斥生产资料的积聚，也排斥协作，排斥同一生产过程内部的分工，排斥社会对自然的统治和支配，排斥社会生产力的自由发展。④ 在我国，完全小农经济的现代范式难以谈起，家庭联产承包责任制强调统分结合，不能简单地将其等同于小农经济，但

① 西奥多·W. 舒尔茨：《改造传统农业》，商务印书馆 2016 年版，第 5 ~ 6 页。
② 唐茂华、黄少安：《农业比较收益低吗？——基于不同成本收益核算框架的比较分析及政策含义》，载于《中南财政法大学学报》2011 年第 4 期，第 53 ~ 59 页。
③ 吕军书、李茂：《农业比较利润视角下我国农地规模化经营的实现路径》，载于《河南师范大学学报（哲学社会科学版）》2016 年第 4 期，第 78 ~ 82 页。
④ 《马克思恩格斯全集》第 23 卷，人民出版社 2006 年版，第 830 页。

该体制下家庭为经济活动的基本单位，自主进行生产经营和消费决策，其目的是自给自足等，也具备一定的小农经济的特征。家庭承包经营制度的隔离、分散的经济特征，使得农村经济制度几个矛盾越发突出，亟待解决，包括生产要素的错位和建设现代化农业的矛盾、小农户和大市场之间的矛盾、分散经营和集约化之间的矛盾、农业基础设施短缺和投资主体缺失的矛盾等。马克思和恩格斯在关于合作制的理论中指出，不能许诺小农"永远保持个体经济"，也不许用"暴力夺取小农（无论是否有偿）"，对小农的任务是把私人生产占有变为合作化生产和占有，其改造方式是通过示范和为其提供社会帮助而非采用暴力手段，使其"自愿地"把自己的土地结合为一个大田庄，共同出力耕种。通过土地结合成大田庄，进行资源整合，改变农户集采购、生产、管理、销售、技术等于一身的"小而全"的生产经营方式，改变扩大再生产中农户受困于资金、农地、技术、劳动力等诸多条件约束，改变"靠天吃饭"难以抗衡自然和市场风险的小农经济模式。

第三，分散经营与现代科技的矛盾。马克思指出："每一个社会生产过程，从经济联系和它的不断更新来看，同时也就是再生产的过程。"[①] 社会主义再生产的特征是扩大再生产，而且只有实行有效率的扩大再生产才能不断提高生产力。尤其是从农业扩大再生产看，我国还有很大的提升空间。科技是第一生产力，农业技术应用需要大规模的生产资料才能产生规模效益。在农业生产中，最直接的生产资料就是土地，只有通过农地的适度规模经营，才能实现农业机械化和提高农业的科技含量，增加农产品附加值以实现农业经济效益。

2. 适度规模经营的静态与动态分析。亚当·斯密在《国富论》中以制针工序细分为研究对象，论述了分工和专业化有助于提高工作效率。规模经济分析虽最先源于对工业企业的研究，但同样适用于农业领域。阿瑟·杨最早针对农业领域进行适度规模经营的研究，类似于研究追求利润最大化的工业企业，基于农业生产中各要素的比例配置、生产费用和经营收益的关系分析，认为要实现最佳利益必须调整要素之间的投入比例。

虽然国内外一些学者认为我国农业经营规模报酬不变，甚至有学者认为土地规模化经营会导致土地生产率的下降，规模经营的粮食单产低于小农[②]，但占主流的研究表明，土地细碎化下的小规模生产使得生产率低下，规模经营才是提高生产率的关键。如果将农地投入各种要素如农地面积、劳动力数量、化肥、农药、种子等（当然投入要素之间也存在一定的替代关系），简化为最基本的四种

---

① 马克思：《资本论》第 1 卷，人民出版社 2004 年版，第 653 页。
② 贺雪峰：《规模农业是否规模效益》，载于《决策》2014 年第 5 期，第 21 页。

生产要素，即土地、劳动力、资本和组织能力（企业家才能），则规模经营是通过调整不同生产要素的配置水平，适应一定的自然条件和社会条件，实现资源的优化配置。虽然目的是实现一定条件下的均衡，但实质是一个动态调整、不断变化的过程。适度规模经营是在一定的自然条件、社会环境、经济环境、政治环境等一系列生产力与生产关系的约束下，农业经营主体通过配置各种生产要素为手段，实现一定规模的农业经营，以四率（资源利用率、劳动生产率、产出率、商品率）达到最佳值为目的的农业生产经营行为。① "地尽其力，人尽其才，物尽其用"是我国农村适度规模经营的基本宗旨和评判标准。我们可以从以下几个层面深刻理解适度规模经营。

第一，规模经营有狭义广义之分。狭义的规模经营仅指将分散的农田集合起来经营，实现规模种养，因而范围主要在种养业；而广义规模经营的核心在于强调生产关系要适应生产力发展要求，更加重视提高组织化程度，并且规模经营的对象不限于种养业，是包括农林牧副渔的广义农业，具有科学性和广泛性。

第二，规模经营重点强调"规模"。农业组织规模大小的变动将影响自身经济效益的实现。土地是影响规模经营的最基础的生产要素，因而农业规模经营主要是"土地规模经营"问题。实现土地的规模经营有两种方式：一是通过适度扩大土地规模，促使土地与其他投入要素（如劳动力、资本、基础设施以及农业组织能力等）匹配，实现土地经营长期成本最低，如图 3-2 所示（其中横坐标代表农地投入量，纵坐标代表生产成本）。长期成本曲线 LAC 是短期成本线 SAC 的包络线，因此，规模的均衡点应该是短期平均成本曲线最低点与长期平均成本曲线最低点相切的那一个点 S^*，S^* 即是最优经营规模。二是通过降低边际成本或者是提高边际产出来扩大规模，如图 3-3 所示② （其中横坐标代表农地投入量，纵坐标代表收益）。当农业生产经营技术提高时，土地边际成本从 MC 降低到 MC′，最优土地经营规模由 S^* 增加到 S_1；当土地边际产出从 MR 提升到 MR′时，最优土地经营规模由 S^* 增加到 S_2。

第三，适度规模经营是一个动态调整的过程。根据边际成本、规模效益寻求最优的规模，规模的大小、经营水平的高低、要素投入的多少都没有统一、固定的标准，规模大小需与经营主体、经营目标、经营能力等相互适应，特别是要结合当地情况因地制宜。即便是在同一地区的同一种经营主体，适度规模经营也是

---

① 阎好勇：《农业规模经营概论》，山西人民出版社 1993 年版，第 5 页。
② 赵颖文、吕火明：《关于农地适度规模经营"度"的经济学理论解析》，载于《农业经济与管理》2015 年第 4 期，第 13～20 页。

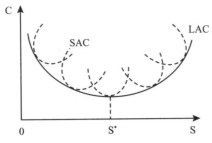

图 3 - 2　土地适度规模经营（1）

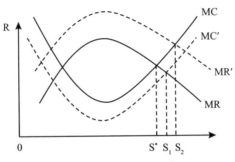

图 3 - 3　土地适度规模经营（2）

一个动态的过程，受相关因素的影响，如农业科学技术的应用、农业生产经营组织者能力、各要素的市场供需变化等。首先，科学技术在农业生产中的应用直接影响其生产效率的高低。在其他外部和内在农业生产经营条件不变的前提下，节约劳动型的科技进步使得农地经营的最优规模扩大，节约土地型的农业科技进步能使农地经营最优规模缩小。[①] 因此，随着大型收割机、新型除草技术、高效农药化肥等不断推广与应用，经营主体的最优农地规模也在不断改变。其次，规模适度不仅是生产规模的适度，还要考虑经营是否适度，这又与经营者的管理才能相关。最后，各地要素的市场供需变化影响到要素价格，需要考虑利用价格低廉的生产要素替代价格高昂的生产要素。如东部地区经济相对发达，人力资本价格较高，加之地形优势，对大型农机具投入大而人力投入少，农地经营规模较大；而西部地区经济相对落后，虽然对人力、土地的投入都多，但资本投入较少，农地经营规模也较东部小。

第四，规模经营重在实现"适度"，不能片面追求规模。若只是一味强调规模，容易陷入盲目追求大规模生产的误区。农地面积的无序扩大、生产资料的简

① 黄廷廷：《农地规模化经营研究》，中国书籍出版社 2013 年版，第 48 页。

单堆积，都不是适度规模经营。对此，西奥多·W. 舒尔茨曾指出，当拖拉机等生产要素的假不可分性成为组织农业生产的基础时，会导致低效率的资源配置。对传统农业改造的关键不在于规模，而在于要素均衡问题。因此，实现要素均衡的规模才可被称为"适度"规模。20 世纪 50 年代，我国因教条化了苏联模式，通过集体组织集中农业生产资料，强行扩大生产规模，最终导致农村经济发展的严重失误。可见，适度规模需要与经济和社会发展水平相适应，与生产要素相协调，应当在农户自愿互利的基础上，探索农业规模经营的"度"。

第五，不同地区、不同的经营主体有不同的适度规模。发展农业适度规模经营要与城镇化进程和农村劳动力转移规模相适应，与农业科技进步和生产手段改进程度相适应，与农业社会化服务水平提高相适应。[1] 不能为规模而规模。从地方实际情况看，在东北地区可以有几百亩、上千亩的流转，而在四川、贵州等地可能只有几十亩的流转，只有与当地自然和社会资源条件相符合的规模经营才是适度规模经营。2014 年 11 月中共中央办公厅、国务院办公厅出台了《关于引导农村土地经营权有序流转发展农业适度规模经营的意见》，明确提出适度规模经营的两个评判标准：一是"适度"大约是当地户均规模的 10 ~ 15 倍；二是劳动力户均收入不低于当地从事非农产业的户均收入。学术界对适度规模的大小也有各种测算。如张晓恒等（2017）对江苏谷物种植进行了测算，表明平均成本随着规模的扩大呈现"U 型"或是"L 型"，200 亩是成本上升的转折点。[2] 杨钢桥等（2016）针对湖北种粮区域进行测算，结果显示户均耕地最优经营规模为 2.439公顷。[3] 钱克明（2014）测算了当前条件下种粮大户的适度规模，南方适度规模为 60 亩，北方适度规模为 120 亩；用足用好"黄箱政策"，南方为 50 亩，北方可达 100 亩。[4] 可见，并没有一个全国统一的标准，实践过程中一定要避免盲目模仿、照抄照搬。特别需要指出的是，对于不同的新型农业经营主体，其农地规模经营的"适度"也并不相同。土地规模经营是为了通过整合农村资源，不断调整生产要素投入结构比例，实现要素优化配置，获得最佳的规模效益，这是不同性质的组织寻求动态均衡的过程。所以，在推进农业适度规模经营之前需要对新型农业经营主体进行科学定位，因地制宜，灵活调整，才能实现各经营主体的适

---

[1] 《习近平主持召开中央全面深化改革领导小组第五次会议》，www. news. cn，2014 年 9 月 29 日。

[2] 张晓恒等：《农地经营规模与稻谷生产成本：江苏案例》，载于《农业经济问题》2017 年第 2 期，第 48 ~ 55 页。

[3] 杨钢桥等：《农户耕地经营适度规模及其绩效研究：基于湖北 6 县市农户调查的实证分析》，载于《资源科学》2011 年第 33 卷第 2 期，第 505 ~ 512 页。

[4] 钱克明，彭廷军：《我国农户粮食生产适度规模的经济学分析》，载于《农业经济问题》2014 年第 35 卷第 3 期，第 4 ~ 7 页。

度规模经营。

3. 适度规模经营的实现路径。2014 年 11 月发布的《关于引导农村土地经营权有序流转发展农业适度规模经营的意见》，强调引导农村土地经营权有序流转以发展农业适度规模经营。截至 2016 年底，我国的家庭承包经营耕地流转面积超过 4.6 亿亩，其中，30% 的面积实现了多种形式的适度规模经营，[①] 适度规模经营比重还需要进一步提高。

实现农业的适度规模经营，首先要鼓励创新流转方式。国家从允许土地流转到提出可以通过转包、出租、转让、互换、股份合作等方式流转承包经营权，对规模化起了很大的促进作用。"反包倒租"模式即乡村组织先从农户那里回租土地然后进行出租的行为，虽然引发了一些争议，但在规模化中也起到了显著的作用。其次需要政府导向，以改变农地流转因随意、无序而难以实现规模经营的困境。对于"度"的把握，需要市场主体和政府共同参与，认清地区农业生产力发展水平和经济社会发展状况，明确农业发展受到制度、资金、技术的限制。在做好实地调研的基础上，明确各种农业经营主体经营规模"适度"的大致范围，并根据农业科技发展水平和农业生产组织化程度进行动态调整，不断完善"适度"的具体内涵，为个体经营提供指导。同时，也要避免硬性规定规模大小，相信各个农业经营主体能够在实践中确定符合自身实际的适度经营规模。

二、全力促进农业转型升级

我国实行改革开放以来，已先后经历过两次重大农业结构调整，第一次始于 20 世纪 80 年中期，第二次发生于世纪之交。目前，我国正在进行第三次重大农业结构调整，即农业供给侧结构性改革推动的农业转型升级。

1. 改革开放以来的重大农业结构调整。1985 年，中央"一号文件"提出通过发展畜牧业、水产养殖业、林业等产业，调整农村产业结构，以此改变种植业过于偏重粮食的结构，发展畜禽养殖、水产等产业。此轮调整虽解决了长期短缺问题，实现了"总量平衡、丰年有余"，但也出现了农民增产不增收的问题。于是，1998 年在稳定粮食生产的前提下，以国内外市场需求为导向，为解决低质量农产品的过量积压和高质量农产品供不应求之间的矛盾，开始了第二次结构调

---

① 赵海：《2016 年农业经济运行分析与 2017 年展望》，载于《农业发展与金融》2017 年第 3 期，第 53～57 页。

整，被称为"战略性结构调整"。①

随着社会的发展和物资的极大丰富，人们生活水平提高，对农产品质量的要求更高，需求呈现高端化、品质化、绿色化的同时，供给一方并未及时跟进，以生产导向为主的农业已经不适合消费导向的市场要求。因而，从 2013 年开始，以"农业产业结构的转型、农业组织形式的升级、农业科技的升级"等为特征的农业结构调整兴起。此次结构调整是对生产组织的巨大挑战，要解决的不仅仅是"生产什么"的问题，更主要的是"如何生产好"的问题，不仅关系到"量"，更是关系到"质"。从"量"的方面，实现农产品的多样化、调节农产品的供需失衡；从"质"的方面，实现农产品品质的提高，实现高品质农业。"量"与"质"的提高都离不开农业供给侧结构性改革。

2. 通过供给侧结构性改革实现农业转型升级。通过农业供给侧结构性改革，促进我国农业的转型升级，是我国发展现代农业并最终实现农业现代化的必由之路。通过供给侧结构性改革实现农业转型升级包括以下方面：

一是实现种植结构转型升级，协调粮食结构失衡。2017 年中央"一号文件"加大了推进农业供给侧结构性改革的力度，明确提出农业的主要矛盾已由总量不足转为结构性的矛盾，提出要以市场为导向，紧跟消费者需求变化进行农业供给侧结构性调整。早在 2015 年的经济前瞻论坛上陈锡文就指出，中国国内供给与需求结构出现了严重的偏差，玉米大量供给、大豆供需缺口大，超过 1000 亿斤粮食属于无效供给。在国内粮食供需严重错位的情况下，种植结构的转型升级迫在眉睫。因此，在农业供给侧结构性改革的背景下，国家大力出台政策优化农业生产格局。如中央财政安排 10 亿元在北方高寒、高纬度地区进行"粮改饲"试点，安排 7.5 亿元在东北进行"粮豆轮作"试点，调减"镰刀湾"地区②玉米种植面积，实施"玉米改大豆""粮改油"等措施。在保证 18 亿亩耕地红线的条件下，完成 15.46 亿亩基本永久性农田的划定。在农田划分永久性农田的基础上，适当调整粮食种植结构，增加大豆、棉花等农产品生产区域，扭转粮食结构性失调。通过统筹发展两个市场，改变以往国内市场和国际市场脱节的状况。

二是实现农产品品质结构的升级，协调供给侧和需求侧的失衡。我国已由温饱农业向安全农业过渡，人们的食品安全意识不断提高，对农产品需求的重点也

---

① 高强、孔祥智：《中国农业结构调整的总体估价与趋势判断》，载于《改革》2014 年第 11 期，第 80~91 页。

② "镰刀湾"地区包括东北冷凉区、北方农牧交错区、西北风沙干旱区、太行山沿线区、西南石漠化区，在地图上呈现由东北向华北、西南、西北镰刀湾状分布，常年玉米种植面积占全国 1/3 左右，是玉米调整结构的重点地区，2016 年减少了种植面积 3000 万亩。

由以前重视"量"转向"量与质"并重，特别是对食品安全、营养结构的诉求越来越强烈。显然，低档次、单一化、低安全的农产品结构已经无法满足消费者高标准、优质化、多样化、安全化的农产品市场需求。国家环境总局统计资料显示，我国处于塔底的普通农业占比最大，处于塔尖的有机农业比重最小（见图 3-4），实现大范围的有机农业路途遥远。这就需要培育有竞争力的农产品，推动农业标准化生产，从注重"量"转变为注重"产量、品质、生态、多样"，尤其需要注重品牌经济的建设，通过无公害、绿色、有机、地理标志等农产品品牌认证，带动整个农产品品质结构的升级，减少普通农业占比，提高无公害农业、绿色农业、有机农业的比重。

图 3-4　现阶段我国农业分层结构示意图

注：本图参考了国家环境保护总局统计的有机食品、绿色食品、无公害食品、普通食品四种食品类型所占层次和数量。

20 世纪 50 年代以后，随着用地作物面积的增加和养地作物面积的减少，大量使用化学农药、肥料来保证农作物产量，形成了高投入高产出的农业生产系统。我国化肥和农药的利用率在 30%~40%，单位面积使用量是美国的两倍多，从而造成不少地区农业污染严重，农药残余大大超出国家标准。食品安全是农业转型过程中难以避免的一个问题，保证绿色食品，做到安全无公害，就需要减少使用农药、化肥，或者是开发和推广新型的生态农药和肥料，实现农药化肥的零增加，这是农产品升级的重要方面。绿色农业、生态农业还强调科学利用自然资源，实现循环使用。我国现阶段存在较大的资源浪费，如在农业用水方面，发达国家能达到 70% 的利用率，我国农业用水有效利用率一般只有 45%。可见资源的可持续使用也是转型升级中一个重要方面。总之，农业的转型要求不断提高农产品的品质，加强无公害产品、绿色产品和有机产品的品牌建设，扩大绿色食品比重，建立安全质量体系，提高循环利用率，才能实现真正的安全农业、高效农业、绿色农业。

三是实现农业产业内部结构调整，通过产业链条的延长实现产业结构的调整。随着经济的发展需求，种植业比重越来越大，而种植业中粮食作物的比重会越来越小。在建设粮食安全体系的基础上着重发展具有地方优势的产业，如特色蔬菜瓜果、药材花卉等经济作物，提升畜养业、优化渔业比重，通过对乡村基础设施的建设发展休闲农业、乡村旅游。通过农业深加工科技的进步解决农副产品的时效性，让初始农产品升级为深加工产品，增加农副产品的种类。改变传统农业分散生产的状况，充分发挥新型农业经营组织的作用，将传统种养扩展到种、养、加、销一体化，打造从"农田到餐桌"一体化生产服务形式的新型农业，其生产链条一边联系着农民，另一边直接连接着市场。通过科技的进步，农业运输网络的完善，营销渠道的拓展，农业服务体系、旅游系统的构建，实现"一产业的生产、二产业的加工、三产业的服务"，全方位打造"超级农业产业链"，实现产业间的深度融合，从初级产品向高级产品转变，创造绿色 GDP，实现传统农业向现代农业的转型升级。

四是实现农业组织转型。对农地经营主体内部而言，规模化不等于组织化，部分地方政府或经营主体观念上还存在对规模经营的误读，一味追求扩大规模，而忽视农业生产经营组织化程度的提高，经营主体内部组织化能力仍有待提升。从农地经营主体间关系看，各经营主体之间的协作呈随意、松散状态，组织间的制度建设、协调配合都存在问题。由此，实现农业组织转型，需要提高农地经营主体内部组织能力以及农地经营主体之间的组织功能。通过各经营主体之间的有机联系与组织协作，优化生产要素的配置，提高社会化组织程度。

五是实现农业科技升级。实现我国农业转型升级的另一个重要条件，就是广泛的科技化生产。深化农业科技创新体制改革，培育具有现代科技、现代管理技术的新型农业经营主体、科技创新市场主体，以实现科技广泛应用于农业生产和经营的全过程。通过信息技术、生物技术、浇灌技术、工程技术等技术系统的建设，推动机械设备的大规模使用、既防病虫害又高产的品种研发、运输网络的建设、计算机自控系统的建设、生物肥料和农药的研发、存储技术的提高，以及节水抗旱技术的提升等。通过提高畜牧业、渔业、林业等大农业的机械化程度，实现全农业机械化。通过高素质的劳动力，在农业生产各个环节中，注重运用先进科技，结合现代农业生产手段、管理手段、营销手段，实现科技农业。

总之，实现党的十八届五中全会提出的产业迈向中高端水平的目标，必须解决好农业转型升级这一短板问题。农业的转型升级离不开政府，要充分发挥政府的辅助作用。我国农村产业融合发展才刚起步，市场主体带动能力还比较弱，体制机制也不完善。政府通过农业财税政策、制度构建等对新型经营组织以及新型农业社会化服务体系的建设进行大力扶持，促进农业的转型升级。但是在促转型的同时，也可能使一些经营主体对政府产生一定程度的依赖性，需要引起重视。必须明确政府扶持是手段不是目的，应当实现政府扶持的外生推动到新型农业经营主体内生驱动的转变，这是完成转型升级不可或缺的评判标准。

三、全域实现农业现代化

全面深化农村改革，推行适度规模经营，促进农业的转型升级，目的是通过集约化、组织化、社会化、科技化和生态化现代农业的发展，最终实现我国农业的现代化。2014 年 1 月 19 日，中央人民政府网发布的《中共中央国务院关于全面深化农村改革加快推进农业现代化的若干意见》中明确指出，中国特色新型农业现代化要努力走生产技术先进、生产规模适度、生态环境可持续的道路，这是新形势下推进农业现代化的总体规划。

1. 现代农业与农业现代化。西奥多·W. 舒尔茨指出，发展中国家的经济增长有赖于农业的迅速增长，而传统农业不具备稳定增长的能力，出路在于将传统农业改造为现代农业。[①] 农业发展经历了原始农业—传统农业—现代农业三个阶段。原始农业以刀耕火种为生产技术，经历了从采集经济到种养经济的发展，以简单协作为主的集体劳动仅能达到维持低水平的共同生活的目的，生产力极其低下。而传统农业是处于原始农业和现代农业之间的农业状态，历史久、跨度大，包含了古代农业和近代农业，虽近代农业较古代农业生产力水平有相当大的提升，但二者显著的特征都是"靠天吃饭"，分散的农户以不断改良的人力生产工具、依靠经验进行生产，以达到自给自足的生产目的，其社会化程度、劳动生产率、土地产出率都较低。而现代农业的立脚点是"以人为本，人与自然和谐相处"，通过制定先进合理的政策制度，大规模地运用现代机械、现代管理手段、现代科技成果，最终达到经济效益、社会效益和生态效益的有机统一。

农业现代化指农业由传统农业到现代农业发展的动态的、变化的过程。这个过程通过采取各种现代生产要素对传统农业进行改造，继承传统的合理性，融合现代的先进性，实现生产方式、劳动力水平、资源使用效率、生产效益等达到世界领先水平，并随着世界先进水平发展而不断发展，充分体现先进性与时代性。因此，农业现代化实质是生产关系与生产力的变革，是在生产力的推动下，经过农业结构的转型、组织的转型、科技的升级、生态农业的转型等改变传统落后、

---

① 西奥多·W. 舒尔茨：《改造传统农业》，梁小民译，商务印书馆 2006 年版，第 5 页。

分散、低效、粗放式的农业经营模式，实现优化资源配置。

农业现代化和现代农业，二者有天然的联系，但也有本质上的区别。从内涵来看，农业现代化的核心在于"化"，是发展的、动态的过程，是指改造传统农业的一系列进程及手段，而现代农业是传统农业通过现代化进程与改造所实现的结果，即前者是过程，后者是结果。从外延来看，在现代化过程中，对经济效益的过度追求可能造成对资源的浪费、破坏问题，比如在这个过程的初期会出现农药、化肥的大量使用及水资源的浪费等，但是这会随着农业现代化的进程而改善，逐渐达到现代农业高效、高产、低耗、安全的要求。从时间维度来看，实现现代农业也不代表现代化进程的结束，现代农业只是农业现代化中的一个点。总之，我们正在进行农业现代化，农业现代化是生产力与生产关系的变革，而现代农业是生产力与生产力变革所达到的一种理想状态，二者是一个不能分割的共同体，只有迈入了农业现代化进程，并不断推进这一进程，才能保证现代农业的实现，农业现代化将推动现代农业不断升级。

始自 1978 年的改革开放正式启动了我国农业现代化的大幕，中央明确提出的"四化"中，就有农业现代化目标。而随着农业现代化进入中期，党的十八大提出发展具有中国特色的"新四化"目标，坚持中国特色新型工业化、信息化、城镇化和农业现代化"四化"同步，推动信息化、工业化的深度融合，以及工业化和城镇化的良性互动，城镇化与农业现代化的相互协调。无须讳言，"新四化"的薄弱环节就是农业现代化[①]。实现农业现代化，需要适度规模经营，需要优化农业产业结构，需要实现产业融合以适应生产力发展要求，这是农业现代化的必经之路。

2. 农业现代化的特征。基于国内学者的已有研究，农业现代化至少应该具备以下基本特征：生产机械化、供给市场化、增长集约化、产业组织化、管理智能化、农业产业区域化、服务社会化、城乡一体化和发展可持续。

（1）生产机械化。机械化是农业现代化最明显的特征，在农业各个环节都实现大规模的机械化，代替传统农业中作为低效率劳动力的农民，将农民从简单劳动中释放出来，将时间更多地用于农业知识的积累、技能的培训等。农业全程的机械化主要包括产前的选种、育苗、耕地，产中的施肥、除草、除虫、灌溉、收割以及产后的烘干、仓储、运输、加工、包装等农业过程。

（2）供给市场化。农业产品的供给与需求的错位，是农业供给侧结构性改革的根源所在。在保障粮食作物的基本安全后，要合理调整农业生产结构，以市场

---

① 国务院：《全国农业现代化规划（2016 - 2020）》，www.chinanews.com，2016 年 10 月 17 日。

为向导，市场需要什么生产什么，统筹发展国内国际两个市场，减少无效供给。应调整大农业内部的产值比重，大力发展旅游农业、休闲农业等农业业态。

（3）增长集约化。由分散粗放式的增长方式转变为集约化的增长方式，改变单一由劳动力的投入带来的农业产量的增长。集合劳动力、生产资料、管理、科技、制度等生产要素，统一配置资源，达到降低单位面积农业生产成本、提高农业生产效率的目标，由劳动密集型农业转变为资金密集型、科技密集型农业。

（4）产业组织化。通过利益联结和产权组合，通过健全完善社会化服务体系，把农业经营主体组织起来，提高农业生产经营的社会化组织程度，实现一体化经营和企业化管理，实现产业间的融合。这个过程需要政府发挥"穿针引线"的作用，特别是基层政府发挥一定的组织协调功能，以降低组织内外交易成本，提高合作化、组织化水平。

（5）管理智能化。实现管理智能化包括两个方面：一是人工智能技术广泛应用到农业管理全过程中，比如智能灌溉技术的运用、农业生产过程的智能监控、农产品加工过程的智能控制等。二是农业劳动力素质有根本性的提高，能够掌控智能化的农业设施。"以人为本"的现代化核心是"人"，劳动者的科技文化素养对传统农业的改造起着关键性的作用，为此需要高度重视对劳动者农业文化、农业科技、经营管理等知识的培养，高度重视劳动力素质、科研、科技推广三位一体的建设，以发挥"人"在农业现代化过程中的能动作用。

（6）农业产业区域化。我国幅员辽阔，地形地貌、气候特征等自然环境相差甚远，根据市场需求以及自身条件，规划各具特色、有一定规模的农业产业带，分工协作，资源互通，通过实现适度的规模化与专业化，可以提高生产要素的使用水平，提高区域特色农产品市场占有率。

（7）服务社会化。提高农业社会化服务水平，构建一般性服务主体以及政府服务主体的联合网络。一般性服务主体主要是以农业合作经济组织、龙头企业为主力，国家公共服务为依托，其他社会力量为补充的服务组织。在建设一般性服务主体的同时，也应重视需要政府提供的制度性服务，二者缺一不可。通过对农业制度的建设和服务体系的构建，释放更多劳动力进入农业服务领域，不断提高农业服务产值占农业总产值的比重。

（8）城乡一体化。一方面，通过新农村建设努力缩小城乡差距，统筹城乡基础设施建设和社区建设，推进城乡基本公共服务均等化，促进农村居民收入水平、生活方式、居住环境的改变，丰富农民物质生活与精神生活，让农村居民享受与城市居民同样的生活条件。另一方面，利用农村良好的自然条件发展观光农业、休闲农业，形成乡村旅游产业，让城市居民同样可以享受绿水青山。

（9）发展可持续。提高资源利用率和自然资源保护水平，治理重金属污染，整治地下水超采，促进耕地保护质量，提升秸秆综合利用水平等，通过科学合理施肥、推广旱作农业技术等，实现生态农业和可持续发展。

第四节　坚持和完善农村基本经营制度：理论思考与实践探索

一、坚持和完善农村基本经营制度的理论思考

基于党的十八大、十九大报告关于要坚持、巩固和完善农村基本经营制度的精神，我们以上着眼于深化土地制度改革、培育新型农业经营主体、健全社会化服务体系、促进规模经营等密切联系的方面，就坚持和完善我国农村基本经营制度的改革新举措进行了论述，并阐明了其与农业转型升级和实现农业现代化的关系。毫无疑问，农业企业、农民专业合作社及联合社①、农业产业联合体等新型农业经营组织，在不同层次和不同规模上发挥着农业生产经营的社会化组织功能，极大地丰富了统分结合的双层经营体制内涵，为农村经济发展注入了活力。然而需要注意的是，非集体经济组织的新型农业经营主体以经济利益为目的或主要取向，因而其在发挥农业生产经营的组织功能时必然存在局限性，也就难以根本解决农村存在的问题。我们在调研中业已看到，无论是在粮食主产区的安徽淮北，还是在具有"天府之国"美誉的四川盆地，部分种粮的新型经营主体为回避风险不再扩大土地流转规模，而是选择了提供土地托管或"菜单"式农业服务。典型代表如以亩为单位提供耕种防收"点菜式"服务的四川崇州的农事服务超市，以及安徽意利达合作社的土地托管经营模式。这两个典型案例反映了新型农业经营组织在土地流转金高、种粮风险大等约束条件下的行为选择。因此，虽然新型农业经营组织发挥了一定的社会化组织功能，但这些新型农业经营组织具有一定的利益边界，不是无条件地"统"，而对于无力支付托管费用、服务费用的农户，自然不在其"统"的范围之内。如何解决这一难题，显然还要从坚持和完善农村基本经营制度、充分发挥集体经济组织这一特殊经济主体的优越性方面去探索。以下我们将本着"探索社会主义市场经济条件下农村集体所有制经济的有

---

① 这里主要指农民自发组织创办的合作社及联社。

效组织形式和经营方式"的精神，就我国农村基本经营制度为什么强调"统分结合"，从理论上阐明我们的一些新思考，并结合实践中的新探索进行比较分析。

1. "统分结合"是对历史经验的总结。农村基本经营制度作为中央在推行家庭承包制过程中及时提出的命题，明确了以家庭承包经营为基础，实行"统分结合"的双层经营体制是我国现阶段农村的基本经营制度。坚持和完善农村基本经营制度，既是在认真总结历史经验教训基础上，对政社不分的人民公社体制下"只统不分"传统集体经营制度的否定，又是在农村实行家庭承包制度改革后，对于家庭承包制度实施以来"分"的基础上仍然需要"统"的肯定。

1952 年土地改革完成，亿万农民"耕者有其田"的夙愿得以实现，但农民所有的小土地所有制从本质上未能突破私有制关系。而汪洋大海般的小生产难以避免两极分化的产生，因而，如何将农民群众组织起来成为当时毛泽东思考的一个重大问题。毛主席思考的结论是小农经济与社会主义工业化不相适应，必须把分散的小农组织起来走合作化道路。于是，农业合作化运动也就在农村互助合作基础上迅速展开。从 1954 年起，初级农业生产合作社迅速在全国普及，农民将土地和大农具入社、统一组织生产、按劳动分配结合要素分红。初级农业生产合作社促进了当时农业生产的发展，只不过由于很快过渡到高级社，接着迅速实现人民公社化，而人民公社体制将农村一切生产要素捆绑在一起，运用行政命令组织农业生产，形成了政社合一的体制和在生产经营层级只统不分的格局，导致生产关系超越了生产力发展的需要，从而严重束缚了我国农业生产力的发展。生产关系与生产力错配，导致农业生产停滞不前，使得 1978 年全国人均占有粮食甚至低于 1957 年，由 203.06 公斤降到 195.46 公斤[①]，就连温饱问题都难以解决。

在这样的背景下，农民内生出强烈的变革要求，这也是 1978 年启动的改革开放率先在农村展开的根本原因。农村改革的成果是家庭承包责任制的全面推行，以及人民公社体制的终结。推行家庭承包经营，实质是调整生产关系去适应生产力发展的要求，在坚持农村土地的集体所有制前提下，农民获得了土地的家庭承包经营权，实现了土地的所有权与承包经营权的两权分离，这是符合我国社会主义初级阶段国情的，因而极大地提高了亿万农民的积极性。改革使广大农民群众直接受益，也大大促进了农业生产力的发展，使我国农村发生了根本性的改变。在家庭承包经营改革取得巨大成就面前，中央及时提出了农村基本经营制度的命题，明确以家庭承包经营为基础，实行统分结合的双层经营制度是我国现阶

---

① 赵德馨：《中国经济 50 年发展的路径、阶段与基本经验》，载于《中国经济史研究》2000 年第 1 期，第 73~86 页。

段农村的基本经营制度。

"统分结合",是在"分"的前提下的"统",以此区别于传统体制下的"统"。但由于多种原因,我国农村家庭承包制度实行以来,总的趋势是"分"落实了而"统"却难以落实。推行家庭承包经营,事实上使农民获得了承包土地的用益物权。如果说在 2006 年前承包经营农地的农民还需承担上缴农业税的义务的话,那么随着农业税的废除,农民在承包土地上自主经营并自主支配土地的全部收获。在这样的状况下,在一些集体经济原本薄弱的地方,"谁来统,谁能统,如何统"事实上已经成为问题。于是,小农分散经营必然产生的问题,诸如农业产业化难以实现,存在小生产与大市场的矛盾,农户抗风险能力弱,无规模效益,农业机械化和现代农业技术的推广等都存在问题,遑论农业现代化的实现。

如果说传统农业经营制度的弊端证明了实行家庭承包制度即"分"的必要性,那么实行家庭承包制度即"分"以来农户分散经营存在的上述问题,显然又说明了在"分"的基础上也有"统"的必要性。因此,中央及时提出以家庭承包经营为基础,实行"统分结合"的双层经营制度,将其作为我国现阶段农村的基本经营制度,无疑是高瞻远瞩的,是对历史经验进行认真总结后所得出的正确结论。

2. "统分结合":生产力与生产关系的双重视角。从理论上看,在"分"的基础上要有"统",真正落实"统分结合",既是进一步发展我国农业生产力的客观要求,又是社会主义生产关系的内在要求。

首先,从生产力角度看,实行"统分结合"是生产力发展的要求。生产力包含三个基本要素:劳动者、劳动资料和劳动对象,生产力三要素之间的任何一个要素发生改变,都会引起生产力的变动。农地家庭承包制度的成功,主要在于劳动者从原有体制束缚中解放出来,焕发了劳动热情和积极性。但一家一户的分散经营,土地零碎、规模很小,不可能获得规模效益,且在劳动对象受限的情况下,劳动资料的使用也具有了局限性,导致劳动生产率难以提高,加之一家一户的分散经营既谈不上资源的优化配置,也无法产生合作剩余,于是,当劳动者从原有体制束缚中解放出来的改革红利释放完毕后,农业生产力的进一步发展客观上需要在"统分结合"基础上更好地发挥"统"的功能。

发挥"统"的功能反映了生产力发展的客观需要,这是因为在"统分结合"基础上更好地发挥"统"的功能的经营体制,可以弥补生产者独自经营、土地分散零碎、难以使用农机设备等缺陷,也可以在一定程度上减轻单个生产者农业科技知识的匮乏,以及难以抗衡自然风险和市场风险等问题,还可以解决土地撂荒问题。"统分结合"通过资源的重新组合,提高了社会化组织功能,能够产生新的生产力,推动生产力的进一步发展。总之,坚持统分结合的农村基本经营制度，是我国农业生产力进一步发展的内在要求，只有不断完善农村基本经营制度，才能激活生产要素的潜在生产力，创造出新的生产力。

其次，从生产关系角度看，实行"统分结合"也是生产关系发展的需要。土地是农业最基本的生产要素，我国实行农村土地的劳动群众集体所有制，土地所有权归集体所有。在家庭承包制度实行后，集体所有的农地由作为本集体成员的农户分别承包经营，实现了集体土地所有权与承包经营权的两权分离。前面已指出，这一改革激发了劳动者的生产积极性，从而释放了改革红利。但一家一户的分散独立经营，不仅存在前述有碍农业生产力进一步发展的问题，而且从社会主义生产关系的性质和内在要求看，也不能只"分"不"统"，客观上需要实行"统分结合"。

从生产关系视角看，必须实行"统分结合"的原因如下：一是因为我国实行农村土地的劳动群众集体所有制，农村土地是集体的，所有制不能变，同时又是家庭承包的，农户的承包权也需要稳定。两个"不能变"决定了只能实行"统分结合"，因而"统分结合"是我国现阶段农村的基本经营制度。二是社会主义性质决定了我国必须走共同富裕的道路。就前者论，坚持农村土地的劳动群众集体所有制，在这一前提下赋予农户作为集体成员对于集体土地的承包经营权，既否定了回到土改时的小土地私有制，也根治了人民公社体制下政社不分、农民丧失自主经营权导致的生产效率低下的诸多弊端。农村土地的劳动群众集体所有制，客观上为"统分结合"的双重经营制度奠定了产权基础：农村土地的劳动群众集体所有制既为"统"提供了产权依据，也是集体成员承包农地的家庭承包经营制度的产权制度基石。就后者论，我国的社会主义性质决定了必须走共同富裕的道路，实现全体人民共同富裕是社会主义的本质要求，也是社会主义制度优越性的根本体现。而家庭承包制度虽然激发了亿万农户的生产积极性，但一家一户在狭小和分散的承包土地上耕作，既损失了规模效益，又有碍农业现代化的实现，且那些因缺少劳动力或因病致贫的家庭，不仅致富无望，甚至陷入生活困顿的窘境。显然，分户承包所无法解决的问题，从根本上看只有寄望于"统"来克服。在"分"的基础上实现"统"的功能，即实行"统分结合"，才能够加速我国农业现代化的进程，让全体农民群众共同奔小康，最终实现共同富裕的中国梦。

综上所述，推进"统分结合"的经营体制的建设是生产力和生产关系共同的要求，只有基于生产力和生产关系的双重视角，才能对"统"的必要性形成正确认知。

3. 怎样认识我国农村基本经营制度中的"统"。实行"统分结合"的经营体制，"统"是建立在"分"即实行家庭承包制基础上的，换言之，就是以坚持家庭承包制为前提的"统",而绝非要否定和排斥家庭承包制。这也就划清了"统分结合"的"统"与人民公社体制下的"大一统"之间的界限,从而也就为坚持和完善我国农村基本经营制度指明了方向。然而,理论上还需阐明一个十分重要的问题,这就是"统分结合"经营体制中"统"的实质是什么。对这一问题的回答,将影响到对"谁能统""如何统"等一系列问题的认知。

实行"统分结合"的农村基本经营体制,既然是在"分"的前提下的"统",就是要在尊重农户承包经营权的基础上,探索各种尊重农民意愿、能将农户组织起来进行生产经营的可行方式,以实现适度规模经营和要素的优化配置,从而提高农业生产绩效,根本改变农户各自在零碎地块上进行生产经营的状况。概言之,就是要以得到农民认可的合适的形式将独自进行生产经营的分散农户组织起来。由此看来,农民认可的农村生产经营的社会化组织功能应当就是"统分结合"经营体制中的"统"的实质。

农村生产经营的社会化组织功能显然有别于农业经营组织内部的组织功能。农业经营组织内部也有组织问题,表现为各个农业经营组织内部的生产调度、劳动用工安排等,尤其是进行适度规模化生产经营的新型农村经营组织,由于生产经营项目增加、劳动用工也相应增多,其内部的科学组织管理问题正逐步受到重视。然而,不能将农业经营组织内部组织管理等同于农村生产经营的社会化组织功能。我们曾在《粮食生产组织化程度的提高:市场内生与政府引导》①一文中指出,不能将规模化等同于组织化,所论的组织化正是指社会化组织功能。显而易见的是,随着适度规模化的推进,农业经营组织内部组织问题日益受到重视,即便各个农业经营组织内部组织问题都解决好了,也不能认为农村生产经营的社会化组织功能已经形成。因为,就算每个农业经营组织都解决好了自身内部的组织管理问题,如果未能形成农村生产经营的社会化组织功能,那么它们仍然只是汪洋大海中的一个个孤岛而已。农村生产经营的社会化组织功能形成的标志,应当是在各个农业经营主体和组织之间产生了利益纽带,确立起不同层面的合作机制,各种农业生产要素因此而实现了重组和优化配置,农业全要素生产率不断提高,引领农村经济步入持续稳定发展的新阶段并最终实现农业农村的现代化。

既然"统"的实质是农村生产经营的社会化组织功能,而农村生产经营的社会化组织功能又如此重要,那么谁能发挥"统"的功能?通过何种形式或方式发挥"统"的功能?这就是要回答"谁能统""如何统"的问题。我们认为,"纸

---

① 程民选:《粮食生产组织化程度的提高:市场内生与政府引导——基于安徽调研实例的分析》,载于《当代经济研究》2015 年第 1 期,第 36~41 页。

上得来终觉浅，绝知此事要躬行"，这两个问题必须经由实践来回答。为此，我们近年来先后深入贵州、安徽、江苏、山西等地农村进行调研，努力从我们调查的案例中寻求答案。结合实践中各地的新探索，我们思考的初步结论是：只要是在农村生产经营中真正发挥了社会化组织功能，无论是集体经济组织，还是非集体的新型农业经营组织，客观上都起着"统"的作用，因此都是"统"的主体。至于这些主体采取何种形式或方式发挥"统"的功能将一定范围的农户组织起来，具有何种特点，显然需要基于具体案例进行分析。而我们所重点关注的则是村集体如何发挥"统"的作用。以下将对村集体组织合作社的三个案例进行比较分析。

二、坚持和完善农村基本经营制度的新探索

历史的经验教训告诉我们，通过合作化方式把分散的农户组织起来进行农业生产经营，是解决农户各自分散经营存在的问题、提高农业生产经营组织化程度和实现规模效益的必由之路，但一定要从实际出发探索农业合作化的方式和途径，因地制宜，真正得到广大农民群众的拥护，自愿参与，真心支持，全力投入。这是农业合作化能否真正成功的关键所在。而现实条件下发展农民合作社的实质，也正是要实现"分"基础上的"统"，做到"统分结合"。由此看来，坚持"以家庭承包经营为基础、统分结合的双层经营体制"，合作化应是题中之义。这样一个认识，是我们近年来深入多地农村调研后逐渐形成的。尤其是 2017 年和 2018 年暑期课题组先后到贵州、安徽等地农村调研，当我们深入贵州安顺市的塘约村、黔东南州雷山县的南猛村，以及率先进行大包干改革的安徽凤阳县小岗村，了解了三个村的改革实践后，对于以村集体领头办合作社实现"统"的功能，完善农村基本经营制度的探索有了进一步的认知。我们认为，《中共中央关于全面深化改革若干重大问题的决定》明确强调"鼓励农村发展合作经济"，[①]富有战略远见。

1. 塘约村的探索。在 2014 年以前，贵州省安顺市平坝区乐平镇的塘约村还是一个省级二类贫困村，农民年人均可支配收入不足 4000 元，村集体经济资金不到 4 万元，共有贫困人口 138 户 645 人。为改变"村穷、民弱、地撂荒"等现状，塘约村以"党建引领、改革推动、合股联营、村民自治"为主线，探索出"村社一体、合股联营"的发展模式，形成村集体与村民"联产联业""联股联

---

① 《中共中央关于全面深化改革若干重大问题的决定》，人民出版社 2013 年版。

心"的发展格局，构建经营服务平台、创业就业平台、"七统一"发展机制，提高生产效率，极大地释放了改革红利。2016 年，全村农民人均可支配收入达到 10030 元，村集体资产达 202.45 万元，实现了从省级贫困村到小康村的蝶变。

塘约村改革的核心措施如下：一是进行产权制度改革，实行土地承包经营权、林权、集体土地所有权、集体建设用地使用权、房屋所有权、小型水利工程产权和农民集体财产权的"七权"同确，建立相应机构确保"确权、赋权、易权"有序进行。通过精准测量，摸清家底，建立大数据产权档案，确权颁证，明确权利归属，构建稳定的土地承包经营权，确保"三权分置"得以落实，也盘活了沉睡的资产。二是进行农村经营制度改革，实现"统分结合"双重经营。塘约村成立村集体所有的"金土地合作社"，实行"村社合一"，引导农民以土地入股加入合作社，实现股份合作，带股入社，合股联营。入社土地由村集体统一经营，不向本集体经济组织外流转，并建立全体成员大会制度、财务管理制度、利润分红制度等。对于经营所得收益按照合作社 30%、村集体 30%、村民 40% 进行分成。塘约村以村两委为核心，由村干部带头，以专业合作社为载体，以"村集体 + 合作社 + 公司 + 农户"打造特色产业园区，调优结构，做精品农业，促进一二三产业融合发展。在合作社下组建建筑队、运输队、市场营销中心、妇女创业中心、劳务输出中心，将全村的劳动力组织起来进行优化配置。社员在合作社务工月收入不少于 2400 元，农民收入得到极大的改观。三是实现了乡村治理制度的优化，实行"党总支管全村，村民管党员"。通过组织建设、监督机制、管理办法等形成党员和村民的互相监督体系①。

塘约村的成功探索离不开上级政府在政策、资金上的大力支持，同时带头人左文学也是一个既具有公心同时又具有较强能力的能人。这是塘约村迄今改革取得成功的关键性条件。然而，塘约村"村社合一"的做法却又颇具争议。塘约村"村社合一"的实质是以村集体名义成立合作社，因此村两委与村集体名义下的金土地合作社是同一套人马，存在组织功能重叠等问题。按照法律规定，村委会和村集体经济组织是两个独立的组织，一个是村民自治组织，一个是农村集体经济组织，二者具有不同功能，且不存在上下级关系。由于一直以来对村集体经济组织"统"的功能不够重视，许多地方村集体逐渐成为空壳，于是村委会代替村集体的现象普遍。但村委会是法律上的群众自治组织，其主要承担协助乡镇政府进行社区治理的职能、完成政府安排的各项工作等，从这种意义上来说是一个准公共权力机构，主要体现的是民主自治。而村集体经济组织的根本性质是经济组

---

① 贵州省委政研室联合调研组：《"塘约经验"调研报告》，载于《贵州日报》2017 年 5 月 18 日。

织，在农村基本经营制度中体现经济上"统"的功能，其经营活动需要经受市场经济的检验，目的是为了实现集体经济利益最大化。概言之，前者主要担负乡村治理的职责，而后者负责组织发展集体经济。由于二者承担着不同的职能，合二为一容易产生矛盾。所以，村集体和村委会在形式上的融合，并不符合经济组织发展的规律和要求。塘约村成立的金土地合作社是充分发挥集体经济"统"功能的经济组织，在"村社合一"的发展模式下，合作社事实上代表村集体，但按照合作社经营收益30%归村集体、30%归合作社、40%由村民分红的分配比例，似乎村集体和合作社又是两个不同的利益主体，其经营究竟是统到村集体还是合作社？如果实际上是合作社在经营，那么在其上重叠一个没有具体经济职能却又参与分红的村集体有无必要？还应看到，"村社合一"是一把双刃剑，一方面扩大了村委的经济职能，减少了人员需求、降低了制度成本，另一方面也使权利过度集中，政经不分为以后的长远发展埋下了隐患。一旦缺乏良好的管理机制、运行机制和有效的监督机制，难免产生"内部人控制"风险，影响村集体经济组织的行为抉择，甚至可能滋生违法犯罪、腐败行为，严重损害合作社成员权益，产生社员对合作社的离心倾向，从而妨碍集体经济组织发挥"统"的功能。这一点绝非危言耸听，事实上已有前车之鉴。长三角、珠三角等地城乡接合部的村集体资产，随着城镇化的推进而市值增大。在缺少监督的情况下，一些村干部在参与集体资产经营管理过程中出现了侵吞集体资产、"小官大贪"现象，既侵吞了农民利益，也影响了农村的稳定和发展。[①] 有鉴于此，《深化农村改革综合性实施方案》指出，要"研究明确村党组织、村民委员会、村务监督机构、农村集体经济组织的职能定位及相互关系。在进行农村集体产权制度改革、组建农村股份合作经济组织的地区，探索剥离村'两委'对集体资产经营管理的职能，开展实行'政经分开'试验，完善农村基层党组织领导的村民自治组织和集体经济组织运行机制"。可见，中央已经明确政经分离是农村综合改革深化的方向。

2. 南猛村的探索。南猛村隶属贵州省黔东南州雷山县郎德镇，地处山区，自然环境恶劣，水土流失严重，农业生产力落后，人均耕地仅有 0.59 亩，村民全部为世居苗族。2012 年南猛村入选国家住建部首批"中国传统村落"，2015 年成为国务院扶贫办、国家旅游局确定的首批旅游扶贫试点村。目前全村有州级非物质文化遗产传承人 1 名，建有芦笙博物馆、芦笙场等公共文化设施，被誉为"芦笙舞艺术之乡"。虽然南猛村历史悠久、民族文化底蕴深厚，但长期以来民族文化并未带动南猛村民脱贫致富，2014 年，全村人均纯收入不足 4800 元。按照

[①] 《深化农村改革顶层设计出炉，首提正经分开》，载于《上海证券报》2015 年 11 月 3 日。

国家精准扶贫工作要求，南猛于 2014 年被列入建档立卡贫困村，全村有贫困户 60 户，贫困人口 243 人，贫困发生率超过 30%，脱贫攻坚面临的形势十分严峻。

为实现精准扶贫脱贫目标，南猛村积极探索村级合作社流转农户土地发展特色产业，成立村集体领办、党员带头示范、全体贫困户参与、一二三产业融合发展的共济乡村旅游合作社，农户以土地、山林、房屋等资源入股合作社，由合作社"统一管理，统一营销"。以"市场主导、平等自愿、自负盈亏、按股分红"为原则，转贫困户帮扶资金为贫困户持股，鼓励农民以资金和土地承包经营权入股，按股分红。通过系统性的改革，在不到两年的时间内，合作社稳定年收入达到 30 万元，贫困户户均增收超过 3000 元。截至 2018 年底，南猛村贫困发生率已不到 4%，仅存贫困户 6 户，贫困人口 16 人。

南猛村改革的核心措施如下：一是改变原有的生产资料归属、生产方式和分配方式，不再将生产资料、资金分到户，而是集中使用、统一经营、按劳分配。通过整合产业扶贫资金，以"村集体 + 贫困户"的形式成立共济乡村旅游合作社，既创新了扶贫资金使用，推进了资金融合，又建立了村集体主导的合作经济组织。南猛村的共济乡村旅游合作社注册资金 100 万元，其中村集体以芦笙博物馆作价和部分村集体经济发展资金共 40 万元入股，全体贫困户以 60 万元产业扶贫资金作为股金加入合作社，形成"44 + 1"（44 户建档立卡贫困户和 1 个村集体）的股权结构，按股分红。同时鼓励非贫困户以资金、土地继续入股，使大部分村民都能参与和发挥作用。现在共济合作社农户入社率达 90.2%，贫困户入社率高达 100%。二是通过共济乡村旅游合作社的经营，发挥"统"的功能，实现强弱深度融合。通过由村集体领办，党员带头示范，贫困户参与，充分利用优质农产品、旅游文化资源与多家公司建立合作关系。合作社内设芦笙表演组、民族手工艺组、农业经营组和电子商务组，建档立卡贫困户根据个人特长和爱好，分别加入 4 个小组。合作社成立以来，各项业务快速发展，芦笙表演组连续两年承办了苗族芦笙大赛，多次组织小学生芦笙队参加各类表演；农业经营组积极调整产业结构，将分散的山坡玉米地、半荒地集中连片种植茶叶、杨梅、中草药材等，通过土地流转新增茶叶种植 250 亩；民族手工艺组获得 2000 件手工刺绣订单，订单金额 6 万元，将为 30 名南猛绣娘增收 3 万元，并与国家级非物质文化遗产传承人莫厌学老先生签订了芦笙制作培训合作协议；电子商务组入驻雷山县电子商务产业园区办公，南猛村微信公众号"新插队"、微店"为杨梅送行"于 2016 年 6 月正式上线。三是大力推进基础设施建设，除道路、卫生室等改造外，由共济乡村旅游合作社重点投资建成雷山县第一个乡镇仓储物流中心，同时引进包装加工技术，大力发展本地水果蔬菜产业。为解决"最初一公里"的农产品保鲜，通过建设冷库和购置冷藏车，率先建成全程冷链，与贵阳、凯里甚至省外部分城市实现了"农超""农社"① 等的对接。

南猛村改革中遇到的问题具有典型性，是当前贵州山区农业发展共同面临的问题：

一是制度体系有待完善。首先，南猛村山区森林覆盖率 50% 以上，耕地稀少、土地贫瘠，生态环境脆弱，发展农业成本相当高。同时，南猛村地处巴拉河流域，承担着两江保护的义务和防止水土流失的责任。一般来说，承担生态防护功能的村镇土地资源有限而林木资源丰饶，但因生态林不可伐，其山林对于当地人而言几无经济价值。虽然国家给予了生态补偿，但相较于当地人的生态付出，微薄的补偿无异于杯水车薪。在保护生态的同时，也就建立了严格的建设用地审批制度，山区基础设施落后，改变落后状态对基本建设用地需求较大，但由于审批严格，影响了当地发展。如何完善合理的生态补偿机制和灵活的建设用地审批制度，还需进一步思考、研究和探索。其次，财务、项目等审批制度不健全，极大地阻碍了改革热情。农业审批制度还在使用 2004 年的版本，如务农工资按审批制度为 48 元／日，而实际情况是工资已达 100 元／日；在审批中需层层上报，浪费了大量时间；在项目验收时，不达标不报、多达标不补等，导致村干部因审批制度的烦琐、严格和害怕承担风险，不愿意争取资金创办项目。

二是拥有丰富的民族文化资源，却难以变成农民的资产。南猛村属民族地区贫困村，全村 194 户 755 人全部为世居苗族，拥有芦笙舞、苗绣、苗家山寨、拦门酒、爬坡节等丰富的民族文化资源。如何将丰富的文化资源变为农民的资产，迄今还缺乏发展的整体思路。2017 年 1 月中共中央、国务院出台的《关于稳步推进农村集体产权改革意见》，对集体资产的定义不仅包括有形资产，也包括无形资产。而资源变资产、资金变股金，其实质就是要盘活存量要素，让资源、资金能够成为经营发展、不断增值的资本。就需要盘活的存量要素论，贵州不仅资金短缺，而且物质资源也有限。从课题组调研的多个点的情况看，除南猛村触及一点民族文化资源，将村里的芦笙博物馆折价入股合作社外，其余打包入股的资源，无一例外都是有形的物质资源，如农地、山林等，连同水利设施　并打包作为股金，要么加入合作社，要么入股农业园区。当前的资源变资产改革显然存在很大的局限性。贵州地处云贵高原，很多地方山高坡陡，人均耕地少且分散，甚至人均仅有几分地，虽然山林茂密，但由于是生态林，承担着保护乌江、长江流域生态的功能，不允许任何砍伐，如果改革中仅仅看到有形的物质资源，则难有

---

① 即实现了新鲜瓜果蔬菜直接对接城镇超市和社区等。

大的作为。我们认为，改革中需要突破有形资源的观念束缚，认识到民族文化资源（含有形和无形的文化资源）的价值，通过开发民族文化资源并将其转变为经济资产，自身利用也罢，合作入股也好，才能让数千年历史沉淀的民族文化资源变为发展现代旅游经济的可贵资产。①

三是贫困发生率高，资金、技术、生产力等各种生产要素缺乏，扶贫难度大。虽然南猛村申请到 300 万元旅游扶贫资金，但由于缺乏产业支撑、缺乏集体资产、基础设施落后，对社会资金难以形成吸引力，而政府资金也难以持续投入。在户均不足两亩地的贫困山区，大量青壮年劳动力选择外出务工，改变农村面貌所需的劳动力严重不足，留守人员老龄化严重。由于缺乏青壮年劳动力，缺乏改变山区面貌所需的人才和先进发展理念，缺乏持续的资金和技术投入，要想形成改变贫困山区面貌的"造血"机能，提高其自身发展能力，从而从根本上降低贫困发生率和返贫率，难度很大。不过，这也恰好说明发挥集体"统"的功能的必要性，因为单靠一家一户的力量显然是无法改变贫困山区落后面貌的。

3. 小岗村的探索。小岗村位于安徽省凤阳县东部，距县城 40 公里，隶属小溪河镇。由于行政村的扩建，小岗村 2008 年与周边严岗村、石马村合并，现辖19 个自然庄、23 个村民组，村域面积 2.25 万亩，其中农用地 1.89 万亩，可耕土地面积 1.45 万亩，约占农用地的 76.72%。与我国广大村落一样，小岗村在实行家庭承包制以后，也产生了土地的分散经营、零碎化问题，在推行家庭承包责任制强调"分"的同时，对集体经营的"统"也长期忽略。因此，在家庭承包制改革的红利释放完以后，小岗村农业也进入了发展缓滞阶段。

对于集体经济组织发挥"统"的功能，小岗村在改革过程中也进行过一些探索。如在 20 世纪 80 年代中后期，小岗村曾以村集体为主探索发展乡镇企业，实现集体经营，但因经营管理能力和水平有限，企业生存状况不好，后来都改制为私人企业。农业领域也曾由集体牵头建设蔬菜大棚，但因各种原因也未能实现较好的发展。因此，前些年的总体状况是村集体经济组织"统"的功能很弱，很多事情无法办、办不好。直至近几年，小岗村对于村集体经济"统"的探索才有了一些实质性的突破，主要可概括为两个方面。

一是对集体资产统一管理的探索。在中央政策指导下，小岗村于 2016 年以后推行农村集体产权制度改革，探索农村集体资产股份合作制。② 对集体的资产、资源、资金即"三资"进行清理，把集体"三资"分成经营性资产与非经营性

---

① 承认文化资源能够转化为发展所需的经济资产，对于促进文化资源丰富而其他经济资源匮乏地区的经济社会发展显然具有重要意义。

② 农村集体资产产权改革在安徽省主要就是农村集体资产股份合作制改革。

资产，并将经营性资产量化到个人，村集体资产股份合作社按照股权登记，发放股权证书。为了更好地管理集体资产，在产权改革的基础上，小岗村创办了"村企一体"的创新发展公司。村集体资产股份合作社将"小岗村"这一无形资产折价入股创新发展公司，通过公司经营的方式，盘活集体资产，实现按股分红。由此实现了将无形资源资产化，壮大了集体经济。这一改革是继"大包干"以后，小岗村第二次实现农民在经济利益上与村集体资产的紧密结合，是充分发挥"统分结合"双层经营体制的重要举措。

二是将农业生产经营"统"起来的探索。由于小岗村人口众多，所管辖面积广，为了实现生产经营的社会化组织，小岗村根据 2018 年上半年的调研，决定以村民小组为单位，探索农民以土地承包经营权入股，进行农村土地股份合作社试点，以实现统一生产经营。土地股份合作社在"经营、分配和管理"上实行"331"模式，即经营上规避 3 个风险（自然风险、经营风险、市场风险），收入上确保 3 项收益（股金收益、务工收益、分红收益），管理上建立 1 套科学规范的经营管理和收益分配制度。其具体做法是：首先，对生产要素进行整合，试点村民小组 59 户 227 人共同加入组建土地股份合作社，成为合作社成员。该村小组除去前期已流转出的 411 亩土地，实现入股面积 585 亩。由此，合作社实现了劳动力资源的整合和分散农地的集中统一经营。其次，实现了生产经营的统一规划和组织。土地股份合作社将水田规划为粮食生产以及稻田养虾，旱地进行大棚蔬菜种植，以及进行当地黑猪养殖，着力提高所生产农产品的竞争力。土地股份合作社将土地集中起来进行平整后，又根据土地状况分为 30～50 亩不等的面积，让社员自主选择进行经营管理。在这一过程中，将没能力耕作、不愿意耕作农户的土地资源，通过"土地入股—整理—再分配"，配置到有能力又愿意生产经营的农户手中，通过生产过程的组织化实现了土地、劳动力等生产要素的优化配置。在产品销售方面，小岗村也根据不同农产品进行设计。针对粮食生产，合作社按亩支付给生产的农户劳动费用，最终粮食统一销售；针对小龙虾、黑猪养殖等，合作社为农户提供保底收购价，农户可选择合作社回收农产品或是市场销售，通过销售环节的组织化激发了农户的生产积极性，有利于农户增收。在利益分配方面，土地股份合作社提取不超过 20% 的公积金后，实行按股分配，建立了"利益共享，风险共担"的利益分配机制。从管理方面来看，合作社通过社员选举成立理事会，生产经营决策由理事会提出，社员投票决定。可见，小岗村虽是基于行政划分的村民小组创建合作社，但通过管理机制和利益分配机制的建设，切实遵从了合作社这一经济组织的运行规则。

小岗村以村民小组建立土地经营合作社的模式，通过土地入股、统一提供生产资料、调度劳动力，实现了生产要素的组织化；通过统一生产经营规划、土地资源再分配，实现了生产过程组织化；通过农户自行销售与统一销售相结合，实现了销售环节组织化。在上述各个环节中，通过土地股份合作社实现了产前、产中、产后的统一组织，改变了农户分散经营的传统方式，实现了村民小组内部的"统"。

4. 三种新探索模式的比较。农村集体经济组织在实践中进行"统分结合"的探索，采取了多种方式以实现"统"的功能，而透过这些组织化的形式让我们得以认清"统"的实质。不同模式的"统"又各具特点，因而需要我们进行比较分析。以下我们针对塘约村"村社合一"模式、南猛村村集体资产入股合作社模式以及小岗村正在试点的村小组创办合作社模式，从制度结构特征、主体之间关系、利益设计机制等方面进行比较（见表3-1），以分析不同组织类型的特征。①

表3-1　　　　　　　　　塘约模式、南猛模式与小岗模式的比较

	制度结构		主体关系		利益机制	
	主导类型	组织特点	合作社与农户	村集体与合作社	联结机制	分配机制
塘约村	村两委主建合作社	村社合一，合股联营	村民全体入社，村民即社员	村集体分取合作社收益	村集体+合作社+公司+农户	村集体30%、合作社30%、村民40%
南猛村	村集体领办合作社	村集体资产入股合作社	贫困户全体入社，其他农户自愿入社	村集体参与合作社运作	合作社+农户+基地	按股分红
小岗村	村小组创办合作社	村小组成员土地入股	村小组成员全体入社	村集体协助合作社运行	合作社+组内农户	按股分红

塘约村基于行政权力建立村集体的合作社，南猛村则是由村集体入股领办合作社，而小岗村正在探索的是由村民小组创办合作社。虽然在合作社创办中村集体的具体做法有别，但都是在积极探索如何发挥"统"的功能。我国农村基本经营制度强调"统分结合"，显然并不是要走政社合一的回头路。新型"统"的前提是两个"坚持"，既必须坚持农村土地的集体所有制，又必须坚持农户的家庭承包制。在两个坚持前提下探索发挥村集体"统"的功能，具体采取何种形式，显然需要得到农民内心认同，符合自愿互利原则。毋庸置疑，合作社是符合新型

---

① 本书所关注的是所办合作社的不同模式，而不是对塘约村、南猛村与小岗村的全部改革进行比较。

"统"的要求的经济组织，只不过究竟应当依托行政权力来"统"，还是应以平等的经济主体身份来"统"，需要我们认真思考。而小岗村的探索虽然并未如前两者扩大到村集体，而是在村民小组内建立合作社，但遵循了成员以平等的主体身份加入并参与民主管理的原则，通过民主选举成立理事会，合作社统一生产经营，在村民小组内实现了生产经营的社会化组织，其下一步如何发展值得我们关注。

在"统分结合"的经济组织形式中，探索如何实现主体之间合理的利益分配，建立科学的分配机制，也是一个重要的研究课题。塘约村的"村社合一"模式，规定利益分配模式为村集体与合作社各占30%，村民占40%，虽然分配比例明确，但合作社之上的村集体依据什么参与分配并未说明。南猛村实行村集体资产入股，按股分红，村集体参与分配具有明确的经济依据。小岗村引导村民小组创办合作社，以土地入股，实行按股分红，村集体支持和协调合作社运行，但并未加入其中参与分配。

从合作社所实现的组织化程度来看，塘约村的"村社合一"模式实现了所有资源的整合，生产经营统一于合作社，其社会化组织功能覆盖了全村；而南猛村的村集体资产入股合作社模式，整合使用扶贫资金，将贫困户组织起来共同发展，通过土地流转实现土地资源的统一安排，并在自愿参加合作社前提下将其他农户组织起来，其发展趋势也是将社会化组织功能覆盖全村；而小岗村以村民小组建立合作社的模式，在村民小组内整合了土地与劳动力，统一组织生产经营等，目前社会化组织功能仅覆盖村民小组内部。可见，现阶段小岗村对"统"的模式探索既不同于"村社合一"的塘约模式，也不同于以村集体资产入股合作社的南猛模式。而小岗村之所以以村小组创办合作社的形式，在村民小组范围内实现社会化组织功能，则是基于其村民小组户多人多的实际，有针对性地进行"统"的探索。当前小岗村正处于对"统"的模式进行探索的阶段，通过先行试点，将在其他村民小组推广。当各个村民小组都建立起合作社，其后发展中是否会在村民小组所建合作社基础上组建村合作社联社，以进一步提高组织化程度，还有待观察。

第四章

农村居民土地财产权利及其实现机制研究

本章将对农村居民土地财产权利的内涵及法律属性进行分析，并对涉及农村居民最重要的财产权利的宅基地制度产权关系和物权化改革方向进行探讨，在此基础上研究农村居民土地财产权利的实现机制，对有效保护农民财产权利和财产收益的法律制度的构建提出相应的政策建议。

第一节　农村居民土地财产权利的内涵及法律属性

洛克在关于财产权的论述中提到了自然权利（包括生命、自由和财产的权利），并认为财产权是最基本的自然权利，也是生命和自由等权利的基础。布坎南在论述财产与自由的关系时曾提出："私有或几个人共同占有的财产的效力，值得在生产率和自由这两个维度上进行广泛的分析和讨论"。其实，财产权利的配置状况不仅会影响资源的利用效率，而且会影响居民的福利水平。让农民享有土地财产权是其自由权利实现的基础。在社会主义市场经济条件下，土地作为一种稀缺的生产要素能不能作为农民的"财产"，通过流转、出租、抵押、入股等形式实现财产性收益呢？这是一个值得深思的问题。

党的十七大、十八大和十九大报告中都提出要创造条件让更多群众拥有财产性收入，这意味着国家越来越重视财产性收入在提高居民收入中的重要作用。1978 年改革开放以来，我国居民的财产性收入开始缓慢增加，但是财产性收入差距在城乡之间却呈现出不断扩大的趋势。按照李实、魏众和丁赛（2005）的估计，以人均总财产的泰尔指数为衡量财产性收入差距的指标，1995 年和 2002 年全国总体差距分别为 0.276 和 0.538，城乡之间的差距分别为 0.003 和 0.200，这说明我国居民的财产在地区间和城乡间的分布是不均等的[1]。如果单从农村居民的财产性收入来看，在工资性收入、经营性收入、财产性收入和转移支付收入四项收入中，财产性收入占其总收入的比重一直较低，且远远低于同时期城镇居民的财产性收入水平。从某种意义上说，现阶段增加农民的收入除了传统的做法，如提高农产品的收购价格、补贴农业生产、鼓励农村剩余劳动力的非农就业、政府增加对农业和农民的转移支付力度等，还必须考虑通过财产制度创新来增加农民的财产性收入。农村居民的财产性收入可以来源于储蓄存款的利息、股票分红、债券利息等现代金融资产的收益，也可以是房屋等不动产出租的租金收益，还可以是对其拥有的土地承包经营权和宅基地使用权进行流转、出租、抵押等实现的土地财产性收益。但是，农民获得土地财产性收入的途径却受到了正式制度的抑制。[2] 如果要增加农民的土地财产性收入，就需要通过正式制度创新使得农民获得完备的土地财产权利。当然，改变现有的土地财产制度是诱致性制度变迁和强制性制度变迁相结合的制度变迁过程。要实现这一制度变迁，不仅需要寻找制度变迁的主体、动力来源、依赖路径，而且需要赋予农民完备的土地财产权利内涵。

在美国、澳大利亚和欧洲等国家和地区，私有土地可以作为居民的财产，在交易中可以获得所有权、使用权等权利的转让性收益。在社会主义国家，如苏联，在土地公有化的制度约束下，土地一般是不可以作为农民的财产的。苏联解体后，政府开始允许部分土地归私人所有。在我国城市土地所有权归国家所有的制度约束下，城镇居民可以将土地使用权和合法取得的地上附着物作为财产，通过市场交换获得财产性收入。那么，在我国农村土地集体所有制下农民的土地承包经营权和宅基地使用权能不能作为其获得土地财产性收益的来源？[3] 农村居民能不能依靠土地要素或土地财产获得财产性收入？在实践中，由于受到正式制度的约束，农民的土地财产权是被部分"剥夺"了的。在学术界，学者们一般认为农民可以通过土地获得财产性收入，但是研究农民土地财产性收入的理论视角是不同的。学者们的研究视角主要集中在四个方面：土地承包权（使用权）物权化视角、土地要素资本化视角、土地的产权变革路径依赖视角和土地的所有权结构视角。

---

① 李实、魏众、丁赛：《中国居民财产分布不均等及其原因的经验分析》，载于《经济研究》2005年第6期，第4~15页。

② 详见《农村土地承包法》《土地管理法》《民法通则》《物权法》等的规定。

③ 《物权法》已经承认了土地承包经营权的物权性质，但是对集体建设用地使用权并没有做出相应的规定。

一、农民的土地财产权制度演进方向选择的比较

诺思和托马斯（North and Thomas，1973）认为，产权制度是人们对资源的相对价格变化做出反应的结果。农地制度的变迁也是人们对土地资源的相对价格或稀缺性做出反应的结果。现阶段我国的农地制度面临以下三个困境：一是在转移了农村剩余劳动力后，实现土地的集约化和规模化经营以及城市化、工业项目用地都需要土地要素的自由流转。而旧的《土地管理法》规定耕地只能在农村集体内部流转而严格控制了耕地的非农流转。二是在正式制度的约束下①，集体土地（尤其是建设用地）如何进行流转以实现土地要素的配置和利用效率，同时实现农民的土地财产性收益？三是在现行征地制度下，地方政府以"公益事业"为由大量征收农民的土地，而土地收益却不能被农民分享，农村中出现了"失地、失业和无社会保障"的流民。总之，在土地资源的相对价格发生变化的情况下，现有的农地制度已经不能满足资源配置的效率和公平的要求。

如果说产权是财产建立的制度基础，那么土地产权就是土地财产权建立的制度基础。在农村土地财产权制度演进的方向问题上，学者们提出了不同的思路。这些思路可以分为三个大的方面，即分别是国有化下的"永佃权"制度、完全私有化和坚持农村土地集体所有制下的"共有私用"。接下来我们将逐一介绍。一是在农村土地产权私有化的制度基础上构建土地财产权制度。如陈志武（2011）认为，土地的私有化可以提高土地资源的配置效率，同时可以保障农民的土地财产权收益。蔡继明（2011）则主张在实现农村居民宅基地私有化等农地产权多元化的基础上实现农民土地的财产权利。二是在农地国有化的制度基础上构建土地财产权制度。如法学家刘俊（2008）认为，应该实行农地的国有化，以实现土地资源配置的效率和公平性；冯燮刚（2008）也主张农村土地的国有化。三是在完善农村土地集体所有的基础上构建农民的土地财产权制度。如韩俊（2004）、张晓山（2009）等主张在完善现有农村土地集体所有的基础上，通过土地的流转、抵押、出租等形式实现农民的土地财产权。如何评价这三种制度的现实可能性？

诺思认为，制度变迁要解决动力、路径和经济绩效等方面的问题。制度变迁也会受到诸多因素的制约。本书认为，农地财产权制度的变迁过程中，制度会受

---

① 1998 年修订的《中华人民共和国土地管理法》第六十三条规定："农民集体所有的土地使用权不得出让、转让或者出租用于非农业建设。"

到意识形态、国家利益、风险分担、制度变迁的成本等因素的影响。为此，我们将设计一些指标对此进行比较分析。

（1）意识形态约束。诺思（2010）提到了意识形态对制度变迁的影响。不同的国家或政党具有不同的意识形态偏好。意识形态具有某种刚性，由国家干预的强制性制度变迁一般会受到意识形态的影响。在意识形态方面，社会主义国家更偏好公有制。在农地财产权制度的演进方向的选择上，私有化会受到较大的意识形态约束，而国有化和完善集体土地所有制是在公有制内部的调整，不会与现有的意识形态发生冲突。

（2）制度变迁的主体、动力和路径。诺思（2008）认为，制度变迁需要合适的变迁主体、变迁动力和选择合适的路径。农地财产权制度变迁的方向不同，其制度变迁的主体、动力和路径也不一样。如果选择私有化方向，那么制度变迁的主体主要是农民和国家；变迁的动力则是私人净收益增加；变迁的理论路径是私人尝试，国家立法进行肯定；而实际路径则是由于受到意识形态约束，制度变迁会"流产"。如果选择国有化方向，那么制度变迁的主体主要是国家；变动的动力是国家的净收益增加；变迁的理论路径是国家强制推行，农民参与；而实际路径可能是国家强制推行，农民的土地财产权利被剥夺。如果选择完善集体土地所有制，那么制度变迁的主体主要是国家、农村社区和农民；变迁的动力是农村社区和农民私人净收益的增加；变迁的理论路径是农村社会精英倡导，国家立法界定权利；而变迁的实际路径则是农村社会精英倡导，地方政府尝试，中央政府立法肯定成功经验。

（3）制度变迁的成本、收益和风险问题。每一项制度变迁都会有一定的成本发生，也会有一定的制度收益，且变迁主体还会面临一定的风险。在农地财产权制度演进的私有化方向上，国家将会承担较大的制度变迁成本，而私人承担的成本则较小；制度变迁的收益主要被农民私人拥有；制度变迁的风险要由国家来承担。在农地财产权制度演进的国有化方向上，农民将会承担较大的制度变迁成本；制度变迁的结果主要是国家收益的提高；制度变迁的风险主要由农户来承担。在农地财产权制度演进的集体土地所有制方向上，国家、农村集体社区和农民承担的变迁成本都会很小；制度变迁的收益主要由农民享有；制度变迁的风险相对较小。

（4）资源的配置效率问题。制度会影响资源的配置效率，不同的制度结构会形成不一样的经济绩效。不同的产权变革方向会对农地财产权制度的资源配置效率产生不同的影响。本书认为，在赋予集体所有权主体法律"人格"（即"硬化"所有权主体）和完善权利结构后，农村土地集体所有的产权制度对土地资源的配置效率会提高。

在分析了私有化、国有化和完善集体所有制的方向选择下，制度变迁的主体、动力和路径等后，我们需要依据以上标准对农地财产权制度演进的方向进行参考性的选择。首先，如果考虑到意识形态刚性，土地产权的私有化是最先被排除的。在国有化和集体所有制的对比中，依据两大制度系统对资源的配置效率来考虑，完善集体土地所有制将会是一个次优选择（与私有化相比），也是一个科尔多—希克斯改进①。其次，如果仅从存制度变迁的成本、收益的风险分担方面来考虑，排除制度变迁成本最大和收益最小的，保留制度变迁风险最小的。

农地制度变革应该选择哪个方向？考虑到意识形态约束及农地制度变迁的动力、成本、风险和难度等因素，本书认为，在坚持农村土地集体所有制的前提下，建立以"用益物权"为基础的农民土地财产权利制度是个较好的选择。

二、农村居民土地财产权利的内涵及法律属性

如前所述，学者们虽然提出了建立土地财产权制度，但是并没有对土地财产权的内涵以及现实中非完备的土地财产权与理论上完备财产权利束的权利级差进行系统的论述。为此，我们需要重新认识并界定土地财产权的权利内涵。

在论及财产权内涵的时候，产权、物权和财产权的定义及关系问题是需要区分的。波斯纳（Posena，1997）、王利明（2007）和梅夏英（2002）等都对此进行了区分。我们再次只进行简单的介绍。经济学家科斯（Coase，1960）等都对产权做了论述。在本书中，产权定义为所有权基础上的一系列权利束的组合，它包括所有权、使用权、占有权、收益权等。物权是大陆法系的法律用语，指权利人依法对特定的物享有直接支配和排他的权利，包括所有权、用益物权和担保物权②。财产权在大陆法系和英美法系中的运用是不一样的，大陆法系注重财产权的"物的属性"，英美法系注重财产权的"人的权利属性"。由于我国的法律体系主要是参照大陆法系国家的立法原理建立的，故本书也采用了大陆法系中关于财产权的定义。在大陆法系中，财产权分为广义的财产权和狭义的财产权。广义的财产权包括物权、债权、知识产权等。狭义的财产权只包括物权③。财产权是指权利标的具有财产价值的权利。财产权的实质是一种法律关系，它用来规范权利主体对财产客体的权利内涵。一般说来，财产权必须具备普遍性、排他性和可

---

① 卡尔多—希克斯改进是指一项改革或制度变迁使得受益者得到的足以弥补受损者损失的。
② 参见《物权法》第二条之规定。
③ 王利明：《物权法研究（上）》，北京：中国人民大学出版社 2007 年版，第 3～36 页。

转让性等特征。产权、物权与财产权有什么联系呢？财产权是以产权为基础的一系列权利的延伸，广义的财产权是包含物权的。

在厘清了产权、物权和财产权等的基本概念后，我们将会考察我国农地财产权问题。首先一个问题是什么是财产？考特和尤伦（Cooter and Ulen, 1991）认为："财产是一束权力。这些权利描述一个人对其所有的资源可以做什么、不可以做些什么的规定：在多大程度上他可以占用、使用、改变、馈赠、转让或阻止他人侵犯其财产的范围①。"康芒斯（Commons, 2006）把财产和自由联系起来，并认为从经济意义上看财产就是资产，从法律意义上看资产就是财产。财产是获得自由的基础。具有完备产权的土地一般是可以作为其所有者或使用者的财产的，但是在我国农村土地集体所有制下，农民仅仅拥有土地的承包经营权。在这样的产权制度下，土地能不能成为农民的财产呢？或者说如果要把土地作为农民的财产，在现有的产权结构下如何构建相关的财产权利束呢？我们需要进一步讨论。

《物权法》颁布以前，关于农民的土地承包经营权有过债权和物权之争②。《物权法》颁布后，界定土地承包经营权为物权。从广义的财产权的定义来看，物权是财产权的一类，从两者的包含关系角度来推理，农民的土地承包经营权可以作为其财产权（不过农村集体建设用地却被排除在《物权法》的物权界定之外）。虽然正式制度已经界定农民的土地承包经营权为物权，迈出了农民获得土地财产权的第一步，但是农民拥有的土地财产权是不完备的。接下来我们将对理论上完备的财产权和现实中非完备的农地产权进行比较分析。

德姆塞茨（Demsetz, 1988）在论述所有制时提到了所有制的残缺问题。他认为在现实中完全的私有权、国有权和共有权是不会完全（或纯粹）存在的，它们对于所包含的实质的权利束都有一定的弹性。③ 所有制可能是残缺的或者模糊的，以产权为基础的财产权权利也可能是不完善的。如果权利所有者不能排他和自由地行使对权利客体的转让、处分和收益的权利，那么权利所有者拥有的权利就是残缺的。与完善的财产权相比，我国农地财产权的权利是不完善的，而这些不完善的部分我们也找到了相关的法律依据予以证明。

我国不完备的农地财产权主要表现在以下方面：（1）所有权主体即农民集体是非法律人格的权利主体。虽然正式制度承认农村的土地归农民集体所有，但是

---

① ［美］罗伯特·考特、托马斯·尤伦：《法和经济学》，张军等译，上海三联书店1991年版，第125页。

② 主张债权说的认为承包经营权是一种合同关系，应该是债权关系；主张物权说的则认为承包经营权是类似于使用权的，是除所有权和处罚权之外的权利的组合。

③ 德姆塞茨：《一个研究所有制的框架》，引自《财产权利与制度变迁——产权学派与新制度经济学派文集》，上海三联书店1991年版，第180～200页。

农民集体不是一个具有完善的法律人格的权利主体。在现实中，乡村干部往往成为农民集体的代理人，但是却不能真正代表农民行使土地所有者的权利。在完善农地的财产权过程中，第一步应该是明确界定的所有权主体，赋予其相应的权利，建立完善的治理结构。如成都市在城乡一体化过程中对农地产权实施的"确权颁证"措施就是做实所有权主体的较好的做法。（2）土地财产的处分权问题。一般情况下财产的所有者拥有对财产的处分权，这是所有权价值的重要体现。在我国，虽然农民集体是农村土地的所有者，但是其并不拥有完备的土地处分权。农业用地转为非农业用地必须获得国家的批准；农村耕地或建设用地要转变为城市建设用地，只能被国家"征收"和"征用"转换为国有土地后才能进入土地市场流通。农民集体的土地所有权存在被稀释的现象，处分权也是被"剥夺"的。完善农民的土地财产权制度就需要考虑给予农民集体一定的土地处分权。（3）一些特殊权利规定。财产的出租、流转和抵押等权利的实现可以提高资源的配置和利用效率。在我国现有的农地财产权制度下，农地只有一些特殊规定的抵押权，主要是非家庭承包方式取得的农地可以抵押。虽然农民的土地承包经营权可以流转或出租，但是农民的建设用地使用权未经审批是不可以在土地市场流转的。这些正式制度约束不仅弱化了农民的土地财产权利，而且也影响了土地财产的配置和利用效率。前文提到的一些省、市、县已经允许农村的集体建设用地实行抵押和流转，而全国性的制度变迁却没有实现，这需要地方政府和中央政府的决策者对土地制度实践经验进行总结和进一步探索。（4）农地的用途管制问题。在我国人多地少的自然禀赋下，农业用地应该受到一定的用途管制以便保障国家的粮食安全。但是集体建设用地使用权的流转是不是应该放松管制呢？我们认为在符合总体规划的基础上，应该允许经过审批的集体建设用地进入土地市场进行交易。这样既有利于提高土地资源的配置效率，也有利于农民实现其土地收益。

农村土地制度的调整实质是对以土地为基础的利益或土地收益在权利主体间的再分配。参与土地（增值）收益分配的权利主体主要有农民、农民集体、国家和土地开发企业等其他权利主体。农民的土地财产权利的再确认就是土地的生产性收益和增值收益在各个权利主体之间进行分配。新中国成立以来，历次农地制度的变迁中农民的土地财产权利的内涵都处于变动中。在1978年实施家庭联产责任制后，农民土地的生产性收益获得了部分保证。目前，随着城市化和农业规模经营的推进，在现行的土地制度下农民无法获得土地增值收益，主要是指农民无法完全获得改变土地所有权性质和土地用途后的级差地租或土地增值收益。现阶段，要充分实现农民的土地财产权利应该"还权赋能"，把处于"公共领域"的权利具体化，明确各个权利主体，保证农民或农民集体拥有土地的转让权、收益权和处分权等权利。

要实现农民的土地财产权利，需要建立以物权为核心的土地财产权利体系，即可以用"用益物权"解决权利人（所有权人和使用人）对标的物权利的分割问题。按照《物权法》的规定，所有权人拥有对标的物占有、使用、收益和处分的权利，而用益物权人拥有对标的物占有、使用和收益的权利。在一定的限制内，用益物权人对所有权人具有一定的排他性。从理论上来说，用"用益物权"制度解决我国农村土地的集体所有和承包经营权相分离的问题是较好的制度安排，因为这样可以做到两权分离，权利界定清楚，同时这从法律上排除了所有权人对使用权人的侵害。当然，建立使用权人对所有权人和公共权力的反侵害制度是用益物权制度发挥作用的关键。

拉坦（Latan，1991）认为对新制度的需求源于要素和产品相对价格的变化[1]；林毅夫（1991）则把诱致性制度变迁理解为预期可以从新制度中获益的人（或人群）对获利机会的反应[2]。随着经济的快速发展，土地要素的稀缺性越来越突显出来。在完善的市场经济中，土地要素的稀缺性应该表现为土地要素的价格或者是土地租金的上涨。在现有土地制度约束下，我国土地要素主要依靠行政手段来配置，土地要素的价格或租金不能很好地反映土地要素的稀缺性。一个典型的事实就是农地转化为城镇建设用地必须经过政府的"征收"和"征用"转变为国有土地才能进入土地市场进行交易。在此过程中政府将征收的土地在土地市场上交易获得较高的土地收益，而原来拥有土地所有权的农民集体和土地使用权的农民只能获得较少的补偿。这样的土地制度严重扭曲了土地要素配置的效率，也损害了农民依靠土地财产获得收益的权益。

随着土地要素的稀缺性越来越明显，人们对依靠土地获益的机会做出了反应，即创造出多种制度来获得土地增值收益或土地级差地租。最典型的一些案例，如南海模式，即南海市将农村集体土地入股形成土地股份合作组织，合作组织通过土地出租或建立厂房再出租等形式最大化土地增值收益，农民依据土地股份获得相应的"红利"[3]。昆山模式，即江苏省昆山市通过"复垦"等方式获得新的土地使用指标，农户（通过招标等方式获得土地使用权）或集体经济组织建

---

① 拉坦：《诱致性制度变迁理论》，引自《财产权利与制度变迁——产权学派与新制度变迁学派译文集》，上海三联书店1991年版，第328～354页。

② 林毅夫：《关于制度变迁的经济学理论：诱致性变迁与强制性变迁》，引自《财产权利与制度变迁——产权学派与新制度变迁学派译文集》，上海三联书店1991年版，第384页。

③ 蒋省三、刘守英：《让农民以土地权利参与工业化——解读南海模式》，载于《政策》2003年第7期，第54～56页。

立厂房、商铺和住房，然后通过出租等形式获得土地增值收益①。成都经验，即通过"还权赋能""确实权"和搭建土地要素交易平台等方式实现"清晰的使用权和经营权""有保障的转让权"，初步建立起了城乡统一的建设用地市场②。重庆的"地票"模式则是通过将农村闲置的宅基地及其附属设施用地、乡镇企业用地、农村基础设施和农村公益事业等农村集体建设用地复垦后在重庆农村土地交易市场向全国的土地使用者公开拍卖③。这样的制度安排既可以提高土地资源的配置效率，又可以保障农民或农民集体获得土地增值收益。随着征地和用地矛盾的加深，人们创造了越来越多的制度来对新的制度需求做出反应。

强制性制度是对诱致性制度的补充或者是对诱致性制度变迁的肯定。南海模式、昆山模式、成都经验和重庆"地票"等局部的制度创新只有得到国家正式制度的肯定后才具有在全国普遍推行的价值。在实践中，已经有一些地方政府将局部的农地财产权制度的创新尝试以正式制度的方式予以肯定。典型的例子是安徽省于 2002 年公布了《安徽省集体建设用地有偿使用和使用权流转试行办法》，该文件允许符合条件的集体建设用地使用权进行流转；广东省 2005 年 6 月公布了《广东省集体建设用地使用权流转管理办法（草案）》允许符合总体规划和经过批准的农村建设用地使用权与国有建设用地使用权一样，按"同地、同价、同权"的原则，通过招、拍、挂等方式进入市场交易。成都市于 2010 年 8 月出台了《成都市集体建设用地使用权流转管理办法》，也允许通过土地整理取得集体建设用地使用权指标的集体建设用地以出租、转租、抵押等方式流转④。以上的制度创新均是地方政府为了响应人们对农地新制度的需求而做出的制度调整。如果要在全国范围内实现集体建设用地使用权的流转和抵押等，需要国家立法肯定。另外，一项强制性的制度变迁部分肯定了农民的土地财产权，即《物权法》承认了农地承包经营权为物权，但是却仍然限制了集体建设用地的使用权。综合以上的分析，本书认为农地财产权制度的变迁应该是诱致性制度变迁和强制性制度变迁相结合的过程。这一过程或者是发生了局部的诱致性制度变迁，或者是发生了局部的强制性制度变迁，或者是发生了全国性的强制性制度变迁。农地财产

---

① 范利详：《结构"昆山模式"》，载于《21 世界经济报道》2008 年 6 月 6 日第 7 版。

② 北京大学国家发展研究院综合课题组：《再看"成都经验"》，载于《财经》2011 年 1 月 4 日，网址：http://news.hexun.com/2011-01-04/126578015.html。

③ 刘健等：《重庆地票：农村土地制度改革的重大创新》，载于《经济参考报》2010 年 8 月 18 日第 5 版。

④ 值得关注的是，除了提到的安徽省、广东省、成都市出台了集体土地（主要是集体建设用地）使用权流转的相关规定外，湖北省（2006 年 11 月）、江苏省（2007 年 7 月）、宿迁市（2006 年 8 月）、重庆市垫江县（2010 年 5 月）、南京市（2011 年 4 月）等多个省市县试点地区也陆续出台了相关的管理办法或草案。

制度变迁的路径或是自下而上的，如各地农地变革的试验，或者是自上而下的，如《物权法》的推行。

自 1947 年以来，我国农地制度经历了农地产权的国有化和私有化并存时期（1947～1952 年）、集体所有制时期（1953～1978 年）和集体土地所有制下的家庭联产承包责任制时期（1978 年至今）三个阶段的变迁。目前，我国农地制度又处在制度变迁的十字路口。随着工业化和城镇化的推进，土地要素的稀缺性越来越明显，其要素相对价格也发生了变化。人们对此做出了反应，要求创新农地制度，增加土地增值收益。现有制度约束下，农民的土地财产权的权利内涵是不完备的。如何建设完备的农地财产权？我们认为应该建立以"用益物权"为基础的农村土地财产权制度，在完善集体土地所有制的基础上赋予所有者主体"法律化的人格"，同时允许农民享有对土地使用权进行抵押、出租和处分等权利。不过要实现农民的土地财产权制度，就需要将诱致性制度变迁和强制性制度变迁结合起来，寻找制度变迁的动力和路径。

第二节　宅基地制度产权关系和物权化改革

农村土地制度改革中，宅基地制度是最为独特、最为敏感，也是最难以决断的一项。现行农村宅基地制度为中国工农业发展、保障农民居住权利、稳定农村发展发挥了重要作用。但是随着社会转型和经济社会体制改革不断深入，农村和农民不断分化，现行宅基地制度越来越不适应现实的需要。现有的法律同样对宅基地使用权主体有严格的限制，其主体仅限于农村集体经济组织内部的成员，这就意味着城市居民是排除在宅基地使用权的主体范围之外的，法律禁止城市居民购买农村宅基地。且我国对农村宅基地实行"一户一宅"原则，宅基地的用途也仅限于建造用于居住的房屋。限制宅基地流转会造成农村空心化，土地的权利无法转化为农民的财产，而是成为地方政府城镇化的重要资源，在实践中农民和政府常常因为拆迁问题而产生大规模社会冲突。宅基地制度的物权化改革迫在眉睫。

一、宅基地制度的产权主体和利益相关者

1. 宅基地产权主体。

（1）农民。作为农村土地利用中最重要的权利主体，农民通过加入农村集体

经济组织而取得集体经济组织的成员权，除此之外农民还享有法律规定的其他土地上的物权，诸如土地承包经营权、地役权、宅基地使用权和自留地、自留山使用权。一方面，广大农民逐渐意识到土地利用中的潜在价值，因而在土地利用过程中开始重视保护自己的土地权益。对农民来说，土地不仅是家庭收入的重要来源，而且也是一份就业保障和未来生活养老保障。当前我国正处于社会转型时期，农村土地的价值也发生了巨大的变化，农业税的减免使得越来越多的农民愿意回归土地，进行农业生产；党和国家提出建设社会主义新农庄的号召，广大农民纷纷开始在自己的宅基地上申请新建和翻修房屋；伴随着城镇化进程的稳步推进，地方政府开始大量征收农村土地；农村征地补偿费的相对提高，使得农民认识到土地的价值所在。因此，当农村土地权利人以外的其他利益相关者侵害农民土地权益时，农民不再是逆来顺受，而是开始为争取应得的利益进行抗争。另一方面，在同各个利益相关者的博弈中，农民因自身条件受限，在利益格局中往往处在弱势地位，从而导致自身权益不断受到侵害。在农村土地利用中，往往会在权利人、各利益相关者之间产生一定的利益冲突，而农民是最重要的权利人，同时也是严重的利益受害者。

需要指出的是，农民群体也已经高度分化。我们很难用一个统一的"农民"概念来代表我们所指涉的农民。农民的生活水准、职业地位、居住方式、从业特征等都已经相当不同。我们可以从收入来源、农业规模等角度细分当前中国的农民群体。基于本书的研究视角和调研区域的特点，我们拟从农民所处经济区位视角，将农民分为经济发达地区的农民和一般农业型地区的农民。前者主要是指大中小城市郊区农村的农民，第二、第三产业的发展为他们提供了各种便利机会。相对来讲，一般农业型地区的农民很难在当地获得农业以外的便利条件。这种区分具有重要意义，不理解农民所处经济区域以及因此而存在的农民收入结构、家庭结构、生存状况和便利机会上的差异，我们就不能处理好城郊农民与一般农业型地区农民利益诉求的差异，容易误会农村问题和农民问题的实质和核心。这样不仅可能制定出严重损害农业型农村农民利益的政策，而且可能制造出更多"城中村"①。

（2）农村集体经济组织。农村集体经济组织，即改革开放以来实行家庭联产承包责任制和双层经营体制后，所形成的包括乡、村、村民小组和部分农民共同所有的农村劳动群众集体所有制性质的经济组织。法律规定，农村集体经济组织的主要职责是支持和组织村民依法发展各种形式的合作经济和其他经济，承担农

---

① 广义上的"城中村"是指在城市高速发展的进程中，滞后于时代发展步伐、游离于现代城市管理之外、生活水平低下的居民区。

村生产服务和协调工作。在农村土地利用关系中,农村集体经济组织充当了土地所有权人的角色。

2. 农村土地利用中的利益相关者。

(1) 地方政府。地方政府在与其他利益相关者进行利益博弈时具有比较优势。地方政府对土地行使具体的管理职能,在行政执法过程中享有比较大的自由裁量权,在实践中往往借"公共利益"之名进行违法征地。目前我国征地和供地制度在实际运行过程中产生了一个庞大的利益链,而地方政府作为地方社会的管理者,往往主导着利益的分配格局。故地方政府在土地征收的过程中,具有丰厚的利润可图。卖地已经成为各地方政府增加财政收入、筹措城镇化建设所需资金的重要方式。可以说,土地出让金收入已经成为地方政府的"第二财政"。有研究表明,某些县市土地出让金收入已经占到财政收入的35%左右,有的高达一半以上,有些县市60%~70%用于城市基础设施建设的资金都来自出让土地的收入。[①] 在土地征收过程中,农民一旦利益遭受非法侵犯,如果选择集体维权甚至非理性的维权方式,那么就极易产生与地方政府和中央政府之间的利益冲突与博弈。

(2) 村干部。村干部本身具有三种不同性质的角色,即村干部既是"政府行政职能的代表",又是"群众自治的代表",同时也是"自我利益的代表",三种不同角色之间的冲突就产生了村干部与其他利益相关者之间的利益冲突。

首先,村干部无论从组织还是人事上,均要接受乡镇党委政府的领导,其工作也要接受乡镇政府的指导。因此,村干部与地方政府之间的密切关系就决定了村干部只能坚决执行地方政府的命令和决策。在地方政府对土地征收的过程中,当地方政府与农民之间的利益发生冲突时,村干部基于自身利益的考量,一般会选择支持地方政府的立场,始终与地方政府保持一致。

其次,村干部又是"群众自治的代表"。村民委员会作为基层群众自治组织,代表村民集体实现自治管理,因而村干部在具体履行职责时理应维护村民的利益。地方政府与村集体在土地征收过程中进行利益博弈时,村干部应该责无旁贷地保护村集体的合法权益,避免村集体的利益遭受非法侵犯。

最后,村干部作为个体的人,尤其是作为市场经济中的理性经济人,还是"自我利益的代表"。在土地利用过程中,村干部享有具体管理有关土地的一系列职权,而实践中,经常发生一些村干部以权谋私、损害村集体利益的腐败现象,从而引发利益冲突。

(3) 投资人。随着社会资本进入农村领域,一些以营利为目的的社会上的投

---

① 田永胜:《32 位权威人士解读"三农"问题》,光明日报出版社 2005 年版,第 49~51 页。

资人也参与到农村土地利用中来。由于投资活动的开展往往需要经过政府诸多相关部门的行政审批，而目前这些部门的行政审批权过大，同时又缺乏有效的监督。在这种情形下，投资人基于逐利的本性开始与地方政府进行利益博弈。部分投资者开始绞尽脑汁不惜一切代价试图与政府相关部门建立不正当关系，变相寻租现象屡屡发生，从而导致各类腐败案件源源不断，土地利用中的违法违规现象的不断发生极易导致利益冲突的产生。

同时，一些大规模的征地拆迁项目涉及的农民数量众多，而实践中对农民土地的征收补偿标准往往是非常低的，农民基于自身利益的考量，可能会反对征收和拆迁，甚至阻挠建设单位施工，而投资者往往采取暴力手段强制农民接受，在这个过程中利益的冲突就不可避免。

3. 权利人及利益相关者间的利益冲突。农村的土地产权属于农民集体所有，然而，在实践中，农民与集体经济组织进行土地流转时，农民在土地流转中应有的主体地位经常被架空，农民难以分享土地的流转收益。事实上，农民在行使土地财产权时不可避免地要受到国家与集体对其的干涉、限制等，导致其所享有的土地收益权、使用权和处置权均是残缺不完整的，导致农民和农村集体经济组织虽然是法律上的土地所有者，但实际行使所有权职能的却是国家而不是集体组织，农民在集体和国家的夹缝之间在有限产权下使用土地，从而形成农村土地产权主体的多重化和模糊化。因此，在现行的土地二元产权制度下，农民在土地流转中是处于弱势地位的，农村的土地甚至没有得以真正流转，农民没有得到应有的土地财产收益。[①]

在集体建设用地流转中，调查区域农村土地综合整治采用的做法是"城乡建设用地增减挂钩"政策，具体操作是通过整理出耕地从而获得增加建设用地指标，而可以整理出较多耕地的途径是拆并农民的村庄。政府首先将需要进行整理的村庄列入规划，然后再与公司进行商谈，由公司进行投资，并负责村庄的拆迁，对于新建的房屋，农民自己还需要支付一部分价款，而置换出来的土地将由投资公司进行开发，在此过程中，政府会得到相应的土地出让金。[②] 可以看出，在建设用地指标紧缺的情形下，"城乡建设用地增减挂钩"政策失去了原本的意义，即政府进行土地整理的目的并不是为了保护耕地质量，而是为了增加建设用地指标。结果是，增减挂钩政策在具体执行中被地方政府演化为大拆大建、撤并村庄、逼迫农民上楼的村庄城市化运动，而农民在开发商和政府获得巨大收益的

---

① 刘荣材：《产权、定价机制与农村土地流转》，载于《农村经济》2010年第12期，第30～34页。
② 韩松：《新农村建设中土地流转的现实问题及其对策》，载于《中国法学》2012年第1期，第19～32页。

同时却只能获得少量的补偿。[①] 另外，一般情况下，建设用地指标的用地者进行拍卖的目的并不是为了公共利益，而是为了商业利益，那么政府对农村建设用地进行征用显然违反了法律规定的土地征用目的，它实质上是一种打着保护农民利益的旗号剥夺农民利益的举措。

二、目前宅基地制度产权流转利用形式

1. 国家征用流转。现阶段，第二、第三产业的发展要求更多的建设用地，但是允许用于建设的土地少于需求，政府通过土地非农使用，可以获取巨额的土地级差收益。另外，政府决定土地征收补偿费用，但低廉的征收补偿额不能反映土地的真正价值，大量的土地收益被政府获取。

2. 用益物权处分流转。关于集体建设用地流转的形式，新《土地管理法》区分了集体建设用地与集体经营性建设用地，明确规定了具体的处分方式，规定土地所有权人可以通过出让、出租等方式交由单位或者个人使用。对于集体经营性建设用地的出租、集体建设用地使用权的出让及其最高年限，以及转让、互换、出资、赠与、抵押等，则以委任性法律规范的方式交由国务院制定。

新《土地管理法》对宅基地的持有依然做出了严格规定，农村村民一户只能拥有一处宅基地，宅基地面积不得超过当地省级标准，而且农村村民将住宅出卖、出租或赠与后，不允许再申请宅基地。[②] 但是，新《土地管理法》鼓励盘活利用闲置宅基地和闲置住宅。中央农村工作领导小组办公室、农业农村部于2019年9月11日颁布的《关于进一步加强农村宅基地管理的通知》明确规定，"在征得宅基地所有权人同意的前提下，鼓励农村村民在本集体经济组织内部向符合宅基地申请条件的农户转让宅基地"。

三、宅基地产权物权化改革

1. 宅基地产权物权化的难点。

(1) 缺乏宅基地使用权流转法律程序性保障。一方面，目前，农村宅基地方面的法规多是原则性规定，不具有可操作性。现行《宪法》和《土地管理法》仅有少量条文涉及农村宅基地，且均是原则性的规定。《物权法》中虽确认了宅

---

① 韩松：《论政府公权力对农民集体土地所有权的侵害及其治理》，载于《河南财经政法大学学报》2012年第6期，第103～111页。

② 参见《土地管理法》第六十二条的规定。

基地使用权，但仍是原则性规定，并没有对宅基地使用权的取得和转让等问题做出明确易操作的规定。在实体内容上，条文过于简陋，对农村宅基地权利的法律规定无法指导实践。宅基地使用权受到侵害后，宅基地使用权人的物权请求权如何行使等都无法在法律程序上得到保障，造成农民宅基地流转的法律依据空白，具体操作困难。另一方面，我国有关宅基地使用权流转立法之间存有矛盾。首先，农民对自己所建的房屋享有所有权，却无法基于自己的意志自由流转；其次，国家法律严格禁止城镇居民获得农村的宅基地使用权，但城镇居民依据《继承法》又可继承宅基地使用权，房子可作为财产继承。宅基地使用权也随附房子所有权可被继承。这种情形不限于本集体经济组织内部成员。①

（2）受到户籍迁移制度的制约。农村宅基地房交易面临户籍迁入和迁出问题。一方面，买主要求卖主把户口迁出交易房屋，如果是同一集体组织内的，不会产生问题，但如果是不同集体经济组织或者是集体经济组织之外的人，就会出现买主户籍无法迁入、卖主户籍无法迁出的问题，而户籍问题将影响后期子女上学和拆迁补偿等问题。另一方面，有些农民在上海、北京等城市购买了商品住房，甚至购买了多套住房，打算出售户籍所在地的宅基地房，但无法将户口迁到北京或上海。有些地区政府要求农民一旦从宅基地房迁出户口，必须转为城镇户籍，失去耕地相关权益等。

（3）宅基地房确权工作复杂。宅基地房是农民自己建造的，随意性比较大。现实中宅基地房的确权登记遇到了很多问题，包括没有办理用地审批手续，或者办理了用地审批手续，但规划中的宅基地建筑面积与房屋的实际建筑面积不一致，或者农户与邻居的宅基地界限模糊、宅基地范围存在争议等。② 实践中，宅基地问题有两种情形比较常见：一是宅基地的实际使用面积超过规划中的使用权面积；二是宅基地房的实际建筑面积超过规划中的建筑面积。房屋是一个整体，政府拆除违章建筑会遭到户主抵抗，现实中难以行得通。如果把超规划的地皮使用权面积和建筑面积纳入确权登记信息系统中，又会鼓励更多的违法建筑。

2. 宅基地产权物权化改革的具体策略。

（1）赋予农村宅基地以完整用益物权的权能。农村宅基地使用权虽已编入《物权法》中的用益物权，即占有、使用、收益应是用益物权完整的权能，但现行法律只是明确分离宅基地使用权占有和使用的权利，而回避了更重要的收益权

① 刘芙、李月朦、吕中伟、边恕：《农村宅基地使用权流转现状与对策》，载于《农业经济》2017年第8期，第85～87页。
② 卢驰文、于晓媛：《农村宅基地房交易合法化问题研究》，载于《理论探索》2017年第5期，第98～103页。

利。这或许与长期以来农村宅基地使用权较少流转有关。因为过去农村人口相对稳定，很少有人流动到城镇，人们要宅基地的目的就是为了居住。但是，近年来，农村人口流动范围越来越广，宅基地使用权流转将越来越成为常态，宅基地使用权作为用益物权，其收益权能将会越来越引起人们的重视。因此，占有、使用、收益作为宅基地使用权的完整权能的本质属性应得到法律认可。

（2）坚持因地制宜和分类实施。国内宅基地利用情况存在较大的地域差异，应当结合当地经济社会发展的现实需求，制定差异化的改革措施，因地制宜、分类实施，确保制度改革措施准确有效。基于各地的实际，宅基地利用情况可以大体分为四种类型。一是基本保障型，指的是在一些经济落后的地区，宅基地的首要功能还是保障农民的住房条件，确保"户有所居"，待条件成熟时再逐步推行宅基地物权化改革。二是规范管理型。指的是在一些城镇化水平较高、人口流入较大的地区，城市郊区的农房出租市场需求大，宅基地的流转比较普遍，也具有违规私搭乱建的情况，因此要制定规范，合理限制使用。三是有偿退出型。这种情况一般出现在农村腹地，人口大量流出，可以设立宅基地流转平台，鼓励那些在城市有住房的农民有偿退出。四是市场主导型。对于那些城市化水平高、土地市场化程度较高的地区，建立合理健康的农村宅基地流转市场，进行公开流转等。[①]

（3）消除法律和社会障碍。宅基地身份限制主要是针对初始取得，而对于以后使用权主体完全不需要限制。只要流转双方意思表达真实，应当允许其自由流转，户籍身份的限制也应当就此打破。无论购房人的户籍是在本省还是在外省，无论购房人的户籍原来是城镇的还是农村的，购房人原来是城镇户籍就作为购房地的城镇户籍迁入，如果是农村户籍就按照农村迁入。

同时法律还应当厘清一些自相矛盾、难以实施的条款。更为重要的，应当在《物权法》及其解释中就宅基地制度进行细化，从而更具操作性和法律性，便于司法纠纷争议的解决。

（4）完善征用补偿机制。实践中，集体土地和农民利益之间未能建立有效联系，例如，在农村集体土地被征收的过程中，存在农民利益未得到充分保护的现象，如补偿标准过低、不到位和拆迁手段不合法等。但由于集体所有权过于抽象，无组织替农民主张权利，作为被征收人的农民自己也无法参与谈判，最终导致农民的切身利益受到侵害。应当完善农村征用补偿机制，允许农民就征地补偿安置方案等提出意见并依法得到补偿，鼓励农民集体建立民主议事机制，防止少

---

① 李浩媛、段文技：《中国农村宅基地制度改革的基底分析与路径选择——基于15个试点县（市、区）的分析》，载于《世界农业》2017年第9期，第15~20页。

数人私相授受、谋取私利。

（5）建立农村宅基地产权信息交易平台。首先应当完善农村宅基地房信息系统，加强宅基地房档案管理工作，建立农村住房交易平台，充实土地管理与农村房产价格评估专业人才队伍，加强农村住房交易人才培训，提升宅基地房屋交易管理水平。2015年8月，国务院发布实施《农村承包土地的经营权和农民住房财产权抵押贷款试点的指导意见》，以落实农村土地用益物权，赋予农民更多的财产权，开展"两权"抵押贷款业务，盘活农村资源、资金、资产，增加农业生产长期和规模化经营的资金投入。2017年7月公布的《土地管理法（修正案）》（征求意见稿）也排除了农村集体建设用地进入市场的法律障碍，为落实同等入市、同权同价和建立城乡统一的建设用地市场奠定了法律基础。[①] 农村产权流转的前提是产权明晰，目前正在进行的土地确权颁证工作为产权的明晰提供了基础。而成立专门的农村产权交易所，其目的是为农村产权流转和交易提供平台和场所。

第三节　农村居民土地财产权利法律保护制度

历史经验表明，社会转型或者变革往往隐藏着农村居民土地财产权利的冲突与矛盾，能否避免断裂成为缓和或加剧社会矛盾、推动或妨碍社会发展的关键因素。本节主要探讨我国当前农村居民土地财产权利的构成、土地财产权利保护存在的问题，以及对现行农村居民土地财产权利保护的政策建议。

一、农村居民土地财产权利的结构和转化

我国农地权利制度经历了三次重大的变迁，在新中国成立初期经过土地改革运动，形成了"农民所有、农民利用"的土地权利制度。之后又经历了人民公社运动和农业合作化运动，形成了"集体所有、集体利用"的土地权利制度。[②] 改革开放以来，最终确立了农村土地承包制，"集体所有、农民利用"的农村土地权利制度也应运而生。从上面的论述可以看出，不同时期我国土地制度存在着明

---

① 卢驰文、于晓媛：《农村宅基地房交易合法化问题研究》，载于《理论探索》2017年第5期，第98~103页。

② 王利明、周友军：《论我国农村土地权利制度的完善》，载于《中国法学》2012年第1期，第45~54页。

显的差异，这种差别主要是因为具体的经济、文化和社会条件，以及制度演进的种种历史机遇造成的。同样，我国现有的土地权利体系也是历史发展的产物。它不仅受到 20 世纪 50 年代至 70 年代我国政治经济制度的影响，而且同 80 年代以来的经济改革和社会进步有着密切的联系。它的现实存在，不仅有某些观念形态的理论根据，而且有较广泛的社会基础。因此，对中国土地权利结构的合理判断，不能脱离中国的历史，更不能脱离中国的现实。①

新历史时期的发展使农村土地制度不断改革和创新，土地权利结构也发生了很大的变化。土地权利内部结构不断分化②，形成了个体与个体、个体与集体、集体与集体、集体与国家之间错综复杂的土地权利关系。

1. 土地集体所有权。1956 年的《高级农业生产合作社示范章程》是最早规定土地集体所有权的法律文件。该章程第十三条规定，农村土地属于合作社集体所有。后来 1982 年《宪法》第九条与第十条、《民法通则》第七十四条第二款③、《农业法》第十一条及《土地管理法》再次确立了土地集体所有权。集体土地所有权是集体土地所有制的法律表现形式。

2. 土地承包经营权。1978 年我国开始进行农村家庭联产承包责任制改革。1986 年的《民法通则》确立了农村承包经营户的法律地位，并规定农村承包经营户依承包合同享有合法权益。《土地管理法》和 2002 年的《农村承包经营法》正式确立了土地承包经营权。稳定承包权是我国农村土地使用权制度改革的目标。总结中央政策和法律法规的表达，承包权的经济目标是"引导农民珍惜土地，增加投入，培肥土地力，逐步提高产出率"，确保农村经济可持续发展；政治目标是通过稳定承包关系，建立长期稳定的农村基本的经济制度，从而稳定农村社会，进而把握全局的主动权。

（1）中央"三十年不变"的政策。综合中央政府的政策和法规文件，有关"土地承包期再延长三十年不变"的政策措施和规定大致有七个方面的内容：一是关于期限的规定④；二是关于三十年不变的解释⑤；三是关于三十年中土地占

---

① 王卫国：《中国土地权利研究》，中国政法大学出版社 1997 年版，第 66 页。
② 王景新：《中国农村土地制度的世纪变革》，中国经济出版社 2001 年版，第 69 页。
③ 《民法通则》第七十四条规定："劳动群众集体组织的财产属于劳动群众集体所有。"
④ 1993 年发布的《中共中央、国务院关于当前农业和农村经济发展的若干政策措施》规定："在原定的耕地承包期到期之后，再延长三十年不变。开垦荒地、营造林地、治沙改土等从事开发性生产的，承包期可以更长。"
⑤ 1997 年发布的《中共中央办公厅、国务院办公厅关于进一步稳定和完善农村土地承包关系的通知》指出："土地承包期再延长 30 年，指的是家庭土地承包经营的期限。集体土地实行家庭联产承包制度，是一项长期不变的政策。"

有关系是否调整的规定①；四是关于发包权②；五是不提倡实行"两田制"；六是机动地"严格控制在耕地总面积的 5% 的限额以内，并严格用于解决人地矛盾"③；七是允许土地使用权依法有偿转让。中共十七届三中全会提出"土地承包关系长久不变"，将"长期"（党的十五届三中全会提出"赋予农民长期而有保障的土地使用权"）改为"长久"，意味着土地承包制度从一种有期限的制度转变为无期限的土地制度。政策传递的精神是，通过不断延长承包期限，稳定农民对土地的预期。农业和农村经济发展的关键要素是充分调动农户对土地长期投资的积极性，因此，农村土地制度必须对土地权利的确定性和稳定性进行设计和安排。④

（2）土地承包经营权物权化。自 20 世纪 80 年代以来，中央政府历年的"一号文件"，以及 2004 年实施的《土地承包法》和 2008 年颁行的《物权法》，构成了我国土地承包经营权发展的基本政策和法律规范。《土地承包法》颁布之前，土地承包权是使用权，《土地管理法》中把土地承包权作为债权。《土地承包法》对农民的土地权利性质有了更为实质性的规定，赋予了承包权物权的性质。《物权法》设专章规定土地承包权，明确其为物权。虽然我国土地承包经营权朝向物权化发展，但是现阶段在真实世界中承包权更多地体现了债权性。

首先，土地承包经营权内容依然由承包合同确立。《物权法》依然规定土地承包经营权以土地承包合同为核心。一是《物权法》在土地承包经营权成立问题上采纳了债权意思主义，⑤⑥ 说明了土地承包经营权的债权性以及对土地承包经营权合同的效力依赖性。二是《农村土地承包法》第二十七条、第二十八条规

---

① 1997 年发布的《中共中央办公厅、国务院办公厅关于进一步稳定和完善农村土地承包关系的通知》规定，在实行 30 年土地使用权前允许"人地矛盾突出的个别农户"进行"小调整"，但"不能对所有农户进行普遍调整"。对于 30 年内是否调整，强调"绝不能用行政命令的办法硬性规定在全村范围内几年重新调整一次承包地"。《土地管理法》规定："在土地承包经营期限内，对个别承包经营者之间承包的土地进行适当调整的，必须经村民会议三分之二以上成员或者三分之二以上村民代表的同意，并报乡（镇）人民政府和县级人民政府农业行政主管部门批准。"中央政策做出了"增人不增地，减人不减地"的规定，2002 年颁布的《土地承包法》、2007 年颁布的《物权法》都将这一政策规定纳入法律，做出土地承包期内发包人不得调整承包地、不得收回承包地的刚性规定。2009 年发布的《中共中央　国务院关于切实加强农业基础建设进一步促进农业发展农民增收的若干意见》仍然明确强调要"严格执行土地承包期内不得调整、收回农户承包地的法律规定"。

② 1997 年发布的《中共中央办公厅、国务院办公厅关于进一步稳定和完善农村土地承包关系的通知》规定："不能将原来的承包地打乱重新发包，更不能随意打破原生产队土地所有权的界限，在全村范围内平均承包。"

③ 1997 年发布的《中共中央办公厅、国务院办公厅关于进一步稳定和完善农村土地承包关系的通知》。

④ 王景新：《中国农村土地制度的世纪变革》，中国经济出版社 2001 年版，第 82 ~ 82 页。

⑤ 债权意思主义是物权变动立法模式的一种，即物权的变动因当事人的合意即可完成，无须以交付或者登记为要件。在我国《物权法》中，土地承包经营权是典型的债权意思主义模式的运用。

⑥ 《物权法》第一百二十七条规定，土地承包经营权自土地承包经营权合同生效时设立。

定，承包方享有种种债权性权利，相应地，发包方则享有种种义务。

其次，土地承包经营权具有极强的身份性。根据《农村土地承包法》第二十六条的规定，集体经济成员的身份是享有土地承包经营权的前提条件。失去集体经济成员身份便会丧失土地承包经营权。土地承包经营权具有一定的社会保障性质，只有特殊主体才能享有这一社会保障利益。可见，土地承包经营权并不是真正的物权，而是夹杂着身份利益、社会保障利益在内的。

最后，土地承包经营权流转表现为债权流转。第一，流转方式有限制，而真正的物权流转是没有限制的。根据《农村土地承包法》第三十二条的规定，土地承包经营权不能采用抵押的方式流转。第二，流转受让主体有限制，《农村土地承包法》第三十三条规定本集体经济组织成员享有优先权。第三，用途有限制，流转之后不得改变农业性质用途。第四，流转要经发包方同意或者备案。① 可见，土地承包经营权的流转不是物权式流转，而是典型的债权式流转。

虽然立法确立了农村土地集体所有制，但是在农村土地上依旧存在国家与集体、集体与农民之间权利边界不明晰的问题，不仅导致"集体"地位的消解，而且在城镇化进程中农民作为个体也享受不到实惠。我们认为，应先强化农民的土地使用权，使其物权化，并且淡化集体土地所有权。农民只有获得类似于企业法人财产权的土地权利，才获得市场主体的根本资格，自主经营才有保障。② 因此，在中国推行土地承包经营权物权化是有必要的，这对完善土地使用权制度以及农民利益的保护尤为重要。

3. 国家对集体所有土地的特殊权利。国家对集体所有土地享有特殊权利，法律上规定农村土地所有者为农村集体。但实际上，国家才是农村土地的最终所有者。首先，国家是征收农用地转为非农用地的唯一合法垄断者。其次，国家拥有农村土地的最终处置权。

（1）国家对集体土地的建设征收权。建设征收是指国家基于公共建设的目的而将集体所有土地转为国家所有。《宪法》第十条明确规定，"国家为了公共利益的需要，可以依照法律规定对土地实行征收或者征用并给予补偿"。

征收是所有权取得的一种方式。现代各国法律都认可国家为了公共建设需要而征用财产的做法。这种做法在法理上被称为"最高统治权的行使"。③ "因公用

---

① 《农村土地承包法》第三十六条规定："采取转让方式流转的，应当经发包方同意；采取转包、出租、互换或者其他方式流转的，应当报发包方备案。"

② 邵彦敏：《中国农村土地制度研究》，吉林大学出版社2008年版，第188页。

③ 指最高统治者有权不经所有权人的同意，而将其财产收归国有，以用于公共的目的。如政府为抢险救灾而征用。

事业的需要而有偿或无偿地征用财产，这在当代所有法系中都是存在的。即使是无偿征用，它也有别于没收，没收是由有关当局任意取去财产或者被作为对违法行为的处罚。宪法和其他立法通常都规定，征用之生效，须发出通知并付给所有权人以适当、公平和合理的补偿。实际上，征用乃旨在使国家和它的行政机构和民用事业能够运用所谓的征用权，使之服务于大众。在所有的法系中，征用的可能性说明了财产权不是绝对的权利。"① 确切地说，征用权是公法意义上的权力，国家征用财产的权力依据于国家主权。我国宪法设立国家对集体土地的征用权就是国家主权的体现。②

（2）国家对农村土地的最终处置权。1998 年的《农村土地承包法》仅原则性地规定了"土地的使用权可以依法转让"，如第三十二条和第四十九条，商业化方式承包的土地可以依法采取转让、出租、入股方式流转，而家庭承包取得的土地还可采取转让、互换方式流转。第三十七条规定："采取转让方式流转的，应当经发包方同意；采取转包、出租、互换或者其他方式流转的，应当报发包方备案。"这表明国家鼓励转包、出租和互换等暂时性土地流转，但不支持转让、买卖等永久性土地流转持。

另外，国家会对农民土地使用权进行广泛干预。土地使用权利在"自主经营"原则上也打了折扣。很多地方通过承包合同和主要农产品购销合同，限制了农民自主经营的权利。③ 这种干预行为突出表现在以下几个方面：地方政府为推动区域经济发展强制推行结构调整计划；发展农业产业化过程中强制推行专业化生产和区域化布局；扶贫开发集中连片的项目推广等。在这些活动中，上级政府对下级政府和自治村采取责任状形式推动某些规划的实施，代替市场机制对农民生产经营的调节，因而偏离了自主经营"轨道"。近些年来，不少乡镇政府利用"农业现代化""产业化""规模经营"等口号来否定家庭承包制。例如，在大多数社区成员不知情、不赞成的情况下，采取工商企业和大户大举进入农业生产领域的经营形式，以较长的租赁期限和强制性手段承租大面积耕地，使农民失去了生产和发展的保障。④ 以上行为体现出农户的经营自主权虽为政府在原则上予以承认，但是这一自主权在地方和基层政府行政组织执行政策过程中又受到限制。

4. 二元所有制结构下土地权利的转化。在二元所有制结构下，集体土地上

---

① 《不列颠百科全书》第 15 版第 15 卷，中国大百科全书出版社 1993 年版，第 48 页。

② 王卫国：《中国土地权利研究》，中国政法大学出版社 1997 年版，第 123 页。

③ 袁铖：《制度变迁过程中农民土地权利保护研究》，中国社会科学出版社 2010 年版，第 103 页。

④ 陈锡文、韩俊：《如何推进农民土地使用权合理流转》，载于《学习与研究》2002 年第 6 期，第 33～36 页。

的权利与国有土地上的权利并不是"同质、同权、同价"。

首先，尽管法律规定禁止买卖或者以其他形式非法转让土地，但在实践中仍然存在集体土地所有权的变相"转让"。基于"公共利益"的需要，国家可以通过强制征收将集体土地变为国有土地。《宪法》和《物权法》都对此做出了明文规定。[①] 在我国土地权利转化中，土地上的权利从集体所有向国家所有单向流动，导致集体土地的范围逐渐缩小，大量农民失去赖以生存的土地。

其次，最具财富价值的建设用地使用权只能由国家出让，农村集体土地不能直接作为市场交易的对象，这意味着农民不能直接参与土地资源的配置和土地财富的分配。国家在征收农村集体土地时，虽然给"失地"农民一定的补偿安置费用，但这与国家出让土地使用权获得的实际收益之间存在巨大的悬殊，也就是所谓的"剪刀差"。

最后，在城乡二元体制的社会格局下，城市国有建设用地使用权与农村土地承包权二者的价值和发挥的作用相距甚远。城乡经济发展极其不平衡，农村经济发展相对落后、市场化程度相对偏低，因此农村土地要素的资源与财富价值远不如城市。另外，国家实行严格的耕地保护政策（耕地"红线"），农村土地使用权流转所受的限制远大于国有土地使用权。党的十七届三中全会通过的《中共中央关于推进农村改革发展若干重大问题的决定》提出要建立和健全农村土地承包经营权流转市场，试图通过促进农村土地承包权流转改革，促进农村社会经济的发展，实现城乡一体化发展的目标。然而，农村土地承包权流转仍然存在着诸多瓶颈。[②] 真正实现"缩小城乡差别，实现一体化发展"的目标，仍然任重道远。

二、农村居民土地财产权利的运行现状

1. 土地制度的二元化结构对我国推进城镇化的影响。1982 年《宪法》规定，我国农村土地主要为集体所有，城市土地主要为国家所有。由此，我国的土地制

---

① 《宪法》第十条第三款规定："国家为了公共利益的需要，可以依照法律规定对土地实行征收或者征用并给予补偿。"《物权法》就此问题规定得更为明确。《物权法》第四十二条规定："为了公共利益的需要，依照法律规定的权限和程序可以征收集体所有的土地和单位、个人的房屋及其他不动产。征收集体所有的土地，应当依法足额支付土地补偿费、安置补助费、地上附着物和青苗的补偿费等费用，安排被征地农民的社会保障费用，保障被征地农民的生活，维护被征地农民的合法权益。"

② 有学者认为当前制约土地承包经营权流转的因素主要有四项：承包合同的制约、登记制度不健全的制约、受让主体范围限制的制约和土地承包权流转市场缺失的制约（参见柳经纬：《我国土地权利制度的变迁与现状——以土地资源的配置和土地财富的分配为视角》，载于《海峡法学》2010 年第 1 期）。

度出现了所有制的二元化结构。这个制度在相当长的一段时期内确实对我国经济和社会发展提供了极大的动力。一方面，这项制度解决了城市的发展问题，为其提供了低廉的土地资源，保障了城市人口的充分流动性，集合了土地的优势效应；另一方面，又在农村欠发达的情况下稳定了农村土地结构、分配结构，解决了农民的生存问题。但是，随着城市化的发展和市场经济的逐步完善，严格限制农村土地的使用权和利用形式已经不能完全实现最初建构这一制度的初衷。有学者认为，"集体所有制"反而成为歧视农民土地财产权益和限制农村发展的合法理由。①

相较于城市土地的国有化，农村土地虽然名为集体所有，但是在利用形式和价值收益上受到较大限制，表现在以下三个方面：第一，由于农村集体所有的土地在建设用地用途上受到严格限制，② 如果要用于建设，就需要转换为国有土地，或是兴办乡镇企业，这样对于农民个体来说，土地的利用价值就不如城市土地；第二，农村土地资源的转让权受到过多制约，农地的交易成本极高，这也使得土地的市场价值较低，农民从土地上获得的收益就低于市民从城市土地上取得的收益；第三，虽然土地所有权是农村集体的，但是现实中"集体"往往演变为村民委员会，农民集体的利益被村民委员会"代表"。虽然农村集体（农民）不能够自由使用所有的土地，但是如果以某种方式从农村集体手中低价获得土地，然后再提高价格卖给第三方，或者再以高价卖回给农民，这无疑对集体经济和农民利益造成了损害。虽然《土地管理法》规定，农村土地被征收时应当予以补偿，但是补偿的数额往往低于土地本身的价值。例如在征收耕地时，失地农民获得的补偿金额一般是被征地前三年的平均年产值的 6 ~ 10 倍。③ 从计算方式上来看，似乎农民能够得到较高的赔偿款，但是大多数农民在土地被征收以后生活不稳定、经济拮据。④ 农村土地的集体所有不仅是所有制的二元结构，更是使用权的二元分化。农民虽然可以自主承包并经营集体所有的土地，然而农地无法被转让用作

---

① 张千帆：《农村土地集体所有的困惑与消解》，载于《法学研究》2012 年第 4 期，第 115 ~ 125 页。

② 《土地管理法》第四十三条："任何单位和个人进行建设，需要使用土地的，必须依法申请使用国有土地；但是，兴办乡镇企业和村民建设住宅经依法批准使用本集体经济组织农民集体所有的土地的，或者乡（镇）村公共设施和公益事业建设经依法批准使用农民集体所有的土地的除外。前款所称依法申请使用的国有土地包括国家所有的土地和国家征收的原属于农民集体所有的土地。"

③ 《土地管理法》第四十七条："征收土地的，按照被征收土地的原用途给予补偿……在特殊情况下，可以提高征收耕地的土地补偿费和安置补助费的标准。"

④ 调查显示，在受调查的失地农民中，有 60% 左右的人生活更加拮据，只有 30% 左右的人未因征地受到负面影响。参见王卫国：《21 世纪中国民法之展望———海峡两岸民法研讨会论文集》，中国政法大学出版社 2008 年版，第 365 页。

其他用途，这对农村土地的流转无疑是极大的考验。因为这致使农民仅拥有对土地的承包权，而无法进行土地交易或抵押融资。也就是说，农民无法通过将土地直接投入市场实现对土地资源的变现，从而获得土地的增值收益。这是造成城乡二元结构以及城乡贫富差距扩大的一个重要因素。

2. 农村集体土地征收立法中"扬公抑私"的倾向。此前，我国城镇化能够快速发展的一个重要因素是土地红利。[①] 分税制改革以后，地方政府的事权与财权不匹配，地方政府为了保障财政充裕和城镇化建设，以"公共利益"的名义从农村大量征收土地。土地出让金成为地方政府进行城镇化建设的主要资金来源，[②]但是土地征收金却并未提升农民的生活质量，部分农民反而在失去土地后陷入生活困境。根据《中华人民共和国土地管理法》的规定，为了公共利益，国家可以依法征收或征用土地，但是需要予以补偿。然而，由于地方政府对法律条文的简单化理解，现实中的城镇化开展被简单等同于政府可以依法征地。只要是为了公共利益，农村集体所有的土地就会被"依法征收"。城镇化的实质问题就是城乡规划和政府审批，其中土地的实质问题就是土地权属和利用方式的转变。土地权属和利用方式的转变并不必然与土地征收挂钩。但是由于我国法律对农村集体所有土地使用权的严格限制，农村集体土地如果要被用于建设用地就需要国有化。[③]这里的逻辑是：城镇化建设需要农村土地转为建设用地，而农村集体所有的土地必须国有化才能用于建设，那么为了城镇化地方政府就必须征收土地。由此看来，地方政府征收土地是合乎法理的。问题在于如何界定公共利益。是不是所有的城镇化建设用地都是为了公共利益？由于法律对农村土地使用权等方面的诸多限制，城镇化在一些地方就被误解为粗放型征地。如果公权力并没有得到较好的限制，就容易出现权力滥用和侵害农民集体利益的情况。对失地农民的补偿金额可能远远低于农民应享有的土地收益。[④] 由此可知，如果对农村集体土地的保护不当，就可能出现地方政府假借"公共利益"之名侵害农民私人的权益。这显然不符合农村土地归集体所有的宪法精神和城镇化发展的目标。

3. 农村集体经济组织形式失范。我国法律并未对"农村集体经济组织"的

---

① 辜胜阻、杨威：《反思当前城镇化发展中的五种偏向》，载于《中国人口科学》2012 年第 3 期，第 2~8 页。

② 据统计，2001~2009 年，全国土地出让收入占地方财政的比重从 16.6% 上升到 48.8%，2006 年之后甚至一度超过了 50%。参见黄小虎：《"土地财政"出路何在》，http://business.sohu.com/20100906/n274739631.shtml，2013 年 5 月 4 日访问。

③ 参照《中华人民共和国土地管理法》第四十三条：任何单位和个人进行建设，需要使用土地的，必须依法申请使用国有土地……包括国家所有的土地和国家征收的原属于农民集体所有的土地。

④ 党国英：《土地制度对农民的剥夺》，载于《中国改革》2005 年第 7 期，第 31~35 页。

性质和组织形式予以规定，当前大部分地区的农村集体经济组织仍以合作社的组织形式存在。而传统的合作社组织形式的成立依据是计划经济时期模糊的行政管理规定，与当前的市场经济体制并不匹配。有学者指出，放松产权管制是中国农村经济发展的驱动力。[①] 因此，以往的合作社将资源产权集中管理，将生产要素统一管理，限制了要素的流通，并不利于中国农村经济的增长。而且调查数据显示，当前大部分农村集体经济组织与村民委员会合二为一，缺乏应有的独立性。[②] 当前，主要由村民委员会负责管理和处分农村集体经济组织的资产，但是村民委员会并不能有效代表集体的利益。如今，一些地区已经在农村建立了民意表决机构，例如村民代表大会、村民议事会和股东代表大会。这些机构能够在一定程度上拓宽农民的意思表达途径，但是现实中以上几个机构的人员往往重叠，也就是说村民代表大会的人员很大一部分是村民委员会的人员，人员重叠限制了机构的独立性。因此，农民集体利益的诉求往往落空。农民集体利益的表达应当通过民主的方式进行，而非由村民委员会的少数人决定。由于农村集体经济组织的管理失范，出现政企合一现象，村民委员会取代农民群体成为农村集体资产和资源的使用者。农村集体经济利益被少数权力人所控制，这也为权力人提供了寻租空间。现实中的众多案例已经显示出政企不分的害处，政企不分成为权力者牟取私利的途径。农村集体经济组织本身的法律性质不明以及独立性不够使其陷入了经营困境。

4. 农民经济主体地位的虚化。由于集体经济组织缺乏明确的产权制度和组织形式，农民的经济主体地位在组织中被虚化。农村集体经济组织中的产权配置和利益分配具体表现为农村集体经济组织资格成员的界定。集体经济组织成员的主体资格认定一直比较困难，主要是由于法律制度的缺位和集体组织主体自身的流动性加大。从实践来看，某村集体经济组织的成员一定是某村村民，而某村村民不一定是该村集体经济组织的成员。当前认定集体经济组织的成员资格，更多依赖组织内部成员达成的共识，并没有正式的制度。例如，当外来人口嫁到本村时，一般村内人员通过民主的方式进行表决，达到2/3以上的就可以将其认定为集体经济组织的成员。由于缺乏正式制度，此种认定方式较不稳定。理论上，农民在集体经济组织内应当享有成员权，并享有投票、监督以及收益等权利。现实中，农民一般是通过村民代表大会、村民议事会机制，由村民推选的代表进行意

① 何一鸣、罗必良：《产权管制、制度行为与经济绩效——来自中国农业经济体制转轨的证据（1958~2005年）》，载于《中国农村经济》2010年第10期，第4~15页。
② 我国农村集体经济有效实现的法律制度研究课题组：《我国农村集体经济有效实现法律制度的实证考察——来自12个省的调研报告》，载于《法商研究》2012年第6期，第44~55页。

思传达。但是村民、村民代表大会以及村民委员会之间往往很难达成统一，现实中农民的意思和地位经常被虚化。由于农民主体地位虚化，农民的权利往往落不到实处。如何实化农民的主体地位和明确集体经济组织的法律地位，是农村集体经济发展的重要命题。

5. 农民的社会保障制度存在缺陷。我国城镇化快速发展的另一重要因素是人口红利，农村大量廉价劳动力进入城市，农民转化为产业工人。但是，农民的身份属性并未因此改变。农村劳动力流入城市，但农村家庭没有随之迁入城市。此种劳动力流动模式把工业化的成本转移到农村之中，加快了城市的经济发展速度，但与此同时也造成农村劳动力转移与城镇化的脱节，并带来一系列经济社会问题。① 既有的城乡二元结构难以在短时期内被打破，唯有通过构建社会保障制度来维护农民的权益。一方面，我们要关注农村中农民的社会保障制度。近年来，我国越来越重视农村保障制度的建设，城镇社会保障和农村社会保障差异化的局面有所缓解，但与城市相比，农村在社会保障发展水平、基础管理和服务等方面还有明显差距。② 加大农村社会保障事业的投入，是维护基层社会稳定，更是维护整个社会的稳定。另一方面，也要考虑农民工进城后的社会保障制度。当前农民工进入城市后，并未获得应有的社会保障，主要原因是户籍制度。我国的社会保障制度由于户籍的不同而存在差异，无论是教育、就业还是医疗，城镇户籍和农村户籍的人在城市中享有的社会保障是不同的。随着城市人口日益饱和，此后进入城市的农民会越来越难以获得城镇户口，如何解决农民工在城市中的社会保障问题，实现农民身份属性的转变，是城镇化进程中迫切需要解决的问题。

三、现阶段农村居民土地权利保护措施及评价

1. 现阶段农村土地制度改革措施。

（1）"三权分置"。我们已经论述过，农村土地所有权和使用权属不清，且受到法律限制，农民无法享有土地所带来的增值利益，无法依据法律规定保障自身的权益，从而引发冲突。2016 年中共中央办公厅、国务院办公厅印发了《关于完善农村土地所有权承包经营权分置办法的意见》，以完善农村土地所有权、

---

① "城镇化进程中农村劳动力转移问题研究"课题组：《城镇化进程中农村劳动力转移：战略抉择和政策思路》，载于《中国农村经济》2011 年第 6 期，第 4～14 页。

② 王军：《中国农村社会保障制度建设：成就与展望》，载于《财政研究》2010 年第 8 期，第 2～13 页。

承包权、经营权分置。

"三权分置"的主要内容包括三点。首先，农村土地农民集体所有，农民集体是土地集体所有权的权利主体。农民集体有权对承包地发包、调整、监督、收回，任何组织和个人不得非法干预，并且采取措施防止和纠正长期抛荒、毁损土地、非法改变土地用途等行为；农民集体还有权就征地补偿安置方案等提出意见并依法得到补偿；鼓励农民集体建立民主议事机制，防止少数人私相授受、谋取私利。其次，严格保护农户承包权，农户可以使用、流转、抵押、退出承包地。最后，赋予经营主体土地经营权，农民集体经承包农户同意，支持新型经营主体提升地力、改善农业生产条件、开展土地经营权抵押融资，鼓励土地股份合作、土地托管、代耕代种等多种经营方式。

2018 年修正的《农村土地承包法》允许土地依法进行流转。该法第三十六条规定，承包方可以自主决定依法采取出租（转包）、入股或者其他方式向他人流转土地经营权，并向发包方备案。转让流程的变更，是对土地流转方式的重要调整，体现出国家对土地所有权处置态度的进一步转变。同时，该法第四十条通过义务性规范的方式确认了书面合同的必要性。

（2）农村土地使用权入市。长久以来，农地使用权流转受到严格的法律限制，农民无法从土地这一最重要的生产要素中获取增值和融资，从而造成大量土地抛荒，滥用土地的情况也十分常见。2015 年 8 月，国务院发布《农村承包土地的经营权和农民住房财产权抵押贷款试点的指导意见》，落实农村土地用益物权，赋予农民更多的财产权，开展"两权"抵押贷款业务，盘活农村资源、资金、资产，增加农业生产长期和规模化经营的资金投入。2017 年 7 月公布的《土地管理法（修正案）》（征求意见稿）也排除了农村集体建设用地进入市场的法律障碍。2018 年修正的《农村土地承包法》明确承包地的土地经营权可以进行融资担保，从而使承包地经营权具备了金融属性。

（3）改善征地制度和保障农民权利。另一项重要的制度是改善征地拆迁制度，赋予农民更多的参与和监督权，防止少数人的意见代表大多数人的意见。2017 年 7 月公布的《土地管理法（修正案）》（征求意见稿）在征地补偿费用中增加了对被征地农民的住房补偿和社会保障费用，用区片综合地价取代年产值倍数法，不再将农民居住的地方作为附着物进行补偿，而是作为专门的财产权明确给予公平合理的补偿。该征求意见稿中还规定了征地程序、征地范围等内容。

2. 现阶段农村土地制度改革的评价。纵观我国农村土地制度的发展和改革方向，不难发现，我国农村土地制度的改革史，就是一部明晰产权和保障农民权利的前进史。这一轮的改革措施证明本书主要观点的科学合理性。但新近改革措施仍然具有不足之处。

首先，对于农民集体土地所有权废止还是保留并没有给出明确答案。"三权分置"重申了农民集体对集体土地的权利，但并没有从根本上解答"农民集体"的范围模糊的问题。同时，也没有回答农民集体经济组织和村民委员会的权限划分问题，因此政企不分的忧患仍然存在。

其次，虽然排除了农村土地承包经营权和建设经营用地使用权入市的障碍，但是宅基地的入市则仍然没有明确的方向。农村住宅大量闲置，出现了大批"空心村"。农村集体经济内部并没有对住宅建设用地的需求，如果腾退的宅基地主要在集体内部分配使，并不符合市场供求规律。同时，目前的改革也还不能为改造大规模的城中村小产权房问题提供解决方案。

再次，《土地管理法（修正案）》（征求意见稿）并没有实际解决土地被征用农民的心理落差问题，如何"合理补偿"仍然没有解决。实际情况是，农民看到征地价格与住宅开发用地价格之间的巨大差异，会产生价格差，政府作为土地利用的全盘掌握者似乎并不合理，根本问题还在于如何充分发挥市场调节作用，推进各类土地入市，建立合理的比价关系，而政府用税收或其他方式弥补费用，从而建立公平公正的土地利用环境。

最后，农民权利的实化仍然缺乏可操作性和普遍性的规范与制度。虽然已有试点地区发现了一些实现农民权利的组织模式，比如股份制化，但这些制度的科学性和实践性还有待进一步论证。

四、创新农村居民土地财产权利的法律保护

1. 农民作为独立主体参与市场交易。集体经济组织应当进行职能改革，将其职能限定在协调成员利益关系、组织生产服务和集体资源开发、规划生产布局等统筹规划和服务层面，让农民自己进入市场参与土地流转，使其成为真正的市场主体，自由处分自己的权利。在对公共利益不造成损害的基础上，农民应该自主决定与城市居民达成互惠交易，并以自己的劳动逐步实现城镇化。不同的土地有不同的利用方式，有不同的价值，因此应该用市场交易的秩序进行管理，而不能用社会管理的思路去解决，这是农村社会管理创新的重点所在。

2. 政府不得强制干预。如果要从根本上解决农民的土地财产权保护问题，实现农民主体地位的真正实化，必须还权于民，通过市场交易手段来保障农民的主体地位。具体的途径是：首先，需要做好土地、房屋等确权工作；其次，农民进行市场交易时政府不得强行干预，应充分尊重农民的意愿；最后，必须限定某

些地域不能开发，并且保证政府不强制征收土地。这样，就能让农民真正进入市场，自由进行交易，名副其实地享受宪法法律赋予他们的财产权利，实现其主体地位的实化。

3. 解决政企不分问题，实现政企分开。当前农村集体经济组织与村委会存在同一现象，有些地区集体经济组织的部分职能被村委会代行，致使政企不分。这也导致了权力的寻租、权力的异化、权力与权利之间的交易，催生了腐败现象，对农民的权利和国家的权益造成了侵害。在进一步的改革中，村民委员会不再作为集体经济组织的法定代表人。村民委员会只负责村政管理和社会管理，不得干预集体经济组织的运作。同时，建立专业委员会、合作委员会来管理企业。集体经济组织单纯地实行经济职能，治理结构采用公司制法人结构。

4. 设立农村产权交易所。农村产权流转的前提是产权明晰，目前正在进行的土地确权颁证工作为产权的明晰提供了基础。而成立专门的农村产权交易所，其目的是为农村产权流转和交易提供平台和场所，农民可以将自己手中的承包经营权及其他相关的土地权利证券化，在交易所进行交易，自由买卖，实现产权与产权凭证的分离。具体操作可参照上市公司的运作模式，公司所有权与公司经营权相分离，但同时必须要防止上市公司中存在的大规模交易风险、投资风险等问题。

5. 设立农村产权交易监督委员会。农村产权交易所是中介服务机构，为农村产权流转和交易的双方当事人提供平台。要树立和确保农村产权交易所的公信力，建立相应监管制度和监督机制尤为重要。设立农村产权交易监督委员会，明确监管的职责和范围，明确交易必须发生在专业经营组、合作社中，且资金必须用于农业生产，股份产权可自由流通等，以确保权利的正确行使。

6. 农村社会保障全面覆盖。农民权益的保护，是"三农"工作的重中之重，也是土地国有化首要考虑的问题。农民土地一旦被征用，他们失去的不仅仅是土地，更为重要的是土地上所承载的社会保障。而现有农村社会保障制度的匮乏，也是阻碍农村土地合理流转的关键因素之一。为此，完善现行社会保障体系，实现社会保障在农村全面覆盖，是保障农民土地权益的迫切需要。

7. 建立农村专业化就业市场、职介中心、培训中心。要保障农民就业自由，通过建立专业化的就业市场，并通过建立职介中心、培训中心，帮助农民学习一技之长，提升农民专业技能和自身优势，实现选择性就业。促进要素的自由流通，让农民获得更多的收益和社会保障。

8. 逐渐放开户籍制度。农村土地制度的改革，需要逐步放开户籍制度，以实现资源在城市和乡村范围内的统一调配，实现城乡经济社会一体化发展。对于户籍制度改革的措施，不仅需要加快户籍立法进程，推动城乡居民自由流动迁居，同时也需健全农村社会保障制度，逐步实现公共服务均等化，[①] 以促进劳动自由、迁徙自由，实现社会生产要素的盘活和效益最大化，这是农村社会管理改革的又一个重点。

① 支璐：《城乡发展与户籍制度改革》，载于《法制与社会》2010 年第 18 期，第 211～212 页。

参 考 文 献

［1］马克思：《资本论》第1卷，人民出版社1972年版。

［2］马克思：《资本论》第3卷，人民出版社1975年版。

［3］《马克思恩格斯全集》第1卷，人民出版社1956年版。

［4］《马克思恩格斯全集》第13卷，人民出版社1979年版。

［5］《马克思恩格斯全集》第26卷，人民出版社1979年版。

［6］《马克思恩格斯全集》第42卷，人民出版社1979年版。

［7］《马克思恩格斯全集》第46卷（上），人民出版社1979年版。

［8］《马克思恩格斯选集》第3卷，人民出版社1995年版。

［9］《邓小平文选》第一卷，人民出版社1994年版。

［10］《邓小平文选》第二卷，人民出版社1994年版。

［11］《邓小平文选》第三卷，人民出版社1993年版。

［12］刘元春：《交易费用分析框架的政治经济学批判》，经济科学出版社2001年版。

［13］林岗、张宇：《历史唯物主义与马克思主义经济学的分析范式》，引自张宇、柳欣主编：《论马克思主义经济学的分析范式》，经济科学出版社2005年版。

［14］刘伟、李风圣：《产权通论》，北京出版社1998年版。

［15］厉以宁：《资本主义的起源：比较经济史研究》，商务印书馆2003年版。

［16］赵文洪：《私人财产权利体系的发展——西方市场经济和资本主义的起源问题研究》，中国社会科学出版社1998年版。

［17］詹姆斯·布坎南：《财产与自由》，韩旭译，中国社会科学出版社2002年版。

［18］刘灿：《社会主义市场经济与财产权制度的构建》，载于《福建论坛·人文社会科学版》2004年第11期。

［19］徐浩：《英国农村封建生产关系向资本主义的转变》，载于《历史研究》1991年第5期。

［20］［苏］波梁斯基：《外国经济史》，北京大学经济史经济学说史教研室

译，三联书店 1958 年版。

[21] 郭红东、钱崔红：《关于合作社理论的文献综述》，载于《中国农村观察》2005 年第 1 期。

[22] 王军：《合作社治理：文献综述》，载于《中国农村观察》2010 年第 2 期。

[23] 赵鲲、门炜：《关于合作社基本特征的分析和思考——从合作社与有限责任公司对比的角度》，载于《中国农村观察》2006 年第 3 期。

[24] 应瑞瑶：《农民专业合作社的成长路径——以江苏省泰兴市七贤家禽产销合作社为例》，载于《中国农村经济》2006 年第 6 期。

[25] 黄祖辉、扶玉枝、徐旭初：《农业专业合作社的效率及其影响因素分析》，载于《中国农村经济》2011 年第 7 期。

[26] 国鲁来：《德国合作社制度的主要特点》，载于《中国农村经济》1995 年第 6 期。

[27] 刘文璞、杜吟棠、陈胜华：《合作社：农民的公司——瑞典考察报告》，载于《中国农村经济》1997 年第 2 期。

[28] 苑鹏、潘劲：《关于合作社基本概念、基本原则的再认识——以色列合作社运动的反思》，载于《中国农村观察》1998 年第 5 期。

[29] 张刚峰、于薇薇：《意大利特伦蒂诺省的农村合作社》，载于《中国农村经济》2003 年第 2 期。

[30] 冯开文：《印度农村合作社的发展》，载于《中国农村经济》2007 年第 4 期。

[31] 王利民：《物权法论》，中国政法大学出版社 2003 年版。

[32] 刘守英等：《农地三权分置下的土地权利体系重构》，载于《北京大学学报（哲学社会科学版）》2017 年第 54 卷第 5 期。

[33] 陈国进：《集体建设用地使用权流转制度研究》，武汉大学博士学位论文，2013 年。

[34] 樊帆：《集体经营性建设用地流转收益分配问题研究》，华中师范大学博士学位论文，2015 年。

[35] 付冬梅、龙腾：《浙江德清集体经营性建设用地入市模式研究》，载于《上海国土资源》2016 年第 2 期。

[36] 付宗平：《集体经营性建设用地入市存在的问题及对策——基于成都市的实证分析》，载于《农村经济》2016 年第 9 期。

[37] 黄庆杰、王新：《农村集体建设用地流转的现状、问题与对策——以北京市为例》，载于《经济问题探索》2007 年第 1 期。

[38] 黄跃等：《从实践中寻找答案——对四川省都江堰市天马镇金陵村二组村民自发整理和拍卖集体建设用地的调研》，载于《中国土地》2011 年第 11 期。

[39] 冀县卿等：《农地产权结构变迁与中国农业增长：一个经济解释》，载于《管理世界》2009 年第 1 期。

[40] 贾琳、夏英：《我国种粮农户耕地流转的基本特征及政策启示》，载于《中国农业资源与区划》2017 年第 4 期。

[41] 蒋源、龚致宇、马昌焜：《我国农村集体经营性建设用地入市流转探究》，载于《金融经济》2016 年第 14 期。

[42] 孔德明：《新时期加大农村土地流转力度的思考》，载于《中国农业资源与区划》2017 年第 7 期。

[43] 李萍、胡雯：《统筹城乡发展中的政府与市场关系：成都例证》，载于《改革》2010 年第 1 期。

[44] 李萍等著：《统筹城乡发展中的政府与市场关系研究》，经济科学出版社 2011 年版。

[45] 刘灿：《构建以用益物权为内涵属性的农村土地使用权制度》，载于《经济学动态》2014 年第 11 期。

[46] 刘丹、巩前文：《农地流转中"去粮化"行为对国家粮食安全的影响及治理对策》，载于《农业现代化研究》2017 年第 4 期。

[47] 刘庆、关欣、张凤荣等：《关于农村宅基地使用权流转的思考》，载于《农村经济》2006 年第 1 期。

[48] 刘守英：《农村宅基地的特殊性与出路》，载于《国家行政学院院报》2015 年第 3 期。

[49] 毛飞、孔祥智：《农村土地流转的政府支持和模式创新》，载于《西南大学学报（社会科学版）》2001 年第 6 期。

[50] 农业部农村经济体制与经营管理司：《2014 年农村经营管理情况统计》，载于《农村经营管理》2015 年第 6 期。

[51] 宋志红：《中国农村土地制度改革八讲》，国家行政学院出版社 2017 年版。

[52] 天津市不动产登记局：《天津市宅基地及地上房屋确权登记解读》，载于《中国房地产（综合版)》2017 年第 1 期。

[53] 王德祥、李建军：《农村集体经济实现形式问题探讨》，载于《农村经济》2010 年第 1 期。

[54] 伍振军、林倩茹：《农村集体经营性建设用地的政策演进与学术论

争》，载于《改革》2014 年第 2 期。

［55］杨庆媛、杨人豪、曾黎、陈伊多：《农村集体经营性建设用地入市促进农民土地财产性收入增长研究——以成都市郫都区为例》，载于《经济地理》2017 年第 8 期。

［56］杨遂全、孙阿凡：《农村集体经营性建设用地流转范围探讨》，载于《西北农林科技大学学报（社会科学版）》2015 年第 6 期。

［57］杨岩枫：《政府规制视角下的集体经营性建设用地土地市场研究》，中国地质大学（北京）博士学位论文，2017。

［58］尹希果、马大来：《农民和企业合作经营土地的演化博弈分析——基于不完全契约理论》，载于《农业技术经济》2012 年第 5 期。

［59］宇龙：《集体经营性建设用地入市试点的制度探索及法制革新——以四川郫县为例》，载于《社会科学研究》2016 年第 4 期。

［60］张四梅：《集体经营性建设用地流转制度建设研究——基于优化资源配置方式的视角》，载于《湖南师范大学社会科学学报》2014 年第 3 期。

［61］周其仁等：《还权赋能——成都土地制度改革探索的调查研究》，载于《国际经济评论》2010 年第 2 期。

［62］《安徽现代农业产业化联合休调研》，载于《农民日报》2017 年 1 月 18 日。

［63］蔡昉：《十字路口的抉择——深化农村经济体制改革的思考》，中国社会科学出版社 1992 年版。

［64］蔡继明、方草：《对农地制度改革方案的比较分析》，载于《社会科学研究》2005 年第 4 期。

［65］陈志安、冯继康著：《农村土地经营制度比较研究》，中国经济出版社 1994 年版。

［66］杜婕、万宣辰：《构建我国多层次农村金融体系的路径选择》，载于《东北师大学报（哲学社会科学版）》2016 年第 3 期。

［67］贺雪峰：《规模农业是否规模效益》，载于《决策》2014 年第 5 期。

［68］《构建现代农业产业化联合体是农业产业化发展必由之路》，载于《安徽日报》2015 年 8 月 13 日。

［69］高强、孔祥智：《中国农业结构调整的总体估价与趋势判断》，载于《改革》2014 年第 11 期。

［70］贵州省委政研室联合调研组：《"塘约经验"调研报告》，载于《贵州日报》2017 年 5 月 18 日。

[71] 黄廷廷：《农地规模化经营研究》，中国书籍出版社 2013 年版。

[72] 张德元：《农村基本经营制度的异化及其根源》，载于《华南农业大学学报（社会科学版）》2012 年第 1 期。

[73] 李春海：《新型农业社会化服务体系框架及运行机理》，载于《改革》2011 年第 10 期。

[74] 罗荣渠：《现代化新论》，商务印书馆 2009 年版。

[75] 卢为民：《推动供给侧结构性改革的土地制度创新路径》，载于《城市发展研究》2016 年第 6 期。

[76] 吕军书、李茂：《农业比较利润视角下我国农地规模化经营的实现路径》，载于《河南师范大学学报（哲学社会科学版）》2016 年第 4 期。

[77] 刘天祥、王镇：《武陵山片区农产品流通公共服务体系的构建及模式探讨》，载于《湖南商学院学报》2014 年第 6 期。

[78] 钱克明、彭廷军：《我国农户粮食生产适度规模的经济学分析》，载于《农业经济问题》2014 年第 3 期。

[79] 彭海红：《我国农村基本经营制度改革与反思》，载于《农业经济》2012 年第 7 期。

[80] 濮励杰、彭补拙：《土地资源管理》，南京大学出版社 2002 年版。

[81] 唐茂华、黄少安：《农业比较收益低吗？——基于不同成本收益核算框架的比较分析及政策含义》，载于《中南财政法大学学报》2011 年第 4 期。

[82] 宋戈、武晋伊：《土地承包经营权流转"非粮化"原因剖析及政策调控》，载于《学术交流》2016 年第 7 期。

[83] 速水佑次郎、神门善久：《农业经济论》，沈金虎等译，中国农业出版社 2003 年版。

[84] 王定祥、李虹：《新型农业社会化服务体系的构建与政策配套研究》，载于《上海经济研究》2016 年第 6 期。

[85] 文贯中：《中国现有土地制度改革》，载于《经济资料译丛》2016 年第 3 期。

[86] 文贯中：《土地制度必须允许农民有退出自由》，载于《社会观察》2008 年第 29 期。

[87] 温铁军：《土地制度变革须审慎》，载于《财经界》2014 年第 25 期。

[88] 西奥多·W. 舒尔茨：《改造传统农业》，梁小民译，商务印书馆 2010 年版。

[89] 许迎春、刘琦、文贯中：《我国土地用途管制制度的反思与构建》，载

于《城市发展研究》2015 年第 7 期。

[90] 杨万春：《农地高效率流转制约因素分析与路径探讨》，载于《农业经济》2010 年第 6 期。

[91] 杨钢桥、胡柳、汪文雄：《农户耕地经营适度规模及其绩效研究：基于湖北 6 县市农户调查的实证分析》，载于《资源科学》2011 年第 2 期。

[92] 程民选：《粮食生产组织化程度的提高：市场内生与政府引导——基于安徽调研的分析》，载于《当代经济研究》2015 年第 1 期。

[93] 阎好勇：《农业规模经营概论》，山西人民出版社 1993 年版。

[94] 杨沅瑗、黄水清、茆意宏：《2007 - 2012 年国内农村信息服务研究述评》，载于《情报杂志》2013 年第 7 期。

[95] 赵德馨：《中国经济 50 年发展的路径、阶段与基本经验》，载于《中国经济史研究》2000 年第 1 期。

[96] 赵颖文、吕火明：《关于农地适度规模经营"度"的经济学理论解析》，载于《农业经济与管理》2015 年第 4 期。

[97] 赵海：《2016 年农业经济运行分析与 2017 年展望》，载于《农业发展与金融》2017 年第 3 期。

[98] 张晓恒、周应恒、严斌剑：《农地经营规模与稻谷生产成本：江苏案例》，载于《农业经济问题》2017 年第 2 期。

[99] 张献、郭庆海：《我国农地流转的历史追溯及经营启示》，载于《当代经济研究》2012 年第 2 期。

[100]《行业协会 + 专业合作社 + 专业农户——江山蜂业实施农业产业化经营的新模式》，载于《中国集体经济》2002 年第 8 期。

[101] 道格拉斯·诺斯、罗伯斯·托马斯：《西方世界的兴起》，厉以平、蔡磊译，华夏出版社 2009 年版。

[102] 于建嵘：《土地应该真正成为农民的财产》，载于《华中师范大学学报（人文社会科学版）》2008 年第 3 期。

[103] 冯燮刚：《中国房地产市场发展的理论分析》，载于《经济学动态》2008 年第 3 期。

[104] 道格拉斯·C. 诺斯：《制度、制度变迁与经济绩效》，杭行译，上海人民出版社 2008 年版。

[105] 道格拉斯·C. 诺斯：《经济史上的结构和变革》，厉以宁译，商务印书馆 2010 年版。

[106] 理查德·A. 波斯纳：《法律的经济分析（上）》，蒋兆康译，中国大

百科全书出版社 1997 年版。

　　[107] 王利明：《物权法研究（上）》，中国人民大学出版社 2007 年版。

　　[108] 梅夏英：《财产权构造的基础分析》，人民法学出版社 2002 年版。

　　[109] Coase, R. H. The problem of social cost [J]. Journal of law and economics, 1960（3）: 1 - 44.

后　记

本书是中国特色社会主义经济建设协同创新中心重大项目"中国经济学理论体系和话语体系建设"子项目"中国农村土地产权制度改革的理论与实践研究"的最终成果。

农村土地产权改革是影响农村稳定和发展的关键性制度变迁。农地产权制度密切联系着国家、农民集体和农民个体的利益，农地产权关系变革的实质是在调整这三者的利益关系。1947年开始的"土改运动"和1949年新中国成立，解决了几亿农民翻身后"当家做主"问题。1978年改革开放以来，农村探索和逐渐实行的家庭联产承包责任制解决了农民吃饱穿暖的问题。在新的历史时期，全面深化改革和激发各类经济主体的活力是新一轮农村改革的主题。中国共产党的十九大报告明确提出，巩固和完善农村基本经营制度，深化农村土地制度改革，完善承包地"三权"分置制度。基于新一轮农村土地产权制度改革的背景及试点经验，在新时代乡村振兴战略下深化土地产权制度改革的基本方向和路径已十分清晰，但在实践中仍需要解决一系列难题。本书立足于新时代乡村振兴战略下农村经济改革和农村土地产权制度创新的重大理论与实践问题，以我国近年来改革试点地区土地确权颁证、"三权分置"改革、集体产权制度改革、发展农村集体经济等改革经验为典型案例，研究推进新一轮改革的指导思想和路径选择。在本书的研究过程中，课题组赴成都市郫县区唐昌镇战旗村，四川省崇州市、攀枝花市米易县、泸州市泸县，重庆市万州区，甘肃省张掖市，江苏省连云港市，贵州省贵阳市、安顺市、黔东南自治州等地进行了实地调研，深入调查研究了这些改革试点地区的鲜活经验。

改革试点地区作为农地改革的先行者，在农地的"确权颁证"、"还权赋能"、农地的流转和规模经营、农村集体建设用地的流转和入市、农村集体经济组织和新型农业经营组织的创新与发展、以农地产权改革为核心的乡村治理体系构建等方面进行了很多的创新性实践。总结这些实践经验，并将其上升为理论，这不仅对于丰富和完善我国农地产权理论具有理论价值，而且对于指导全国范围内的农地产权改革具有重要的实践价值。不过，在本书的研究中，还未深入探讨理论问题和实践问题依然很多，在写作过程中还有很多疏漏，在将本书呈献给读者时，希望大家不吝赐教，以便我们修改。

本书是团队合作的成果。南开大学逄锦聚教授是"中国经济学理论体系和话语体系建设"课题总负责人，西南财经大学刘灿教授是子项目"中国农村土地产权制度改革的理论与实践研究"的总负责人。刘灿教授作为该课题主持人并负责全书的框架设计，韩文龙、李标和刘灿负责全书统稿。具体的分工如下：刘灿负责导论的写作，刘灿、韩文龙负责第一章的写作，李萍、盖凯程、李标、周永昇负责第二章的写作，程民选、徐灿琳负责第三章的写作，韩文龙、唐清利、张潇丹负责第四章的写作，另外，王军博士、刘明辉博士等也参与了课题调研和部分写作，在此表示感谢！

本书在研究过程中得到了总课题组负责人逄锦聚教授的悉心指导和大力支持，在此表示衷心感谢！本书在写作和出版过程中，得到了中国特色社会主义经济建设协同创新中心、西南财经大学马克思主义经济学研究院和西南财经大学全国中国特色社会主义政治经济学研究中心的支持和资助，经济科学出版社为本书的出版给予了大力支持并做了大量具体工作，我们在此一并表示感谢！

作者

2019 年 1 月于光华园